生きられる死

米国ホスピスの実践とそこに埋め込まれた死生観の民族誌

服部洋一

服部洋一 遺稿刊行委員会:編

三元社

目 次

生きられる死

米国ホスピスの実践とそこに埋め込まれた死生観の民族誌

| 序文 | 船曳建夫 | vii |

まえがき 石丸奈加子 xii

第1部 「我われの死」の文化人類学を求めて ……… 1

第1章 本書の前提と問題意識 ……… 3

1–1 文化人類学と死　4
1–2 我われ自身の死と向きあうために：終末期ケアの文化人類学の射程　16

第2部 米国ホスピスにおけるフィールドワーク ……… 25

第2章 米国におけるホスピス運動 ……… 27
フィールドワークの前提

2–1 ホスピスとホスピス運動　28
2–2 伝統からセント・クリストファー・ホスピスへ：コミュニティとしてのホスピス　34
2–3 英国から米国へ：哲学としてのホスピス　46

2–4　確かな財源を求めて：サービスとしてのホスピス　64
2–5　小結　74

第 3 章
米国ホスピスの素顔　………79

3–1　調査対象とした 2 つのホスピス　80
3–2　米国ホスピスの 1 日：フィールドワーカーの視点から　90
3–3　多職種チームを構成する専門家たち　103
　3–3–1　医師　104
　3–3–2　看護師　106
　3–3–3　ソーシャルワーカー　108
　3–3–4　スピリチュアル・ケア・コーディネーター　113
　3–3–5　介護助士　116
　3–3–6　ボランティア・コーディネーターとボランティア　118
　3–3–7　遺族ケア・コーディネーター　122
　3–3–8　その他の専門家　124
3–4　ケアの流れ：受け入れから退出まで　125
　3–4–1　ケアの手順　125
　3–4–2　ホスピスの受け入れ条件　125
　3–4–3　初回訪問　127
　3–4–4　ケアプランの作成　128
　3–4–5　多職種チーム会議　131
　3–4–6　別れの時　136

第 4 章
医療用麻薬の活用　………139
薬に埋め込まれた死生観

4–1　医療用麻薬がもたらす差異　141
4–2　負の側面が安定に資する可能性　152
4–3　見えないことによる拘束　166

第 5 章
教育という解決
ホスピスケアにおける教えと学び 171

5–1 教えと学びの関係　173
5–2 米国ホスピスにおける教育の性格　176
5–3 ホスピスケアの 2 つの方向性　182
5–4 日本のホスピスケアを巡って　185

第 3 部
実践の特性
死はいかに扱われるか 189

第 6 章
ホスピスが看るものと見ないもの 191

6–1 遠景としての死から近景としての死へ　192
6–2 全人的苦悩　195
　6–2–1　身体的苦悩　197
　6–2–2　心理的苦悩　200
　6–2–3　社会的苦悩　201
　6–2–4　霊的苦悩　202
6–3 実践に映り込むスタッフのまなざし　208
6–4 スタッフの関心の所在　221

第 7 章
終末期ケアが構築する時間 ……………… 225

7–1 死と時間　226
7–2 長い予測と短い予測　228
7–3 「自然な」過程を支える技術　240
7–4 ルーティンの再編が構築する時間　243

第 8 章
終末期の文脈を形作る力 ……………… 247

8–1 死と権威に関するこれまでの議論　248
8–2 患者と専門家のケアの主導権をめぐる均衡　254
8–3 権威の分解：専門家間の分業と患者—家族間の力学　265
8–4 権威の分解がもたらした死の文脈の新しい様相　268

補遺　1
終末期ケアの現場に紛れ込んだ異邦人として ……… 271

はじめに：米国の「在宅ホスピス」から　273
1　説得力と違和感　273
2　選択と責任　275
3　ホスピスからケアを学ぶ　278

補遺 2
「従う」「求める」から「向き合う」関係へ ………… 283
講座「患者の声を医療に生かす」がめざしたもの

1 患者会の多彩な機能とその相互作用　285
2 患者の声の3相　289
3 第3の声の可能性　292

文献表 ………… 295

ホスピス、その可能性と危うさ　松岡秀明 ………… 309
解説にかえて

喪の作業　渡邊日日 ………… 317
本書の成立について

索　引 ………… 325

序　文

船曳　建夫

　本書は原著者の服部洋一氏が、東京大学に提出する博士論文として執筆中、2009年3月に急逝したことによって未完のまま残された原稿を、東京大学文化人類学研究室の学友たちが編集し、ここに1つの完成を見たものです。

　これは遺稿集ではありません。故人を偲んで出版する文集でもない。文化人類学者、服部洋一氏が、その仕事を世に問うている著作です。さらに、この出版の主たる意義は同氏の人徳の称揚でも、その才能の可能性を惜しむのでもありません。もとより、その人柄が編者たちに熱意をもたらし、その学才が本書の議論を生み出したのですが、何よりも書かれている内容が現在の私たちの生活と思考にとって必要だからです。ホスピスの歴史と現在、そこに隠されいま顕れようとしている死生観、そして死をも相対化する医療技術とその処方についての考察が、私たちにいま生きている世界についての気付きを与え、未来への慎重な、そして、まったく新しい跳躍をうながしてくれるからです。

　文化人類学に対しても、この研究、『生きられる死：米国ホスピスの実践とそこに埋め込まれた死生観の民族誌』は、有益な批判となっています。　これまで文化人類学者は、死に対して葬送儀礼という制度から分析することを常套手段としてきました。それは死という難物を、宗教と哲学から引き離し、人びとのあいだに共有される客観的な考察とするために、社会的な行為としての葬儀に研究対象を限定したからです。その文化

人類学的な結論は、おおよそ、死が起こす秩序の波乱が、宗教と儀礼という説明装置によっていかに社会の復元と持続をもたらすか、との指摘に終りました。しかし、そこで扱われている伝統的な社会における死の意味は、服部氏が指摘するように、産業社会に暮らす私たちの死を、理論の射程の外に置くものでした。たとえ、ごく現代的な葬儀の研究であっても、死ぬ本人の死ではなく、死なれた人たちにとっての死を解析するものでした。

　服部洋一氏が本書で行ったことは、二重の意味で、これまでの死の研究とは異なります。第1に、葬儀を核とした、死の「のち」のプロセスを対象とするのではなく、確実にやって来る死、その「まえ」のプロセスをホスピスに見ようとするのです。第2に、「他者の死」によって撹乱された人々の対応行動を見るのではなく、個人の「自分の死」、それを見守り助ける人々の行動を見ることです。その議論の中で、服部氏が、「特に興味深いのは、深い信仰心を持ち、明確な死の説明装置を持つ人が、むしろ霊的苦悩にさいなまれる可能性がある、という逆説である。 これは、死の説明装置の存在を死の克服と同一視してきた文化人類学者の盲点を突くものである。」（本書211頁）と述べていることは、穏やかな口調ながら文化人類学の死の研究のみならず、文化人類学、というもの自体への鋭い批判となっています。それはこれまで文化人類学者が、しばしば、「したたかな人びと」や、「しなやかな知恵」といったクリシェを濫用しつつ、帰するところ、人びと（人類）は国家と家族の中間の領域で、伝統的な知恵——たとえば宗教——とその応用で苦難に対して「たくましく」生きてきたという現状追認を行ってきていることに対してです。宗教が変容しながらも人を助ける、のではなく、「宗教」が個人の死の最後の障害となっている、とは、他の誰が指摘したでしょうか。これは、文化人類学に対する根底的な問いかけに思えます。

　ここまで書いてきて、私はすでに序文としての慣習から逸脱していることを感じざるを得ません。序文は書評であってはならないでしょう。まし

てや本書のような成り立ちの論考に、賞賛でもって序文に代えてしまえば、たとえ読後に読者が同意してくれることに確信があったとしても、冒頭に述べた、本書を遺稿集としない、という意図には反するものとなります。ここでむしろ、自分自身で何度もためらった私と服部洋一氏との関係にあえて触れることにします。それが、私の助けをまったく必要としない、その真価ゆえに長く残るであろう本書に、付け足しではあれ添えられる文章の、つとめと思うからです。

　死にし子、顔よかりき、と云われますが、服部洋一氏は、よい人でした。顔もよく気立てもよく、文章もよかったのです。文章だけはこの本によって伝えることが出来ますが、その他も文字通りの人物だったのです。その文章を生み出す頭の犀利なことに、私は彼が学部生の時から気づかされました。私は、その頃から、自分では彼の才能を生かす指導が出来ないことを感じ、他大学の俊英に紹介をし、指導を依頼したりしていましたが、大学院に進学した時には、彼が理論的な高みを目指すには、私では力不足であることを告げ、本人からの指導教員の求めを断りました。その後も個人的には折に触れ、さまざまな助言を行うこともありましたが、博士論文を指導するようになったのは、彼が大学院を離れ、教育機関に就職をしながら論文を書き上げようとしていた2007年のことでした。ですから、公的には彼の指導教員であったことは無いのです。そのときの再度の彼の求めに応じたとき、私には彼を1度突き放したことの後ろめたさがありました。彼は、私に指導されることを心底喜んでくれていました。しかし、こうした紆余曲折があったがゆえに、いくばくか他の学生以上に気にかかり、私は彼とのあいだにある距離を取っていました。それがゆえにその2年後、彼の急死の報に接し、私は激しく動揺し、再度の悔悟を感じることとなったのです。

　個人的な思いをさらに連ねるのは控えようと思いますが、それにしてもこのように前途洋々たる若者が、死をテーマにした博士論文を書きつつある時に、己れ自身の死に見舞われるとはなんということでしょうか。

2009年の春、彼から、当時の勤務先での昇任の報告のメールを受け取り、ますます博士論文の完成に本腰を入れて下さいと励ました翌日、私は渡航した海外のホテルで、訃報の報せを受け取ったのでした。その後、それまでに彼と交わした私信を読み、博士論文セミナーでのやりとりを思い返せば、云うのはおこがましいのですが、彼がいかに非力である私を敬愛してくれていたかが分かり、同時に、私自身も強い感情をもって彼との師弟関係を結んでいたことが、いまなお私自身の内側に実感されるのです。

　私は彼の死の後、夫人の石丸奈加子さんから原稿を預かりながら、その一部を学会誌に掲載することを試みましたが、その全体の刊行に関してはいたずらに日を重ね、かえって、その進行を遅らせたのでした。幸い、彼と彼の仕事を惜しむ友人たちが、渡邊日日氏を中心として、こうして出版にこぎ着けてくれました。この編集は、困難を極めたと思います。いや、編者が本書をひとまとまりの思考として提出するために、その努力を極めた、と感得されます。己れを殺して服部洋一を生かす作業が本書の編集だった、と、そう思います。

　この書を読み終わればさまざまな感慨が浮かびます。1つだけ取り上げれば、彼が調査中にホスピスの訪問看護師に、「ホスピスで行われる『鎮静』(sedation)と安楽死の違い」は何か、と問うた問題は、彼が、本書の完成後に、必ずや取り組む、大きな課題であったに違いありません。それは、なされることなく終わりました。しかし、重ねて言えば、本書は、決して、途上に逝った若者の遺稿集ではなく、人類学者が初めてのフィールドワークを行い、一生に一度の仕事として書き上げた書物です。服部洋一氏の生きた時間は決して長くなかったけれど、学者の一生を全うしたと思います。いま取り上げた問いも、彼が投げかけた疑問として、学問の流れの中に引き継がれるはずです。

　悲しいことに、しばしばそれは起きるのですが、故人の生前の一言半句が何かその後を示唆していたと思えることがあります。服部洋一氏がこの

本の中に引用した、ある看護師が会議の冒頭で語りかけたメッセージは、彼が持っていた日ごろの生き方、それゆえに死に方をも表していたように思えるのです。

> あなたが今日いいことをしても、人はそれを明日には忘れているかもしれない。それでもとにかくいいことをしましょう。世界にあなたの持つ最上のものを与えたとしても、それは全然十分とはいえないかもしれない。それでもとにかくあなたの持つ最上のものを与えましょう。(本書 100 頁)

服部君、この本できみはそれをした、とぼくは思っている。

はじめに

石丸 奈加子

　この本を手に取って下さった方へ向けて、ここで私は遺族として、本書『生きられる死：米国ホスピスの実践とそこに埋め込まれた死生観の民族誌』がなぜ、またどのようにできたのか、そしてここに収めたそれぞれの原稿が書かれた当時の原著者、服部洋一とその仕事について少し触れたく思う。

本書の目的
　本書は、2009 年 3 月に心不全により 34 歳で急逝した夫、服部洋一による、終末期ケアの実践の民族誌をテーマとした遺稿集である。本編は、2000 年より延べ 14 か月間、米国で行った二つのホスピスを調査対象としたフィールドワークに基づいて、服部が生前、文化人類学の博士論文用に書きためていた原稿がベースとなっている。それらを遺稿刊行委員会で整理し、未完のまま残された部分については必要に応じて加筆修正を行い再構成し、また既刊の原稿のうち特に本編と関わりの深いテーマのエッセイを選び、出版社の了承を得て転載することとした。
　いわゆる学術目的の論文だけでなく、あえて実務者や一般向けの業績も再録したのは、服部が仕事の構想において重視したのが、「文化人類学研究者としての研究と医療ソーシャルワーカーとしての実践をつなぐ」ことであったためだ。それによってたとえ全体としていささか不格好なパッチワークになるとしても、故人が抱いていた展望を、より厚みをもって示せ

るのではないかと考えたためである。

　もっとも当初、遺稿の刊行を決意するまでには遺族として大きなためらいがあった。没後、年を経るほどにめまぐるしく感じられる社会の変化、とりわけ医療・福祉制度と法律の絶え間ない改正と技術の日進月歩がある中で、10年以上も前に行った人類学的フィールドワークの成果を発表することに、まだ知的な貢献の余地が残されているのだろうかという懐疑の思いからである。服部の死は文化人類学研究者としても、医療ソーシャルワーカーとしても、まさにこれからキャリアを積んでいくという矢先のことであった。また実際的な問題として、発見した原稿の多くが断章のままであったので、編集の具体的な作業さえ見通しが全く立たなかった。しかし、まだあまり世に知られぬまま去ったからこそ、その思索の跡を一つ所にまとめておくことが大切であり、また次世代の研究者への継承という点からも意味があると船曳建夫先生から重ねて励ましていただいた。同時に、未完成の原稿を、故人の意図や構想を損なわずに再現するという最も困難が見込まれたチャレンジを、渡邊日日先生以下、刊行委員会のメンバーが進んで引き受けて下さったことで、出版への道筋が見えてきた。

　本書の構成は「本編」（全3部）と「補遺」（2編）から成っている。まず本編は博士論文用に準備していた原稿に基づく8章である。もともと服部が書き残した目次案は13章構成であったが、遺された原稿の完成度が一様ではなかったために、編者で検討して、一部圧縮や割愛をしたり、あるいは既刊本や論考から多くを引用したりして形を整えた。また補遺として、雑誌『看護教育』（医学書院、2006）に寄稿したエッセイ「終末期ケアの現場に紛れ込んだ異邦人として」と、共著書『患者の声を医療に生かす』（医学書院、2006）より「『従う』『求める』から『向き合う』関係へ」を所収した。

二つのフィールドを架ける橋として

　2009年の年明けから、亡くなる直前の服部は、有資格（社会福祉士）

の研究員として静岡県立静岡がんセンターに勤める傍ら、文化人類学研究者としては学位論文として書きためた終末期ケアの民族誌の完成にも心急かれる、という自転車操業の毎日を過ごしていた。静岡県職員の採用試験に合格し、年度明けの４月からは医療ソーシャルワーカーとして同センターに着任するため、引き継ぎを受けていた。既に患者さんや家族との、窓口での応対などにも少しずつ経験を積ませていただいていたようだが、医療ソーシャルワーカーとして日常求められる知識と技能は、文化人類学研究者に求められるそれとは別種のものであり、広汎かつ深く、最新の医療・看護・福祉の知識ときわめて高いコミュニケーション能力が要求されるという。30歳を過ぎて国家資格を取得して程なく、がん患者さんやご家族に対する支援について、早く一人前にならなくてはと、人知れず焦り、悩み続けていたふしがある。

　しかし服部にとって文化人類学者と医療ソーシャルワーカーという「二足の草鞋」は、気まぐれや思いつきではなく、米国ホスピスでのフィールドワークの体験から導き出された当然の帰結であった。その体験とは、文化人類学者として、（ということは医療福祉の素人として）終末期ケアの現場に参入した際に、一般には産業化社会の終末期医療におけるヒューマニスティックな奇跡として語られがちなホスピスケアを実際に成り立たせていた舞台裏の、「死を看取る技術」の質と量に圧倒されたことであった。同時にそのように高度に発達した知識と技術の体系に当事者に対する配慮の行き届いたツールが埋め込まれて、専門家と患者とを隔てるのでなく繋ぐものとして機能する点も、強い印象を残したようである。

　ここから学的考察としては、社会の均衡を脅かすものとしての「大きな死」が、予測可能な変化の連なりという「小さな死」へ分解されるという「死の分解」のモデルの考案や、モルヒネに代表されるペインコントロール（疼痛管理）の技術進化が、どのように終末期を迎える患者や家族のQOL（Quality of Life、生の質）に影響を与えるかという論考が練られていく。

一方、米国でのフィールドワークから帰国後、早々に取り組んだのが、米国ホスピスの現場で『ブルー・ブック』として広く愛用されていた、教育用小冊子 *Gone From My Sight: The Dying Experience*（1986年、バーバラ・カーンズ）の日本語訳の作成と刊行（『旅立ち：死を看取る』2002年、日本ホスピス・緩和ケア研究振興財団、1万部）であった。また、ほどなく一般書『米国ホスピスのすべて』（ミネルヴァ書房、2003）を出版したことは、監修者故黒田輝政先生の激励なしには実現しなかったであろうが、服部自身のフィールドワークの成果を、できるだけ速やかに広く一般の読者に還元したいという思いの表れでもあったかと思う。この『旅立ち』刊行から、さらに終末期に備えることになったがん患者や家族に向けて書かれた教育用のパンフレットを日本語で作成したい、というアイディアを着想し、『あなたの家へかえろう』の企画刊行（2005年初版の後、改訂再版。累計22万部）が実現する。

　他方、教育職としては東日本国際大学（福島県いわき市）に新設された社会福祉環境学部に職を得て、福祉職を志す若い学生たちの情熱から刺激を受けながら、福島県や東北地方での高齢化や在宅医療の課題と結びついた終末期ケアの実践について状況調査を開始する。同時に、東京や他県を行き来して研究者としての活動の領域とネットワークを少しずつ広げていった。

　『患者の声を医療に生かす』の連続講座（於：国際医療福祉大学、2005）はそのような時期にいただいた仕事であった。それは大熊由紀子先生が提唱され、患者会や医療災害事故の遺族会メンバーなど「患者」が「専門家」に対して講演をするという、当時日本でも先駆的な取り組みであった。服部は事務方として参画し、全13回26時間の講義録を再構成して出版刊行に協力している（補遺2）。この講座で異口同音に確かめられたことは、「患者の声」と「医療従事者の声」が、どちらかが一方を圧するのではなく、むしろ向き合う声として響かせ合うことが求められているということ、ともすれば医療従事者も当事者もいずれもそれぞれの立場の「当たり前」

にとらわれてお互いを聴き取れなくなっているということであった。真剣勝負の緊張の中でも多様な声色を聴き分ける鋭敏さは、「現場に紛れこんだ異邦人」を自認していた（補遺1）からこそ発揮されたものだったろう。

「専門家」と「患者」の壁を取り崩す取り組みの舞台は、2007年より静岡がんセンター研究所に拠点を移して、終末期ケアの実践にいよいよ近づいていく。とりわけ対面での相談業務に加え、同センターが開設したオンライン相談システムである「Web版がんよろず相談Q＆A」(https://www.scchr.jp/cancerqa/)の改善には心血を注いだと聞いている。その改善は例えば、患者さんや家族が突然がんの告知を受け、まだうまく文章にできないような不安や懸念であっても、検索用のセルに思いついた単語を何か打ち込めば、コンピュータができるだけ質問のニーズに近い回答をデータベースから探し出して返せるような検索プログラムの洗練などにみられた。

そんな服部の格闘を、当時私はいかに次々と自分のハードルを上げて挑戦する人かと半ば呆れ、驚きながら見守っていたものだが、今こうして振り返ると、服部の中で文化人類学者としての学究と、実務者としての探求の同時進行は、いかに困難が伴うものであれ必要な結びつきであったのだろう。ホスピスでの参与観察やインタビューの機会を重ねるにつれ、服部は研究を通して多くの方々から受け取った学びと気づきを、少しでも社会にお返ししなくては、という思いを年々強めていったように記憶している。異質な二つの「顔」を持つことは、そのまま仕事上の葛藤の可能性を示唆したが、服部にとって、両者はいずれも自分のアイデンティティを構成する、分かちがたい要素であったのだろうと思われる。

結びに

伴侶と思い定めた相手が、さようならを言う間もなくこの世を去らなくてはならなかったという事実に、私は何年経った今でも打ちのめされる。葬儀を執り行い終えた後の相当の期間、確かに寝て起きて食べてはいるものの、心象としては霧深い山中に突然に放り出されたというに等しい。

「前を向いて」という言葉に、一体どちらが前か後ろか途方にくれたまま時が過ぎるという日々が長かった。

　そんな呆然自失の私の日常を様々な形で支えて下さった方々のお名前を全て記すことはできないが、ここで特に文化人類学研究室時代の先輩、同僚のみなさんに感謝を申し上げたいと思う。静岡県の住まいにあった２千冊の蔵書の引越し作業に惜しみなく力をお貸しくださるのみか、本書の編集にも無償の協力を申し出て下さった方々である。働き盛り、子育て盛りにさしかかった友人たちが、貴重な時間と知力、労力を、この企画のために投じて下さった。合わせて、真心あふれる序文を寄せて下さった船曳建夫先生、貴重な解説を書いてくださった松岡秀明先生、三元社様を初め、本刊行にあたって物心両面で励ましとアドバイスをくださった方々にも、心からのお礼を申し上げたく思う。

　本書をまとめ出版することの意義を疑い、故人のことで奪ってしまう時間について恐縮する私に、渡邊日日先生が言ってくださったことがある。「蔵書と遺稿の整理という、この一連の作業は、自分にとって服部君との『喪の作業』なのだ。これを通して、故人と対話しているような気持ちになるのだ。だからあなたは気にしないでいい」と。人間にとって死とは何かと問い、現代社会に生きる人の悩みに役立てたいと希求した服部の短い生の記録は、全く誰も予期せぬタイミングで彼の死を経験しなくてはならなかった私たちの喪失の傷をも、いつの日かあたたかく癒すだろうか。

　今一度、服部の生前中、ご厚誼を賜った全ての方々と、『喪の作業』に携わって下さった全ての方々に、感謝とともにこの小さな本を捧げたい。

2018年8月

第 1 部

「我われの死」の文化人類学を求めて

第 1 章

本書の前提と問題意識[1]

---

[1] 〈編者註〉いくつか自分への注意書きがあるが(例えば、冒頭のエルツの引用に対して、「どの程度まで確固としたものなのだろうか」など)、本章はほとんど加筆や修正の必要がない形で遺されている。これは、完成度の高かった修士論文を発展的にまとめなおしたという経緯によるのだろう。本章は、草稿にいくぶんか修士論文から文章を補充した形で編集した。[H.W.]

> 死が社会において表象され、感じられるものとして常にあるとは限らない。〔Hertz 1960：28〕

　本書の目的は、産業化社会に生きる「我われ」の死を文化人類学者として生産的に語るための道筋を提案し、米国と日本で実施したフィールドワークから得た知見を利用してその有効性を検証することである。その背景を設定する本章ではまず、文化人類学者が死をどのように見つめてきたかという足跡を整理し、本書の基本方針を明らかにする。

　以下の記述において、我われの目的は、対象の産業社会化に直面せざるをえない人類学が、「死」(death) という主題を今一度有意義に検討するための新しい視座を開拓することにある。死は、静的な観点からすれば、「生／死」、「生者／死者」などの明示的な差異の構造へと容易に結びつく二項対立の基本要素であるだろうが、動的な側面を強調すれば、集約的かつ連鎖的な移行現象として共同体を揺さぶり、その再構築の過程に社会関係を把握する好機と見なすことができる。

　この再構築の過程という沃野からは、社会構造を把握する重要な手掛かりが獲得されて然るべきであり、先達の研究はこれを実証してきた。だが、近年産業化の進展した社会を対象とするようになって以来、同領野からの人類学者の収穫は、生彩を欠くと評さざるをえないのが現実である。原因は、しかし、原野に眠る知的刺激をもたらす資源の枯渇にではなく、豊かな土地を採掘するための技術の洗練に対する怠慢にこそ求められるべきである。

1-1　文化人類学と死

　死の主題は近年再び文化人類学者の注目を集めつつあるが、歴史的に見れば、比較的少数の、しかし決して傍流とは呼べない論客により、間歇的に考察されてきた。医療社会学に由来する近年の運動論的な議論を除けば、

死を文化人類学的に論じるための道具立ては、すでにその黎明期に出揃ったという事実は重要である。本章前半の主眼である問題意識の措定とアプローチの転換の要求に至るためには、肘掛け椅子の哲学者の業績を紐とくといういささか時代錯誤的な作業を避けることはできない。

　19世紀末から20世紀初頭にかけて膨大な考察を残し文化人類学の礎をなした英国進化主義者は、彼／女らの宗教論を構築するために死を直接的に活用している。エドワード・タイラー（Edward B. Tylor）にとって死は、睡眠やトランスと同じく、未開の思索者が肉体の二重存在である「魂」（soul）に気づく契機の1つであった〔Tylor 1920a, b〕。死はまた魂を肉体から不可逆的に切り離すことで、信仰の対象となりうる「霊魂」（spirit）の概念を生じ、自然宗教を発生させる。タイラーによれば、最初の儀礼は葬儀であり、最初の供犠は死者の欲求を満たすための御供であり、最初の祭壇は墳墓であった。

　もう少し深く議論しておこう。タイラーは、無文字社会から報告された多様な習俗を人類発展段階の諸体系の残存と見なし、低位文化における擬似合理的思考の再構築を目指した。探求の集大成『原始文化』〔Taylor 1920a, b〕において、彼は、宗教の最低限の定義を下し、アニミズムの議論を開始するが、その際に「未開人」、あるいはその中でいくばくかの思慮分別に恵まれた純朴なる哲学者たちが、ある種の不可解な現象を解釈し、説明するために、通常は肉体と重なりながらも、特定の条件下では分離しうる、質的に異なった存在としての霊魂観念を措定するに至った、という思惟過程を、ア・プリオリな前提として議論に使用している。タイラーにとっての「死」は、未開の思索者が気づきを得るためのきっかけとなる、いくつかの人類普遍の問題の1つである[2]。

2　「魂の教義が低位の種族の間に存することは、その発展に関する生気説的な理論を述べることによって説明されるかもしれない。未だ文化の低い段階にあってさえ、思慮深き者達は、あたかも2群の生物学的問題によって深く感

人格の二重存在である「魂」(soul)は、肉体と強固に結びついており、例外的な状況が整わない限り、離脱することは無い。様々な事物に宿り、信仰の対象と成りうる「霊魂」(spirit)へと魂が変化するためには、肉体から不可逆的に切り離されることが必要である。タイラーはこの契機として死亡を挙げる。

　「未開人」は、このような形で霊的存在に気づき、次いで動物や植物、さらには非生物へとその概念の適用範囲を拡大してゆくが、この共時的展開に並行し、魂の存続の教義に代表される時間横断的な拡張も進む。すなわち、死後の魂の行方についての考察から、死者の国、来世、転生などの観念が生じ、一方では、祖霊や、特に生前に権威を有していた人物の死霊を崇拝する営みが慣習として成立する。

　死者の霊に対する「未開人」の儀礼・慣習の事例を比較検討することを通じ、タイラーはそこに、病気や更なる不幸を招いて生者を害する負の側面と、加護や恵みをもたらす正の側面の相反する2つの性格が共存することを示した〔Tylor 1920b：27-28, 111-115〕。この対立は、祖先崇拝を契機として止揚される。すなわち、死者の霊に帰せられた性格の二面性は、祖先崇拝の適切な実施のいかんが左右する賞罰と結びつけられる。タイラー

銘を与えられていたように見える。第1に、生きている肉体と死んでいる肉体の間にある差とは何か、何が覚醒、眠り、トランス、疾病、『死』を引き起こすのか。第2に、夢や幻視の中に出現する人間の形はいったい何であるのか。これら2つの現象群を検討することを通じて、古代の野蛮なる哲学者達は、総じて人間は彼に帰属する2つのもの、すなわち生命と幻像(phantom)を有する、という簡明な推論を下すことによって、おそらくその第一歩を踏み出したのである」〔Tylor 1920a：428〕、また、「あらゆる文化のステージにおいて、『死』は、常に最も健全に、という訳ではないが、最も強力に、心理学的問題に関係する思考を呼び起こす事態であった。肉体から切り離された魂の幻影は、いつの時代にあっても、『死』に際してのその肉体からの出発と特別な関連を持つと考えられてきた」〔Tylor 1920a：448〕などを参照。

がこの死者崇拝の実践から発生した供物、供犠、祈祷などの装置を、原始宗教の起源とする推断を下したことは重要である。死亡を機に肉体を離れた霊魂は、信仰の対象という新しい地位を獲得し、祭祀形態の発展に伴って自らも進化し、やがては神性を備えるに至るのであるが、この経緯を遡及すれば、そもそもの最初の儀礼は葬儀であり、最初の供犠は死者の欲求を満たすための御供であり、最初の祭壇は墳墓であったことが推察される。死者を祀る態度が自然宗教へと発展する、というこのタイラーの主張は、「死」の観念と社会活動の実に魅力的な結婚であるが、後に示すように、エミール・デュルケーム（Émile Durkheim）によるタイラー批判の重要な焦点の１つとなってゆく。

　一方、ジェームス・フレイザー（James G. Frazer）が強調したのは死者に対する反感と恐怖の感情である。彼は『原始宗教における死者の恐れ』〔Frazer 1933, 1934, 1936〕という３巻組の大著を、２つの手段による生者の防御の慣習の叙述に当てている。そこでフレイザーは、生者に害を為す死者の霊魂から身を守るために「未開人」達が編み出した工夫が、性格から２つに大別できることを指摘する。すなわち、説得と慰めを中心とする「穏当な」（fair）手段と、強制と詐欺を特徴とする「乱暴な」（foul）手段である。前者は死者の霊魂との間に一定の距離を保持することを目的としており、特定の地に留まるよう説き伏せる嘆願や、死霊の別世界への出立を促進する慣習（屋根に穴を開ける、死体を安置する部屋の扉を開放する、旅立ちに備えた副送品など）が含まれる。これらの手段を講じたにもかかわらず有害な干渉が抑止できない場合には、後者のより強い態度が採られる。物質的な障害物や水、火を用いた防壁の設置、誘因となる死者の財や家屋の破壊、断髪や喪服、人形を利用した目くらましなどの間接的なものから、手足の切断、目の毀傷、杭による固定などの死体に対する直接的な処置まで、各地より報告された実に多様な慣習がその具体例として列挙されている。こうしてフレイザーは、「死者に対する恐怖が原始宗教の主要な源流になっていることはほぼ疑念の余地がない」〔Frazer 1933 : v〕という信念

を根拠づけることを目指した。共に進化主義者と認められながら、宗教の源流としての死者崇拝を主張したタイラーが生者と死者の間を繋ぐ調和を強調せざるをえなかったのに対し、フレイザーは両者の親和を例外的な状況と位置づけ、反感と恐怖の感情こそが死者に対する生者の振る舞いを慣習として成立させたことに力点を置く。この主張は、彼一流の比較の手法を用いて膨大な事例を元に編まれた『原始宗教における死者の恐れ』を通底している。

　フレイザーが強調し、本書に関係するもう1つの重大なモチーフに、『金枝篇』〔フレイザー 1951-52〕の第3部から第6部を中心に論じられる、「王殺し」の主題がある[3]。この議論は学問上の境界を越える大きな影響をもたらしたが、使用された資料の性格や、自己中心的・予定調和的な進化主義の論調が、エドワード・エヴァンズ＝プリチャード（Edward. E. Evans-Pritchard）を初めとする後世の研究者から批判を受けたことも事実である[4]。しかし、権威の中心にある者の死亡と共同体全体の相関に衆目を

---

[3] このあまりにも著名な議論については詳述する必要もないであろうが、後に扱う研究者の考察に直接関連する論の骨子については一応確認しておこう。王権の発生を論じる過程でフレイザーは、未開社会における神聖なる王は呪術によって豊穣をもたらす祭司でもあったということを一貫して主張し続けた。王の身体と聖なる霊魂は、外界との直接の感応関係を取り結んでいると信じられていた。従って、そのような部族社会にあっては、老齢や病気によって王の心身が衰微することは世界そのものの破滅へと繋がりゆく、ありうべからざる事態であった。この危機を回避するために採られるのが、衰えた王を殺し、活力溢れる新たな王を立てるという、ある意味では極めて逆説的な戦略であった。このような仮説を元に、フレイザーは、神聖なる王を殺することが如何にして共同体の豊穣を回復することに繋がっていくのかということを、世界各地の事例に対して独特の比較の手法を駆使することで、帰納的に証明することを目指したのである。

[4] この主題の与えた影響の大きさについては〔Block & Parry eds. 1982：2〕にまとめられている。また、ここで挙げたエヴァンズ＝プリチャード以外に

集めた功績は看過できないものであり、葬儀を主題とした後続の文化人類学者達は、肯定的に受け止めるにせよ、叩き台とするにせよ、フレイザーの同論を避けえなかった。

　タイラーとフレイザーの死を契機とする宗教論を正統的な見解と支持したのはブロニスワフ・マリノフスキ（Bronisław Kasper Malinowski）に他ならない。論文集『呪術・科学・宗教・神話』〔マリノフスキー 1997〕において彼は両者の説を心理的機能主義の観点から統合し、故人に対する愛着と無化に対する恐怖という背反する情緒の葛藤を葬儀の慣習の中に読み取ることを試みる。そして、身近な者の死に際して死体の腐敗や人格の消失に直面し、この均衡が恐怖の側へと傾くような場合に、これを回復する機能を宗教誕生の要請としたのである。マリノフスキは、肯定的な信条、慰め、不滅への信仰などを選別し、実体と形式を与え、標準化する機能を宗教の最大の効用とした。この機能は宗教の具体的実践としての葬儀によって全成員へと及び、その心理的安定を回復することを通じて集団の結合を保つのである。

　葬儀の実践を当事者の心性と結びつける以上の考察を、その支持者と合わせて、本書では以後「心性派」と呼ぶことにしよう。心性派は、しかし、死の文化人類学の学説史的に見ればむしろ非主流の見解といえる。その最大の理由は、論調が定まった直後に、デュルケムを筆頭とするフランス社会学派の鋭い論駁に晒されたからである。

　デュルケムが個人に外在する道徳的実在としての社会の指定に精力を傾注し続けたことは周知の通りであるが、本書にとって重要なのは、彼が

も、フレイザーを批判した著名な論者の 1 人としてルートヴィヒ・ウィトゲンシュタイン（Ludwig Wittgenstein）がいる。そこでは特に、「未開人」の思考を習俗から安直に推断し、しかもこれを最終的には錯誤と決めつける、フレイザーの自己中心的な姿勢が非難の焦点となっている〔ウィトゲンシュタイン 1975〕。

その目的に至るための主題として死に特別な関心を払った事実である。その典型はもちろん『自殺論』〔デュルケーム 1985〕であり、デュルケームは個人的で絶対的な事象と思われがちな死をあえて題材に取ることで、社会が個人の行動様式に及ぼす影響の強さを示して見せる。「意図というものは、あまりにも内面的なものであって、外側からはおおよそのところしか知ることは出来ない」〔デュルケーム 1985：20〕と述べるデュルケームの主張は、心性派のものと和解の余地のないものである。彼の見地に立てば、特定社会の葬儀の実践が示すのは、当事者の心性ではなく、様式の採択と事象の発生を規範によって統制する社会の力に他ならない。デュルケームが例に取るのはボールドウィン・スペンサー（Baldwin Spencer）とフランシス・ギレン（Francis James Gillen）のワーラムンガ族の葬儀の模様である〔デュルケーム 1975b：278-9〕。臨死者を囲む近親者は、大声で嘆き、駆け回り、身悶えした挙げ句、刃物や鋭利な掘り棒を用いて故意に己の身体を傷つけ、血を流す。一見狂態に満ちた現場は、しかしなお社会関係に拘束され、情緒の表現形式を規範的に律せられているのである。

　　１つの基本的事実は疑う余地がない。すなわち、喪は個人的情緒の自発的な表現ではない、ということである。親縁者が、泣き、歎き、傷つけ合うにしても、それは、彼らが近親の死によって自ら害われたと感じているからではない。もちろん、特殊の場合に、表明された悲しみが、実際に痛感されることは、ありうる。しかし、もっとも一般的には、儀礼の演出者によって経験された感情と行われた所作との間には、何の関連もない。泣く人が、苦悩によって、もっとも打ちのめされているときでも、誰かが何かの世俗的興味に繋がる話を向けると、彼らは、たちまち顔色と調子を変えて、にこやかに、もっとも愉快に語ることが、しばしばある。喪は、残酷な喪失によって傷つけられた、私的感受性の自然な運動ではない。それは、集団から課せられた義務である。ただ、悲しいから歎くのではなく

て、歎かねばならないからである。それは、風習を尊重するために採るべく強制された儀礼的態度であり、個人の情的状態から、かなりの程度、独立している。〔デュルケーム 1975b：289〕

　デュルケームのこのような見解は示唆に富むものであるが、死の文化人類学にもたらした影響の大きさという点ではその高弟ロベール・エルツ（Robert Hertz）の議論に及ばない。エルツはボルネオのダヤク族の二次埋葬を分析した「死の宗教社会学：死の集合表象研究への寄与」〔Hertz 1960=1980〕の中で、社会科学の死の見方を覆す４つの重大な示唆をもたらした。第１に、エルツは死を単なる個人の生の即時的断絶から、一定期間を経て祖先に編入される儀礼的過程へと読みかえた。生物学的な死はその過程の端緒に過ぎない。故人と遺された者たちは、猶予期間である喪を通じ、多岐にわたる社会的紐帯を整理精算し、前者は死者の共同体へ再統合され、後者は連帯の綻びを回復する[5]。第２の示唆は、このような過渡的状態が、遺体の腐敗過程と死者の霊魂の変質過程の類推的な並行関係として理解されるという事実である。遺体が湿り、腐敗の進む不安定な状態にある間は、死者は生者に害悪を及ぼしうる不安定な存在であり、その穢れの及ぶ近親者は社会から隔離される。遺体が乾き、白骨という安定した状態になることは、故人の魂の先祖集団への合流を意味し、服喪者は二次的な埋葬と供宴を経て社会に復帰するのである。第３の示唆は、社会による強い死の排斥である。エルツによれば、社会は自らを不易の存在と見なし、成員に対してもその不死性を投影している。このため、成員の死は当該社会にとって単に構成単位の１つが破壊されたというだけでなく、生命に対する信条を揺さぶり、社会に対する忠誠を危機に晒す。これを回避するために、総じて成員の死は近親者の重大な不注意や、邪術、あるい

---

[5]　この閉環の具体例としてエルツが指摘するのは、新生児に死者の名を贈るという慣習である。

は悪しき精霊の仕業と目されるのである。エルツの第4の功績は、当該社会における故人の地位や役割が、死後の扱いを左右することを指摘した点である。社会は権威者の死に際しては激しく動揺し、その隠蔽を試みるが、名もない行き倒れに対しては関心さえ払われない。共同体を均質のものと見なす心性派の議論は、ここでも批判されるのである。

　文化人類学の領域でデュルケームとエルツの考察の些か過激な伝道師となったのはアルフレッド・ラドクリフ＝ブラウン（Alfred R. Radcliffe-Brown）である。彼の構造機能主義の議論にフランス社会学派の思索が色濃く反映されていることは知られているが、ことに死の論考についてはほぼ完全に両者の考察が踏襲されていると言ってよい。ラドクリフ＝ブラウンは『アンダマン島民』〔Radcliffe-Brown 1964〕で次のように述べる。

> 社会にとって死は、成員の1名、その一構成要素の消失である。個人は社会において一定の地位を占め、社会生活のある領分を有し、社会関係のネットワークの支持者の1人である。彼の死は社会的結合力に部分的な損壊をもたらし、通常の社会生活は秩序を乱され、社会的均衡は揺さぶられる。その死後に、社会は自らを新たに組織化し、新しい平衡状態に到達しなければならない。〔Radcliffe-Brown 1964：324〕

死による社会的連帯の欠損が遺体の埋葬と服喪を通じて段階的に補修されていく様子を記述する彼の分析は、エルツの論考に対するフィールドワーカーからのオマージュといった観さえ漂う。ラドクリフ＝ブラウンがフランス社会学派の思索をはみだした唯一の点は、社会による統制が成員の情緒にまで及ぶとした点である。彼は、死者に対する恐怖の感情の起源を、集合表象の創出によって両者を切り離し、自己の安定を確立しようとする社会に求めた〔Radcliffe-Brown 1964：297-323〕。これは心性派の慣習的行為に対する主張を完全に転倒させたものである。論敵への攻撃に固執する

あまり、デュルケームがあえて語らないことで残した個人的な情緒と集合的な形式のサイバネティックな関係を切り捨てたラドクリフ＝ブラウンは、後に「俗流デュルケム主義者」(vulgar Durkheimian)〔メトカーフ＆ハンティントン 1996：9〕という不名誉な揶揄を受けることになる。

　ラドクリフ＝ブラウンの導入した議論は心性派を圧倒したが、その勝利の後、死の文化人類学は一時沈黙してしまう。特定の企てが起こらなかったことを説明するのは、特定の企てが起こったことを説明する以上に困難な作業である。しかしあえて可能な仮説を探すのであれば、第1に、上述のラドクリフ＝ブラウンによるフランス社会学派の議論の矮小化が、文化人類学が死を語ることを通じて生産的な言説を構築する可能性自体を断ってしまったことが挙げられるだろう。皮肉なことに、ラドクリフ＝ブラウンの議論は心性派を徹底的に攻撃するあまり、「社会的慣習＝成員の死生観」という図式を順序を入れかえた形で共有することになり、その中に閉ざされてしまったのである。自己保存以上に目的を持たない社会により一律に成員が統御される、という、明快だが退屈な議論が早晩追随者を失うのは当然である。第2の、そしておそらくより有力な仮説は、相対主義の台頭が死を普遍的な事象として文化横断的に捉えることを阻んだ可能性である。普遍的と思われがちな死が、実際には当該社会の規約に準ずるものでしかないという事実は、マリノフスキに先駆けて長期的な現地調査を行ったことで知られるウィリアム・リヴァース（William H. R. Rivers）によってすでに指摘されてきたことであった。彼は、メラネシアにおいて「死んでいる」という状態を意味する *mate* という語が、重篤な患者や、現地の基準からすれば当然死んでいるべき高齢者に対しても同様に使用されることを報告し、「当該社会の人々にとっての死は、明確な輪郭を有する独立概念というよりも、より曖昧な広がりを持つ生命力の欠如態として捉えられている」と述べている〔Rivers 1926：36-50〕。このような文化や社会への依存性を認めることで、死を基点に議論を展開する作業自体が文化人類学の中で意味をなさなくなり、死の記述が個々の社会の民族誌の片隅

に追いやられていったという推測は妥当なものだろう。

　いったん下火になった文化人類学者の死への関心が再び高まるには、儀礼研究の隆盛を待たなければならない。当該社会において最も華美な、最も厳格な儀礼になることが少なくない葬儀は、儀礼研究者の関心を引き続けてきたが[6]、特に注目が集まったのは1960年代以降のことである。

　ジャック・グディ（Jack Goody）の『死・所有・先祖』〔Goody 1962〕は、葬儀に焦点を当てた儀礼研究の中で恐らく最も精妙なものであるだけでなく、なぜ葬儀であって他の儀礼でないのか、についての理由を示す点で引用に値する。ガーナ北西部のロダガー族を調査したグディは、同族を居住地域や社会構造に従ってロウィリ族とロダガー族という2部族に区分する。両部族には木琴や唇の装飾といった風俗上のものから父系クランに基づく集団区分の発達形態まで、様々な相違が指摘できる。特に重要なのは財の継承規定に関するものであり、ロウィリ族はすべての財を男系的に相続するが、ロダガー族は土地と家屋という移動不可能な財に関する権利のみを男系的に相続し、それ以外の牛、金銭、収穫物などの移動可能な財は母系をたどって相続する。グディは比較の手法によってこの違いが葬儀の細則の違いに現れることを指摘し、それを26項目の一覧表にまとめたのである。彼は文化人類学者が死に前後する社会過程を調査する意義を次のように語る。

　　相対的に排他的な権利のいかなるシステムについても、その決定的な特徴と財の分布に関する一般的なカテゴリーが往々にして呈示されると思われるのは、これらの権利がある個人から次の者へと継承

---

[6] 古くはアーノルト・ファン・ヘネップ（Arnold van Gennep）がエルツの考察した過渡的状態に社会関係の再編という積極的な意味を与え、「余白の期間」（période de marge）として通過儀礼一般に指摘できる特徴へと拡張したことが知られている〔ファン・ヘネップ 1995〕。

されるとき、つまり死の逃れえない現実によって不可避のものとされる過程においてである。多くの社会でこの移管は身近な親族間で生じ、そして死に際して生ずる。〔Goody 1962：11〕

　グディにより、ラドクリフ＝ブラウン以降の死の文化人類学が迷い込んだ袋小路を抜け出すための１つの方法が提示されたと言える。死をいかに定義するかは当該社会の規範に依存するが、死が何らかの重大な社会的身分の変化であるということ自体は共通するはずである。そうであるならば、死の変化に伴う権利や財の再分配や、その際に明示的に行われる諸関係の再編に着目することで、当該社会を理解する上で重要な手掛かりがもたらされるはずである。グディの分析を通じて、葬儀には、儀礼という非日常の文脈だけでなく、そこに重なり、そこから連続的に広がっていく当該社会のより一般的な生活や構造を知るための窓という新しい意味が付与されたことになる。ただし、注意すべきはこの窓のサイズがどれほどのものであり、どこに向けて開かれているか、という点である。

　袋小路を脱出するための別の可能性を示したのはモーリス・ブロック（Maurice Bloch）とジョナサン・パリー（Jonathan Parry）である。彼らが1982年に編んだ『死と生の再生』〔Block & Parry eds. 1982〕は、死に関するもう１つの遺産である王殺しの考察を起源とするフレーザーの象徴分析的なアプローチを通じて、文化人類学の死の分析に普遍性を回復させようとする壮大な試みであった。彼らが特に注目したのは、葬儀の実践に普遍的に見られる受胎や出産の象徴である。それらは単に死を象徴の次元で打ち消すというだけでなく、より直接的に、限りある資源としての有限な生命力が確実に継承されることを意味する。ブロックとパリーはメリナ族の事例をもとにさらに考察を進め、このような再生の象徴が、野性的・生物的な女性の力（sexuality）の象徴と、それを計画的に統御する男性の力（fertility）の象徴に区分できると主張した。ブロックとパリーは主体としての社会を否定し、代わりに伝統的な権威を据えたが、彼らにとって葬

儀とは、死の穢れや腐敗と結びつけられる女性原理を秩序や清浄を擁する男性原理が打ち負かす過程の象徴的な上演を通じて、当該社会の権威が個人の死という生物としての限界がもたらす危機を超克し、自己のイデオロギーを存続させるための装置なのであった。生物としての死は人間の支配を拒絶し、突発的に襲いかかるが、その予測不可能性は、一定の手続きに則ってそれに対処する儀礼の慣習性によって隠蔽され、予測可能な循環へと調和させられるのである。

1-2　我われ自身の死と向きあうために
終末期ケアの文化人類学の射程

　死の文化人類学の到達点と言うべきブロックとパリーの考察は、我われの死を見つめることを目指す本書にも示唆を与えるところが大きい。だが、ここで問題となるのは、彼ら自身が設定した限界である。死の儀礼的な操作をイデオロギーの再生産として論じるためには、伝統的な権威が存在しなければならない。権威の局在化と個人化が進んだ産業化社会に暮らす我われの死が理論の射程の外にあることは、ブロックとパリーの議論の前提なのである[7]。

　　しかしながら、現代の西欧文化においては個人に超越的な価値が付
　　与されており、イデオロギー的強調は彼の特殊で繰り返されること
　　のない一代記に置かれる。彼はまた社会に対峙する存在であると考
　　えられているため、その死は社会の持続に挑戦するものとはならな

---

[7]　同様に、ブロックとパリーの論文集に収められた論文のうちの一遍でジェームス・ウッドバーン（James Woodburn）は、アフリカの4つの狩猟採集社会の調査に基づいて、絶対的権威が不在の社会では葬儀が洗練を見ないことを報告している〔Woodburn 1982〕。

い。その上、人間の本質が不変のものと見られている一方で、社会的秩序の存在は同様には受けとめられていないのである。〔Bloch & Parry eds. 1982：15、傍点は原文〕

　この忠告を横目にしながら、あえて産業化社会の分析に挑んだ貴重な実験がピーター・メトカーフ（Peter Metcalf）とリチャード・ハンティントン（Richard Huntington）によって行われている〔メトカーフ＆ハンティントン 1996〕。死の文化人類学が蓄積した葬儀研究の手法と視座を今日の米国に当てはめようとする彼らの試みは、純粋な礼賛か、さもなければ暴露本か、という葬儀に関する資料の偏りのため、当初から困難を極めた。しかし彼らにとって致命的だったのは、エンバーミング、死者との公開対面、土葬などに特徴づけられる米国の葬儀の実践が、全国的に規格化されたものであるにもかかわらず、それに釣り合うだけの支配的なイデオロギーを発見できないことであった。メトカーフとハンティントンは、米国社会特有の葬儀産業の発達と、死を忌避する感情の浸透という2つの解釈可能性を提出するが、すぐに自ら否定することを余儀なくされる。前者では、日々改良される資本主義社会の商品の中で「なぜ葬儀が例外的に形式を維持するのか」という点が説明困難であり、後者では、英国進化主義者と同様に、「なぜその形式で、同様の感情と結びつけられうる他の形式ではないのか」〔Radcliffe-Brown 1964〕という疑問に対して全く無防備な状態に陥るからである。結局彼らは、米国社会に生きる人々は、葬儀の専門家集団によって他の選択肢を呈示されないままに、事実他の選択肢がない、と思い込まされ、社会的に規定された礼儀に従う形で、より一般的な形式の葬儀に参加しているのだ、というジェシカ・ミットフォード（Jessica Mitford）の議論〔Mitford 1998〕に消極的に同意せざるをえなかったのである。

　本章における以上の考察を前提とするのであれば、文化人類学者が死を議論するための最も安全で確実な道筋の1つは、「彼／女ら」の社会で葬

儀を見つめ続けることである。イバン族とトラジャ族の対比から文化が死に与える意味を浮き上がらせた内堀基光と山下晋司の分析〔内堀・山下 1986〕は、文化人類学が個々の社会の研究を経て普遍的な死を語る可能性を示した点で高く評価されるべきものであるし、近年では西井凉子が南タイのムスリムと仏教徒の通婚関係に潜む緊張が死に際して顕在化する様を論じ、一定の成果を上げている〔西井 2001〕。

　しかし、このようなアプローチに限界効用の逓減を認め、まだ見ぬ豊かな知的刺激の鉱脈を予感しながら、あえて我われの死へと近づこうとする文化人類学者には、次の3つの研究上の戦略が与えられることになるだろう。

　第1の戦略は、心性派に立ち帰ることである。いかに直感に訴える簡明さを有するにせよ、グディが「ラッパ銃攻撃」(blunderbuss attack)〔Goody 1962 : 16〕と評した激しい非難を浴びせられたこの種の議論が、いまなお根強い人気を誇っていることは驚きに値する。しかし、たとえば波平恵美子〔1990〕は、わが国における脳死移植の浸透の遅延を説明するために、魂呼ばい、最後の呼吸ないしは拍動の確認、通夜、湯灌、出棺という葬儀の一連の手続きを引き合いに出し、死を段階的に考えてきた日本人特有の心性の存在を指摘する。彼女はさらに、葬儀の形式の持続を根拠に、死や遺体を巡る日本人の観念や信仰が、社会の諸側面における大きな変化にもかかわらず、基本的にはほとんど変わっていないと主張するのである。しかし、すでに見てきた通り、形式がそのつど選ばれるのではなく、規範的に維持されることを認めるのであれば、それを実践する者の心性を無条件に行為と結びつけるわけにはいかない[8]。死の文化人類学の蓄積を省みない

8　ここではグレゴリー・ベイトソン（Gregory Bateson）が指摘した分裂生成（schismogenesis）を指摘できるように思われる〔ベイトソン 2000〕。今日の心性派にとっては、葬儀が社会から切り離され、その実践が硬直すればするほど、ますます研究の対象として意義を持つようになるのである。

この戦略は不誠実であり、社会科学としての文化人類学の地位を損ないかねないものである。

　第2の戦略は、葬儀の実践が産業化されたことを認めた上で、あえてそれを研究するものである。メトカーフとハンティントンによる研究から10年以上の歳月が流れ、正統的とされる葬儀の形式に固執しない、自然葬やオーダーメイド的な葬儀も盛んになりつつある中で、この戦略は第1のものよりははるかに有望な可能性を秘めている。中でもわが国の葬儀屋でフィールドワークを行った鈴木光の研究〔Suzuki 2000〕は、葬儀がサービスとしてマーケティングやセールスの対象となり、商品として消費される様子を正面から取り扱っている点で興味深い。「湯灌は日本の伝統的な儀式です。何十年もの間見なくなっていましたが、このたび当社が九州で初めて復活させました」という業者の説明に対し、家族が聞くのはサービスの価格である。そして、そのオプションが5万円と明かされるや否や、即座に拒絶される、といった描写〔Suzuki 2000：179-180〕は、今日の死に対する我われの態度をかなり率直に切り取ったものであるといえる。しかし、同書の中でも控えめに述べられている通り、葬儀の運営主体が共同体から業者に移り、その持続も最長でも数日となったという事実は、グディ流に葬儀研究を対象社会の日常生活へと拡張する可能性を大幅に制限している。そこで見えるのは、基本的には、葬儀業者がどのようにサービスを創出していくかという、限定的な領域におけるビジネスの実践であり、死は背景に退かざるをえない。鈴木は、参列者から判断すると今日の葬儀は地縁血縁よりも職業的な繋がりを補強していると推断されること、規模や豪華さは違うものの価格に基づく単一のスケールを共有して葬儀を行うことが共同体の団結を強化することの2つを結論としているが、やや苦心の跡が見えないわけではない。

　本書が試みるのは、しかし、以上の戦略とは根本的に異なるアプローチである。この第3の戦略を説明する前に、文化人類学による死の検討が語りうるもの、語るべきものとは何か、ということを、もう1度確認し

ておきたい。その手がかりは、内堀と山下の次の言葉に隠れている。

> 先に我々は死は経験できないものであると述べた。そこでいわれた死とは、時の極小の単位において生起する自己の死という出来事である。次章以下で展開する我われの死の人類学あるいは死の民族誌は、この経験の外にある出来事についてほとんど何事をも語ることはできない。我々が語りうるのは厳密にいえば他者の死のみであり、せいぜいのところ他者の死に投影された自己の来るべき死の予期が、特定文化においてどのような現象形態をとるかということにすぎない。このことは死の人類学の現在における限界であるが、しかし一面では我々がここで扱いうることが「死」と呼ばれるものの実相でもあるのだ。〔内堀・山下 1986：17-18〕

　この見解を認め、1度足を止めて死の文化人類学がこれまでにたどってきた道のりを振り返るとき、1つの反省が生まれる。それは、文化人類学が扱いうる対象が、個人が「死ぬこと」という経験そのものではなく、人間文化における意味としての普遍化を経た「死」なのであれば、「死ぬこと」が現実に起きたことを前提とする実践、つまり葬儀に必ずしも固執する必要はないのではないか、という懐疑である。
　死の文化人類学は、これまで一貫して葬儀の文化人類学であった。そのきっかけとしては、この際立った儀礼に研究者が関心を引かれざるをえなかったということがあるだろう。しかし、死＝葬儀研究という図式がこれほどまで長く無批判のまま保たれた背景には、生物医学的な死こそ死である、という我われの社会の通念に無意識に縛られることで、あたかもそれが生じた後にしか死に対する文化的・社会的反応が起こらないかのように研究者が錯覚してきたのではないか、と推断せざるをえない。おそらく文化人類学者は、死を規定するものが当該社会に依存する約束でしかないことを他者に対しては指摘しながら、自分自身の認識が自社会の約束に埋め

込まれていることは客体視できずに来たのである。

　一方、自社会の実践を見つめることを重視する社会学の分野では、すでに 1960 年代にこの枷を外そうとする試みがなされている。サンフランシスコ湾岸の 6 つの病院を対象に長期的なフィールドワークを行ったバーニー・グレイザー（Barney G. Glaser）とアンセルム・ストラウス（Anselm L. Strauss）は、近く死を迎えるだろうという患者の予期が社会的な文脈の構成にもたらす影響を分析した『死のアウェアネス理論と看護』の中で、自らの研究の目的を、人は「生物学的に死ぬ前に社会的に死ねるのかどうか」〔グレイザー＆ストラウス 1988：xii〕を明らかにすることであると明言している。しかし、40 年の時を経た今なお過激なものとして感じられるこのような主張をそのまま受け入れることは難しい。批判すべきは、我われが生物医学的な死を規約的に使用していること自体ではなく、それによって生物医学的な死以後にしか死の文化的・社会的表象が観察可能にならない、という思い込みなのである。

　本書の採用する第 3 の戦略とは、「死ぬこと」に先行する生の実践の中にちりばめられた「死」を拾い集めるというものである。しかし、単に生の実践というだけでは対象があまりにも散漫になってしまう。そこで本論では、死に先行しながら、死を前提として規定される特殊な時間である「終末期」（terminal period）に範囲を限定し、そこで取り交わされる患者、家族、専門職の相互作用、すなわち「終末期ケア」（terminal care）を観察することを通じて、我われの社会の「死」を問うことを目指す。研究者がフィールドワークを行う場は、村落共同体でも斎場でもなく、終末期ケアが集約的に実践される場である「ホスピス」（hospice）へと移る。

　葬儀研究は、社会の産業化により大きな変革を余儀なくされつつある。しかし、一方で産業化は、死の文化人類学に新しいフィールドを用意したのである。第 3 の戦略は、産業化を背景とする、技術と工業の進展がもたらした高度な医療化と、その反動としての現代ホスピス運動という 2 つの要件なくしては成立しない。前者は終末期という特殊な時間をもたら

した。ミシェル・フーコー（Michel Foucault）が看破した通り、生物医学は身体に分け入り、それを骨格、臓器、筋肉組織などに解体するまなざしをもたらした〔フーコー 1969〕。その結果、我々は計り知れない恩恵を受けているが、一方で、病者ではなく疾病を対象とするこのパラダイムは「死ぬことは分かっているが、治療はできない」という時間も生んだのである。後者は、このような状況に置かれた患者を間近で見続けざるをえなかった医療者の中から起こった、「終末期医療」から「終末期ケア」への革命である。1960年代の英国に端を発し、現代医療のネットワークに乗る形で急速に浸透したこの運動は、イデオロギーと技術が複雑に組み合わさったものであり、患者個人の尊重、死の過程の容認、全人的支援、麻薬の積極的活用、家族と遺族のケアなど、文化的・社会的に見て極めて興味深い性格を持っている。

　文化人類学者が終末期ケアに注目することには4つの利点を指摘することができる。

　第1点は、すでに述べた通り、文化に埋め込まれた意味としての死を、生物医学的な死に先んじる社会過程において見つめるという新しい視座である。このことは、事後的に、葬儀という媒体に限定してのみ考察を進めてきた従来の死の文化人類学を補完する重要な知見をもたらすだろう。

　第2点は、フィールドの包括性である。医療モデルに反発して生まれ、現代ホスピス運動を経た今日の終末期ケアは、身体的領域、精神的領域、社会的領域、霊的領域を包含する全人的ケアを目指している。その実践の研究を通じ、文化人類学者は、生の諸側面に横断的に影響する死の包括性を、単一のフィールドに密着することを通じて捉える可能性を回復することができるはずである。

　第3点は、イデオロギーの明示性である。死を統御するイデオロギーの考察は、死の文化人類学のおそらく最も魅力的な部分であり、今後の研究が相続するに値する貴重な遺産である。その一方で、産業化社会の葬儀研究が行き詰った1つの理由は、従来のように葬儀を単一の支配的イデ

オロギーの表出としてもはや記述できなくなったことにあった。だが、死に関する価値観や意味づけが消失したわけでは決してない。むしろ問題は、個人主義が台頭し、権威が多様化・相対化する中で、特定のイデオロギーの優越を指摘できなくなったことなのである。往々にしてここで見落とされているのは、この状況の前提たる個人主義それ自体を、1つのイデオロギーと捉える可能性である。社会学者トニー・ウォルター（Tony Walter）が提示した、産業化社会の死に接する局面で普遍的に指摘できる権威は「その人自身」（Self）であり、「ユニークに生きられたユニークな人生に価値を置く個人主義の文化においては、いまやよき死とは、我われが選ぶ死なのである」〔Walter 1994：2〕という主張は示唆的である。

　今日の終末期ケアの現場は、「その人らしく」という表現が象徴する「死にゆく人中心主義」を徹底的かつ明示的な作動原理としている。この新しいイデオロギーは極めて柔軟なものであり、それに基づく文脈も葬儀とは全く異なる様式で生成されていく。終末期ケアのフィールドワークを通じて、このような個人主義を回収可能な理論枠組さえ確保すれば、死の文化人類学は、単なる機能主義的な構造維持論を越える、社会的安定の新しい記述へと進むことができるだろう。

　第4の利点は、終末期ケアの文脈の可塑性がもたらす「死生観」への接近可能性である。伝統的な葬儀はいわば慣習の束であり、一連の手続きを型通りにこなすことで社会的な事実を構築することに主眼が置かれている。このため、当該社会の成員の死に対する態度の究明を目的として葬儀を分析すると、「決まりだからそうしている」という単なる規範的な手続きに観察者が物語を読み込んでしまうという錯認や捏造が生じ、問題にされてきたのである〔福島 1993, 1995a〕。これに対し、個人主義に基づく今日の終末期ケアの文脈は、はるかに流動的である。終末期ケアの文脈は、患者、家族、専門職のそれぞれが置かれた環境や利用可能な情報・技術を含む、極めて複雑な社会的関数として変化していく。このような終末期ケアの過程では、自己あるいは他者の死に直面する各行為主体が、何に注目

し、何を期待し、何を避けようとするか、また、各行為主体の間でどのような関係性や相互作用が生じ、目指されるか、ということが明らかになる。すなわち、死に向き合う人々の態度が、フィールドワーカーに観察可能な状況として出現するのである。本書では、安易なステレオタイプ化がまかり通る「死生観」という概念を、人々が死をいかに語り、何に対して関心を払い、どのようにそれに対処しようとするか、という社会過程の総体として再指定することを目指す。

　以上で死の文化人類学の概観を終えるが、その蓄積は、終末期ケアという新天地に目を向ける本書の実験にも多大な示唆をもたらすはずである。だが、このようなフィールドの切りかえを行うためには、もう 1 つ手続きを踏む必要がある。それは、このフィールドで行われてきた「死と死に行く過程の研究」(Death and Dying Studies) と、現在そこにニッチを広げつつある医療人類学の蓄積を概観する作業である[9]。

---

[9] 〈編者註〉「死と死にゆく過程の研究」については、ホスピス研究の概観およびホスピス運動の経緯として次章で部分的にではあれ記述されているが、医療人類学の蓄積の概観に関しては、残念ながら（少なくとも草稿の段階としては）着手されなかった。[H.W.]

第 2 部

米国ホスピスにおけるフィールドワーク

第 2 章

米国におけるホスピス運動

フィールドワークの前提[1]

---

1 〈編者註〉本章草稿において原著者は、調査地である米国のホスピス運動の展開について、先行研究に依拠しつつ概観している。残念ながら本章の遺稿は雑多な断片の集積であり、最終的な構想は不詳である。米国ホスピスの形成を「コミュニティとしてのホスピス」に続き、「哲学」「サービス」、そして最後に「ケア」という4つの枠組みから記述する計画であったという推定のもと、前半部分を中心に、未完の文章の多い最終節「ケアとしてのホスピス」を省いて本章を再構成した。読者はややアンバランスな印象を受けるかもしれないが、以上の事情とともに了承されたい。[K.O.]

2-1　ホスピスとホスピス運動

　全米ホスピス協会は 1996 年から使用しているパンフレットの中で、ホスピスについて次のような見解を示している。

　　ホスピスとは何か？
　　・(ホスピスとは) 死にゆく患者、その家族と介護者のための、特別なケアであり、
　　・患者の身体的ニーズだけでなく、情緒的ニーズ、スピリチュアル・ニーズもケアの対象にする。
　　・患者の自宅、または自宅に似た場所で、ケアを実施する。
　　・残された時間を有意義に過ごせるよう、患者の希望に応じて、痛みのない、安楽な状態を追及する。
　　・家族を支えることを、使命の本質的な一部と考える。
　　・生の質を、生の長さと等しく重要なものと見なす。
　　　　　　　　　　　　　　　〔National Hospice Organization 1996：3〕

死にゆく人々とその家族への思いやりに満ちたこのようなケアを提供するプログラムは、現在アメリカ全土にわたって分布している。
　図 2-1 は全米ホスピス緩和ケア協会[2]が公式ホームページ上で発表している白書 (*NHPCO's 2004 Facts and Figures*)[3]からの引用である。同白書

2　　National Hospice and Palliative Care Organization。全米ホスピス協会から 2000 年 2 月に名称を変更。

3　　〈編者註〉 原稿では「http://www.nhpco.org/files/public/Facts_Figures_for2004data.pdf を参照」となっているが、2016 年 11 月 24 日時点でリンクが切れている。一般的に、白書は年ごとに発行され、最新号は NHPCO のホームページ (http://www.nhpco.org/hospice-statistics-research-press-room/facts-hospice-and-palliative-care) で読むことができる。[H.W.]

図2-1 ホスピスプログラム利用者（患者）数（1982年〜2014年）

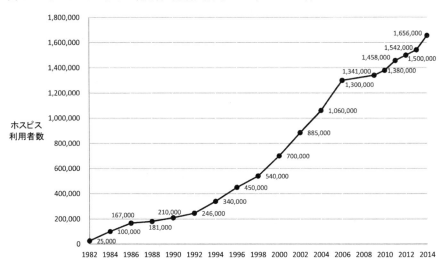

（出典）National Hospice and Palliative Care Organization（http://www.nhpco.org/sites/default/files/public/Statistics_Research/Patients_Served.pdf）。〈編者註〉編者により引用元を参照してデータを更新した。（2016年11月24日アクセス）

には、「2004年にホスピスケアを求めた患者は106万人を数え、たった1年の間に11万人の増加をみた」という記載も認められる。参考までに、米国疾病予防管理センターの2006年4月の発表によると、米国の2004年の全死者数は239万8000人となっている[4]。

現代ホスピス運動の中心であるロンドンのセント・クリストファー・ホスピス（St. Christopher's Hospice）の情報局は、2005年時点で「世界100か国以上で、7000から8000のホスピス、ないしは緩和ケアに関する事業が展開されつつある」[5]と発表している。2004年の1年間に51万4000

---

4 http://www.cdc.gov/nchs/data/hestat/preliminarydeaths04_tables.pdf を参照。〈編者註〉リンク切れ。2016年11月24日の時点では、http://www.cdc.gov/nchs/data/hestat/prelimdeaths04/preliminarydeaths04_tables.pdf にある Table 1 のデータを指す。［H.W.］

5 〈編者註〉元原稿では〔Hospice Information 2005：22〕とあるが、具体的に文献を同定できなかった。NHPCOの2005年の白書（Facts and Figures

人[6]が死亡した英国では、同年中に緩和ケアの専門病床に5万8000人が入所し、15万5000人が関連する在宅緩和ケアや院内チームによるサービスを受けたと推計されている[7]。

　以上のような統計的な情報から推断するのであれば、米国を全世界でホスピスが最も浸透した国の1つに数えることに疑義を挟む余地はそれほどないように思われる。しかしながら、研究フィールドとして米国ホスピスに足を踏み入れた文化人類学者は、公表されているこのような数値の与える印象と、実践の現場で日々観察される状況との間の落差に当惑せざるをえない。

　ホスピス運動を希求し、燎原の火にその声によって追い風を与えたはずの一般市民は、ホスピスケアについてあまりにも無知である。「教育を受けていない人は、ホスピスについて何も知らない。教育を受けている人は、誤解をしている」という調査先の一看護師の言は、悪意のない素朴な実感に他ならない。初回訪問の際には、「XXホスピス」というロゴマークが塗装された救急車が家の前に乗りつけて、担架に載せて患者をさらっていく、と思われていることもしばしばである。

　差し迫った当事者にならない限り、市民はホスピスケアに関してただ無知であるだけでなく、無関心でもある。筆者が調査したミシガン州の地方都市では、毎年7月に、自称芸術家達が作品の展示即売を行う大規模なイベントが開催される。人口わずか11万人の街に、4日間で50万人もの観光客を呼びこむこのイベントには、地域で慈善的な活動を展開する非営利法人もPR用のテントを多数並べている。その中に紛れているホスピス

　　　2005）を指していると思われる。［H.W.］
6　　http://www.statistics.gov.uk/STATBASE/Expodata/Spreadsheets/D9076.xls
　　　を参照。〈編者註〉リンク切れ。［H.W.］
7　　〈編者註〉註5と同様。草稿には〔Hospice Information 2005：6〕とある。
　　　［H.W.］

のテントに足を止める人は少ない。机上に立てかけられたパンフレットに惹かれて足を止めた少数の人たちも、温和で洗練されたデザインのオブラートに包まれたメッセージの意味するところが分かると、社交辞令的な笑顔を残して立ち去っていく。市民の関心を引くことの難しさを経験から学んだホスピスの方でも、店番には、貴重な有給スタッフではなく、2人のボランティアを配置するに留めるようになっている。

フィールドワークの過程で、市民の意識とホスピスの期待の齟齬が鮮烈に浮かび上がったのは、ホスピスが実施したクルージング・イベントにおいてであった。慢性的な財政不良に悩まされている米国のホスピスでは、寄付金集め（fund-raising）を目的とする種々のイベントを企画することも珍しくはない[8]。「ホスピスのためのクルージング」（"Cruis'n for Hospice"）と銘打つこのイベントを提案したのは、このプログラムに新規採用されたボランティア・コーディネーターであった。経験豊かな彼女が目をつけたのは、デトロイトから車で30分ほどのベッドタウンであるこの町に暮らす裕福なカーマニアたちである。地元の世界的なピザのフランチャイズの創始者の記念館に隣接する広大な駐車場を無料で借り上げ、そこに彼／女らを呼び込むことで、相互に車を品評してもらいながら、宝くじやグッズの販売を通じて寄付金を集めようというのである。

イベントは、それぞれ1か月ほど間を空けながら、3回にわたって実施された。ボランティア・コーディネーターは、地域の60以上の企業に働きかけて、日用品の現物やクーポン券の提供を受けた。これらの物品は、州の所轄機関の許可を得て実施する宝くじの賞品に当てられた。販売用目的のグッズとしては、当日スタッフも着用したホスピスのロゴ入りポロ

8　全米ホスピス緩和ケア協会は、ダイレクトメールやインターネットを通じて、寄付金集めを目的とするイベントのマニュアル〔Reuschling & Elliot 1996〕の斡旋を行っている。〈編者註〉〔Reuschling & Elliot 1996〕が具体的にどういう文献・資料なのか、判明せず。［H.W.］

シャツなどが準備されたが、中でも目玉となったのは、1枚10ドルで販売された、車の図像が彫られた真鍮製の飾り板である。イベント毎にそれぞれ異なる図像の板が用意され、3回のイベント全てに来場して購買した人には、3枚の板を並べて展示することができる木製のシックな台がおまけとしてプレゼントされることになっていた。

第1回のイベントが盛況と呼べない結果に終わった時点では、このプログラムにとって初めての試みだったことや、晴天に恵まれなかったことが弁解の余地を残してくれた。しかし、第2回の売り上げと寄付金が――筆者が購入した飾り板の代金も含めて――わずか1035ドルに止まったことを多職種合同会議で報告したボランティア・コーディネーターは、第3回の結果を待たずして次年度の実施を見合わせることにした。

ホスピスに対する無知と無関心は、一般市民の間だけでなく、ヘルスケアシステムのホスピス以外の領域を担う医療者の間でもしばしば認められる。なかでもホスピスの存続自体を左右するのは、患者を紹介する主治医との関係性である。ホスピスが非常な人気を有し、しばしば待機患者の長いリストを持つわが国の状況とは対照的に、米国ホスピスのスタッフは利用者確保のために日々奔走している。時には彼／女らは、家庭医のオフィスや総合病院のナースステーションに「御用伺い」のために文字通り出向くことさえある。

地道な広報活動にもかかわらず、ホスピスに患者を紹介するのは、そのケアの意義を理解し、何より看護師が中核となるその実践を信頼することができる、限られた医師たちである。ホスピスのスタッフは、この馴染みの医師たちとの絆を大切にしている。患者の身に対処不能な変化が生じた時に、看護師が真っ先に連絡を取るのは、ホスピス医ではなく患者の主治医である。主治医たちはまた、患者が亡くなった後、ホスピスのスタッフから詳細な経過の報告とともに、丁寧な礼状を受け取ることになる。

運営という観点からはこのような不安定な状況にある一方で、ホスピスが米国の終末期ケアに一定水準の改善をもたらし、死にゆく人々とその家

族に往々にしてかけがえのない希望を届けてきた、という事実そのものを懐疑の対象とすることは困難である。

　ホスピスについて無知で、無関心であったはずの患者と家族は、ケアを受ける過程でこのプログラムのすばらしさに気づく。看護師の訪問ケアに随行すれば、「あなたは神からの贈り物です」（"You're the gift from the God!"）といった種の感極まった言葉をしばしば耳にすることになる。それは、提供されるケアの内容に対する賞賛であると同時に、見たことも聞いたこともなかったプログラムに出会うことができた運命に対する感謝でもある。患者の死後に遺族に対して実施される満足度調査では軒並み高い数字が得られるが、ヘルスケアに関する通常の満足度調査のように当該機関を継続的に利用することに関する懸念が小さいことを考えれば、この結果を単なる「お追従」ととらえるべきではないだろう。

　そしてまた、ホスピスに患者を紹介する家庭医のほとんどは、そのケアに全幅の信頼を置いている。馴染みの医師たちは、ホスピスから標準医療指示書が送られて来れば、除外項目に1つもチェックを入れずに署名して返信するし、医療用麻薬の増量については、事後承諾的な連絡を単に認めるだけでなく、「事前の指示」があった形式を整えることにさえ協力する。そして何よりも、彼／女らは自分の大切な患者をホスピスへと紹介し続けているのである。

　米国のホスピスケアの専門家たちの間で今日主流を占めるのは、「ホスピスは特別なケアである」という言説である。しかし、専門家たちにこのような見解を発するに至らしめたホスピス運動は、1つの政治的な運動に他ならない。この二面性は、ホスピスの内と外との間に乖離を生ぜしめ、その実践のあり方にも今なお様々なレベルで影響を及ぼし続けている。

　次章以降では、フィールドワークを通じて得られた知見をもとに、ホスピスの実践を分析していく。そのためにはまず、現代の米国ホスピスが置かれている環境がいかにして築かれたか、という歴史的な経緯の概要を理解しておかなければならない。

2-2 伝統からセント・クリストファー・ホスピスへ
コミュニティとしてのホスピス

　一般に、「ホスピス」(hospice) という語は、「病院」(hospital)、「ホステル」(hostel)、「ホテル」(hotel) といった語と同じく、客を迎え入れることを意味するラテン語の *hospitium* ないしは客への歓待を意味する *hospe* を語源として持ち、17世紀前後までは相互に交換可能な言葉として扱われていたと考えられている〔Buckingham 1983；コーエン 1982；Kohut & Kohut 1984；Siebold 1992〕。同様の語源から派生した語としては、他に hospitality、hospitable、host、hostess などが存在する。

　ホスピスの唱道者や研究家が「古代のホスピス」と呼ぶ活動は、古代ギリシア・ローマの宿屋である *xenodochia* にほぼ相当すると考えられている。これらの施設は、貧者、巡礼者、旅人を含めて、必要とするのであれば誰に対してでも宿泊を提供することをその趣旨としていた〔Rosen 1963〕。キリスト教と分かち難く結びついた古代のホスピスは、その信仰の拡大に伴ってヨーロッパから中東地域にかけて広く展開されていく。その例として、ナイジェル・アラン (Nigel Allan) は、メソポタミア北西部に位置し、初期キリスト教の中心地の1つであったエデッサにおいて、紀元370年にラビュラ司教が設置した施設について次のように言及している。

　　これらの収容所は、貧者に対するホスピスとしてだけでなく、病者に対する病院としても設置されており、彼らはそこでは適切に組織されたスタッフによって介護されていた。司教の伝記作家によれば、資金は潤沢にあったようであり、非常においしい食事が食べることに困らない人々をも楽しませ、貧しい人々だけでなく、それなりの生活を送っていた人々も宿屋のサービスを求めたことが示唆されている。建物は、男性用と女性用にそれぞれ1つずつ存在し、司教が任命する修道僧によって監督されていた。清潔なベッドとシーツ

を確保し、患者に安楽さを提供し、効率的で敬虔な男女のスタッフによるケアを提供するために、あらゆる努力が払われた。〔Allan 1990：453〕

　このような古代のホスピスの例は枚挙にいとまがない。その中でも、5世紀にローマ皇帝ユリアヌス（Julianus）によるキリスト教弾圧の中で、サン・ファビオラ（St. Fabiola di Roma）によって開設された巡礼者のための避難所や、10世紀にスイス・アルプスでサン・ベルナール（St. Bernard de Menthon）によって開かれ、後に犬種のセント・バーナードで知られるようになるグラン・サン・ベルナール・ホスピス（Hospice du Grand-Saint-Bernard）は、特に著名なものとして紹介されることが多い〔コーエン 1982：17；Kastenbaum 1991：108〕。
　中世においてホスピス活動がさらに活性化する契機となったのは11世紀から13世紀にかけて実施された十字軍の遠征である。「十字軍をより多く破ったのは、サラセンの刃よりも、伝染病や疾患であった」と記録される悲惨な状況の中で、主要な街道や河の渡し場に次々とホスピスが建てられ、疲れ果て、病んだ兵士や巡礼者の看病が行われた〔コーエン 1982：17〕。エリザベス・マクナルティ（Elizaberth G. McNulty）とロバート・ホルダビィ（Robert A. Holderby）は、13世紀までに、英国全土に750、パリに40、フィレンツェに30のホスピスがあったと推定している〔McNulty and Holderby 1983〕。11世紀には、エルサレムのヨハネ修道会によって、看病を目的とする特殊な騎士団であるホスピタル騎士団（the Hospitaller Knights）が組織される。14世紀にトルコ軍によってエルサレムを追われた彼らはロードス島に要塞を構えた。観光名所として今なお残る同島の騎士団通りの建物には、ヨーロッパ各地の富裕な貴族の支援によって建てられたホスピスも多数含まれている。ロードス島に荘厳なホスピスの遺跡を訪ねたサンドル・ストッダード（Sandol Stoddard）は次のように記している。

この大ホールで、「わが主、病める人たち」は迎えられたのだ。やさしく手足を洗われ、1つ1つカーテンで囲われたベッドに運ばれた。そして身分の高い騎士たちが自ら、王子や貴族さえ喜びそうな飲み物や食べ物を銀の食器に入れて、差し出した。学識ある医師たちが毎日訪問し、診察して、薬を処方した。……（中略）……ここの人たちはすべて清貧に甘んじることを誓い、感謝する患者からの贈り物を受け取ることさえ禁じられていた。騎士や使用人は、自分たちの部屋で、患者より質素な物を食べた。患者に不親切だったり、どのような方法であれその要求を無視したりすると、1週間パンと水だけしか与えられず、鞭で打たれた。〔ストッダード 1994：48〕

　ローマカソリックを中心とするこのようなホスピスの隆盛は、16世紀の宗教改革によっていったんその幕を閉じることになる。パラケルスス（Paracelsus）らが活躍した16世紀は、宗教的権威が相対化される中で、自然科学に基づく近代医学が胎動を始めた時代でもあった〔川喜田 1977：182-233〕。17世紀になると、自然科学を根拠とする病院は、宗教的な実践との間にはっきりと距離を置くようになっていく。この時代にサン・ヴァンサン・ド・ポール（St. Vincent de Paul）と彼に導かれた愛徳修道女会（Filles de la Charité）の手による一群の施設がパリに誕生したのは例外的な事例であり、大部分のホスピスは病院組織へと再編されるか、消え去っていったと考えられている〔Hillier 1983；Siebold 1992：18〕。
　もっぱら死にゆく人々にケアを提供する施設にホスピスという呼称が初めて使われたのは、19世紀フランスのリヨンにおいてのことである〔Saunders 1998〕。わずか23歳で夫と2人の子どもを失ったジャンヌ・ガルニエ（Jenne Garnier）は、同地で「カルヴァリの婦人協会」（la Asociación de Mujeres del Calvario）という慈善団体を立ち上げ、その名を

冠した複数のホスピスを開設して、不治の病に罹った人々の世話をした[9]。一方、アイルランドでは、サン・ヴァンサン・ド・ポールの活動に感銘を受けたメアリー・エイケンヘッド（Mary Aikendhead）の手によって、同様の活動が開始される。1879年に彼女を始祖とするアイルランド愛徳修道女会（the Irish Sisters of Charity）の手によってダブリンのハロルドクロスに創設された聖母ホスピス（Our Lady's Hospice）では、死に臨む人々の看病こそがキリスト者の果たすべき務めとみなされ、進行がんを中心とする重篤な患者に焦点を絞ったケアが展開されていった。

19世紀末には、ロンドンでもまた、フリーデンシャイム休息院（Friedensheim Home of Rest、1885年開設、後にセント・コロンビア病院［St. Columba's Hospital］）、ゴッド・ホスピス（Hostel of God、1891年開設、後にトリニティ・ホスピス［Trinity Hospice］）、死にゆく人々のセント・ルカ療養所（St. Luke's Home for Dying Poor、1893年開設、後にセント・ルカ病院［St. Luke's Hospital］）という3つの機関が、死にゆく人々を特に収容するための施設として相次いで開かれている。これら3つの施設はプロテスタント系の宗教団体によって運営されていたが、その後を追うようにしてカトリック系の施設としても、アイルランド愛徳修道女会に所属する5人の修道女によって、死にゆく人々のための30床のベッドを有するセント・ジョセフ・ホスピス（St. Joseph's Hospice）が、1902年にイーストエンド地区に開設されている。

およそ50年後に、1人の医療者が、すでにその地位を確たるものとしていたこれらの死を待つ病者たちの家々を訪れる。彼女こそが、いわゆる今日的なホスピスの哲学と技術の基礎を確立し、現代ホスピス運動の始祖とされるシシリー・ソンダース（Cicely Saunders）[10]である。

9 　カルヴァリとはキリストが磔刑に処されたゴルゴダの丘のことであり、転じて長い苦難を意味する。

10 　ソンダースの活動については〔Saunders 1996, 1998；ドゥブレイ 1989；早坂

1918年に英国で生を受けたソンダースは、当初オックスフォード大学で政治、哲学、経済を学んだ。第2次世界大戦勃発によって彼女はこれらの学問を断念することを余儀なくされ、ロンドン郊外のセント・トーマス病院（St. Thomas's Hospital）で看護師としてのトレーニングを積むこととなった。持病の背中の痛みの悪化によって訓練の続行を断念せざるをえなくなったソンダースは、1944年に大学に戻り、アルモナー[11]となるべく学びの日々を重ねていく。

　1945年に彼女はプロテスタントに回心した。それ以後、キリスト教はソンダースが行動を決定する上で極めて重要な規範となっていった。

　1947年からアルモナーとして再びセント・トーマス病院に勤務し始めたソンダースは、そこでポーランド系ユダヤ人の末期がん患者デイビッド・タスマ（David Tasma）との運命的な邂逅を果たす。若干40歳で死の床にあったこの患者との絆が患者と医療者という関係性を越えて、恋愛と呼ぶに値するものだったことは、ソンダースの詳細な伝記を作成したシャーリー・ドゥブレイ（Shirley Du Boulay）が、彼女が手帳に残した情熱的な言葉から明らかにしている〔ドゥブレイ1989〕。ソンダースが、疼痛を持続的に抑制するための医療技術の改善と、患者1人1人の心理社会的ニーズに応えることができるホームを建設することの必要性を確信したのは、2か月間、25回にわたるタスマとの出会いと別れの体験を通じてのことであった。ソンダースの夢に共感したタスマが、「私はあなたの家の窓となろう」（"I will be a window in your home"）という言葉とともに500ポンドの寄付を遺したというエピソードは、やがてホスピス運動の支持者の間で神話じみた扱いを受けることになる。

　　　1995〕を参照。
11　アルモナー（almoner）は現在の医療ソーシャルワーカーに相当する職種であり、医療機関においてカウンセリングなどを実施した〔Saunders 1996：1599〕。

タスマとの出会いを契機として、ソンダースは1951年にロンドン大学のセント・トーマス・カレッジ（St. Thomas's College）[12]に入学した。それまで科学の授業さえ受けていなかった彼女は、「地獄だった」〔ドゥブレイ1989：80〕と回顧される日々を乗り越えて、1957年に39歳で医師の資格を取得する。

　重要なことは、彼女がこの正統的な医学を身につける期間にやや先駆けながら重ねる形で、1948年からの7年間、セント・ルカ病院にボランティアとして身を置き、宗教的な献身行として実践されていた古いホスピスの伝統を吸収していったという事実である。

　ドゥブレイは1905年に当時のセント・ルカ療養所の訪問看護師長が書いた言葉を、次のように引用している。

　　　どの患者もみな、死期が迫っているという点で似通っている。しかし1人1人は、それぞれ自分自身のユニークな人生を生きている。それぞれの個の尊厳を絶対的なものとして大切にすること、その人はその人自身であってほかのだれでもない……（中略）……そういう、いわば人格の中心に魂が触れるように務めること、それがわれわれの義務なのだ。〔ドゥブレイ1989：74-75〕

　セント・クリストファー・ホスピスのケアの根幹に位置づけられた「あなたはあなたなのだから大切な存在なのです」（"You matter because you are you"）というソンダースの哲学が、セント・ルカ病院での研鑽を通じて形作られていったものであろうことは想像に難くない。

　彼女はまた、セント・ルカ病院で現代ホスピス運動への扉を開く画期的な技術にも出会った。それは、同病院のスタッフの薬物の特殊な使用法で

12　〈編者註〉現在はキングス・カレッジ（King's College）に吸収されている。［K.O.］

あり、それまで治癒しえない状態にある患者が、無益な手術を受けさせられたり、麻薬で眠らされたり、あるいは痛みを感じるままに放置されたりする状況しか目にしてこなかったソンダースの目には、ごく新鮮に映るものであった。

> ここに来て初めて、精神的にも肉体的にも、痛みから解放されている患者を彼女は見た。痛みがないために、最後の時がやってくるまで、彼らは比較的安楽に、しかもはっきりした意識をもって過ごすことができた。その秘訣は、痛みが襲ってくる前に、定期的に鎮痛剤を与えることだった。患者が痛みに耐えられなくなって叫び声をあげると、その時にようやく薬を投与する、というやり方をやめたのである。このいかにも単純な方法が、やがてシシリーの鎮痛剤の用い方の基礎になる。〔ドゥブレイ 1989：75〕

当時、セント・ルカ病院で投与されていたのは、「ブロンプトン・カクテル」（Brompton Cocktail）[13]と呼ばれる、モルヒネ、ヘロイン、コカインを主体とする水薬であった。この混合薬を一定の時間を置きながら患者に飲ませるという試みは、セント・ルカ病院ではすでに1935年から行われていたが、どういうわけか部外の誰にも知られてはいなかった。セント・ルカ病院の実践で等閑視すべきではないもう1つの顕著な特徴は、このような麻薬の投与を、注射ではなく、経口で行っていたという点である。この手法の簡便さは、患者にとっても、看病するスタッフにとっても、非常に価値あるものであった。後にWHO方式がん疼痛治療法として世界

---

[13] 「ブロンプトン・ミクスチャー」（Brompton Mixture）とも呼ばれるこの混合薬は、後の研究によってモルヒネ単独の水溶液に優る効果がなく、増量時に不必要な成分を含み、眠気や他の副作用を増悪させることが明らかになったため、今日では使用されていない〔恒藤 1999：52〕。

的に普及する医療用麻薬の活用法は、ソンダース個人の発明ではないのである。

医師となったソンダースは、1958年から、ロンドン大学のセント・メアリー病院附属医学校（St. Mary's Hospital Medical School）の臨床研究奨学金を得て、セント・ジョセフ病院（St. Joseph's Hospital）に向かった。彼女はそこで以後7年間にわたり、研究医として終末期の患者の痛みを和らげる方法を探し求めることになる。

当時のセント・ジョセフ病院には150のベッドがあった。そのうちの40から50床が悪性の疾患を持つ末期患者のために、残りは帰るべき家を持たない虚弱で年老いた患者と、リハビリテーションの適応がない慢性病を抱える患者のために割り当てられていた。セント・ジョセフ病院にはパートタイムの医師がいたが、彼／女らは自分の病院の診療に忙しかった。患者の世話をほぼ一手に担っていた修道女のうち、訓練を受けた看護師はわずか3人であり、残りはすべて看護補助員として働くアイルランドの少女たちであった。修道女たちは総じて穏やかで、患者を受け入れる資質を持っていたが、末期のがんに付随する激烈な痛み、吐き気、呼吸困難に対処するための手段を持ってはいなかった。

ソンダースが最初に行ったのは、セント・ルカ病院で学んだブロンプトン・カクテルの定時的経口投与の導入であった。4人の患者を対象として試験的に開始されたこの企ては大成功に終わり、規模を大きくしながら反復的に実施されていくことになった。

ソンダースの活動の真価は、伝統的なホスピスケアの中ですでに実現していた技術の意義を自らの実践的な研究を通して実証し、科学的な医療の批判に耐えうる水準まで精密化したことにある。古来より鎮痛作用によって「万能薬」として重宝されてきたアヘンからモルヒネが精製されたのは1805年のことである。その後英国政府は中毒者の続出に歯止めをかけるために「1868年の医薬法」（The Pharmacy Act of 1968）によってモルヒネおよびそれに類する薬品のリストを定め、毒（poison）というラベルの貼

付がない限り販売できないようにしたが、これはソンダースが医療用麻薬の定時的経口投与の定式化に向けて発言を行うようになる1世紀ほど前のことであった〔Davenport-Hines 2004〕。ここから、セント・ルカ病院で実践されていた特殊な麻薬の使用法が外部への流布を見なかった理由の1つとして、麻薬が「死に薬」であるという認識が医療者の間で確立されていたことが容易に推察される。事実として、ソンダースは、麻薬の使用に関して非常に神経質になっている医療者、中でも医師への対応に、しばしば苦慮してきたのである。

　この状況を打開するために、彼女は客観的なデータを徹底的に積み上げていく。まず行われたのは臨床記録の作成と保管の徹底である。ソンダースが来るまで、セント・ジョセフ病院では診療の記録と呼べるものは投薬記録のみであった。彼女は患者の状態の委細を尽くしたカルテと病棟活動の記録を作成、保管するよう指導を徹底する。

　次いでソンダースが行ったのは、最終的には1000件を越えたといわれる末期がん患者の臨床記録をもとに、学術的な論文を書くことであった。1958年に『セント・トーマス病院報』（*St. Thomas's Hospital Gazette*）に投稿した論文を皮切りとして、セント・クリストファー・ホスピスが創設される1967年までの間に彼女によって書かれた論文の数は、実に55本にも上る〔Clark 1998〕。医学を中心に、看護学、薬学、病院管理学などの専門誌に幅広く投稿されたこれらの論文の中で、ソンダースはセント・ジョセフ病院で模索と実践を重ねている痛みの緩和の技法を詳述し、ケーススタディと統計的な結果を巧みに織り交ぜながら、その意義を提示していったのである。

　　　我々の方法によれば、耐性や習慣性はほとんど問題になりえないこと、患者に必要な服用量を正確に判断することさえできれば、意識を鮮明に保ち続けるであろうことを、我々は発見した。服用量を増やさなければならないケースの大部分は、鎮痛剤の効果に対し

て耐性ができたためではなく、機能的な障害が進行して、患者の痛みが増悪したためであることを、私は確信を持って述べることができる。〔Saunders 1964：ix〕

我われの経験によれば、もし痛みが常に抑えられているならば、耐性が形成されることは驚くほど少なく、事実としてまったくそれが現れないことさえありうる。同じ服用量を数か月間、時には数年間も保っている患者がいる。ここに来る前には要求するたびに薬をもらっていた多くの人々についても、いったん痛みのコントロールが確立しさえすれば、24時間で必要となる鎮痛剤の量は、以前よりも少なくて済むようになる場合の方が多いのである。〔Saunders 1960：18〕

そこにはまた、モルヒネに対する「誤解」を解消しようとする戦略的な言説の構築過程を認めることができる。ソンダースにとって、麻薬の中毒とは「モルヒネの注入を絶えず懇願し、求め続ける」〔Saunders 1960：21〕状態のことであり、痛みのない日常生活を維持するために一定量の麻薬を血中に維持することとは切り離して考えるべき状態であった。そして、除痛のための適切な量の麻薬の投与が引き起こす望ましくない心身の変化は、しかるべき処置によって抑制されうる「副作用」として再定義され、投与の総体としての正当性を損なう論拠となる力を封じられていく。

（モルヒネの副作用としての）便秘に対する警戒は常に必要である。食欲不振、悪心と嘔吐は男性より女性に多く生じがちであるが、自然に解消することも多く、ほぼ常に制吐剤に反応する。重篤な昏睡はまれであり、人格の変化はこの程度の投薬量では見られない。適応障害や集中力の欠如が訴えられるかもしれないが、これらの患者にとってそういった症状はたとえ鎮静剤を使わなくても生じうるもの

であり、必ずしも副作用とは限らない。〔Saunders 1960：21〕

　このような集約的な執筆活動はソンダースの名声を急速に高めてゆき、1960年代に入ると彼女の活動は医療者以外の人々にも知られるようになっていた。拡大した人的ネットワークを通じて、ソンダースは篤志家やキリスト教系の基金から数万ポンド単位の寄付を集める。保健省の許可を取りつけ、彼女の理念を理解できる建築業者を見つけることに成功した彼女は、1967年、ついにタスマとの出会い以来の悲願であったセント・クリストファー・ホスピスの開設を成就するのである[14]。
　ここで1つだけ確認しておきたいことは、ソンダースにとって、痛みを緩和するための技術を確立し、実践することは、あくまで彼女が目指す理想的なケアの「場」を創出するための便宜的な手段に過ぎなかったということである。ブロンプトン・カクテルの定時的経口投与の奨励は、「患者の独立性は、あらゆる可能な方法を用いて維持されなければならない」〔Saunders 1964：ix〕という彼女のケアの哲学に基づいている。この簡便な手法により、単に痛みを取り除くだけでなく、患者が、スタッフに対して依存的な関係に陥ってしまったり、不意に訪れる痛みへの不安から心理的に萎縮してしまったりすることを予防することができたのである。
　セント・クリストファーは旅の守護聖人である。一貫してキリスト教への信仰に強く動機づけられていたソンダースが希求したのは、死の旅路を前に、つかの間の休息を取るための平等なコミュニティであった。彼女が自分たちのホスピスを立ち上げるための準備作業として作成した文章には、次のような言葉が見られる。

　スタッフは自由な精神をもっていて、外見的に多様であるが、天職

---

[14] セント・クリストファー・ホスピスの開設のために投じられた費用の総計は約40万ポンドであったと考えられている。〔ドゥブレイ 1989：167〕を参照。

の意識においてはまとまりを持っている、というコミュニティを計画しています。彼らは皆、セント・クリストファー・ホスピスを訪れる人すべてのためのホームにすることを望んでいます。〔ドゥブレイ 1989：129〕

また、ロンドン郊外のシデナムに建つこのホスピスを早い時期に実際に訪れた見学者が受けた印象からも、ソンダースが目指した「場」のあり方が推察されるだろう。

初めて来たボランティアにとっていちばん当惑するのは、医師、看護婦、ソーシャルワーカー、セミナーの研究生、精神科医、事務員、用務員、秘書などの区別がつかないことだ。病棟では病人と健康人を見分けるのさえむずかしいことがある。セント・クリストファーは、何よりも1つの共同体（community）なのである。個人個人が共同して作った村といったほうが、より適切かもしれない。〔ストッダード 1994：93〕

悪液質になり、麻薬づけにされ、寝たきりで、うつ状態になった患者でいっぱいの終末期ケアの場、ないしは「死の家」という環境の代わりに、私が見出したのは、患者、スタッフ、家族、そしてスタッフや患者の子どもたちからなる、活気に満ちたコミュニティであった。〔Liegner 1975：1047〕

その科学的な客観性への志向によって、宗教者の手によって運営されたそれまでのホスピスとは明確に一線を画するこの新しい施設に対し、ソンダースがホスピスという名称をつけたことを、「創られた伝統」と一蹴することは難しい。ソンダースという敬虔な信仰心と科学的な探究心を兼ね備えた稀有な人格を通じて、関係性としてのケアが互酬されるコミュニタ

ス的な空間としてのホスピスの伝統は、確かに現代ホスピス運動の中に持ち込まれたのである。しかし、このカリスマ的な指導者の活動が、個人の次元を超えた運動として拡大していく過程で、手段と目的をめぐる比率は次第に転倒していくことになる。

2–3　英国から米国へ
哲学としてのホスピス

　米国のホスピス運動は「移植」〔Smith & Granbois 1982：8〕されたものである。英国で誕生した現代ホスピスは、死にゆく人々とそれを支える人々が作る、平等的な雰囲気が支配するコミュニティを理想としていた。セント・クリストファー・ホスピスの創設は、この理想が受肉する可能性を、終末期ケアに関心を寄せる専門家たちに示すものであった。
　では、この時期の米国の状況はどのようなものであったのだろうか。1980年前後から、ホスピスに関する啓発書は米国でも多数発行されるようになった。そのような文献では、米国でのホスピスの展開について、次のように述べられるのが普通である。

> 米国のホスピスは比較的まだ新しい。この国に運動が生じたのは1970年代の早い時期であり、最初の米国ホスピス——ニューヘイヴンのホスピス社（Hospice, Inc.、現在ではコネチカット・ホスピス社〔Connecticut Hospice, Inc.〕）——が開設したのは1974年のことである。〔Smith & Granbois 1982：8〕

　このような記述にある種の政治性が潜んでいることは後に述べるとして、まずは当時の米国の死と死にゆくことを取り巻く学術的・社会的状況を概観しておきたい。
　1950年代後半から1970年代前半は、米国を中心に、死と死にゆくこ

とに関する研究が爆発的に隆盛した時代であった。その理由については遡及的にいくつかのことが推察されている。例えば心理学者であるロバート・リフトン（Robert J. Lifton）は、第2次世界大戦からベトナム戦争に至る一連の戦争によって、人間の根幹的な価値について再考する機運が高まったことを理由として挙げている〔Lifton 1975〕。社会学者であるキャシー・シーボルド（Cathy Siebold）は、このような戦争の状況や1963年に生じたケネディ暗殺のような映像が、テレビを通じて広く流布するようになったことによる刺激の存在を指摘している〔Siebold 1992〕。あるいはジョン・リリー（John W. Riley）は、疾病構造の変化による「死の先延ばし」（postponement of death）が、急性期患者の治療を主たる機能として担ってきた病院を中心とする社会制度との間で不整合を生じ、社会問題として浮上したことを挙げている〔Riley 1983〕。

いずれにしても、死に関する研究の欠如が指摘され〔Faunce & Fulton 1958〕、死が「再発見」〔Vovelle 1980〕され、各領域から殺到した研究者によって「集合的な喧騒」〔Lofland 1978〕が生じた結果、アカデミックなバブルとも呼ぶべき活況が作り出されたことは事実である。

この流行の嚆矢とされているは、研究者でありかつ臨床家でもあった心理学者ハーマン・ファイフェル（Herman Feifel）が1959年に編んだ『死の意味』（*The Meaning of Death*）〔Feifel ed. 1959〕である。「忌まわしい5文字」を削るよう求める出版社との衝突を経て上梓された同書の中には、医師、精神科医、心理学者、宗教家、人類学者[15]、美術史家、文学者、哲学者、生理学者、精神分析学者といった種々の立場からの萌芽的な探求を示す論文が収められている。同書はこの主題をめぐる言説が研究者の間で

---

15 〔Mandelbaum 1959〕を参照。なお、この時期の死生学にあって20世紀の前半から葬儀研究を続けてきた文化人類学は、例外的な領域として一目おかれていたようである。このことについては〔Kastenbaum & Costa 1977：227〕を参照。

取り扱い可能なものとして認識されるきっかけを作ったが、問題意識を醸成するという点でより重要だったのは、彼が4年後に書いた短い論文「死についてのタブー」〔Feifel 1963〕であった。制度、態度、言説などの社会的不在と、それがもたらす様々な苦難にさいなまれる人々の存在によって語られるこの概念は、「死の否認」(denial of death)〔*cf.* Becker 1974〕と共に、後にクリシェとして解体されるまでの間、死の研究の隆盛を支える大義名分として用いられた。

　この期間になされた研究は膨大な数と領域に及ぶ〔Clark & Kutscher eds. 1992 ; Kastenbaum & Costa 1977 ; Palgi & Abramovitch 1984 ; Riley 1983 ; Vovelle 1980〕。その主だった関心としては、死に対する社会的／個人的な態度、死にゆく過程とそのパターン、自殺、他殺、事故などの死に関するストレスがもたらす潜在的影響、死に関する人口動態、死と子どもの関係、死と高齢者の関係、喪失体験の意味、遺族の行動特性、悲嘆のメカニズム、商業化された葬儀に対する批判などを挙げることができる。

　様々な学的背景を持ってこの流行の波に乗ろうとした研究者の中には「死生学者」(thanatologist)と自称する者も多かったが、その結果として、「死生学」(Thanatology)自体が「月曜日に入ってくれば、火曜日には専門家を自称する」と揶揄されるような曖昧な分野になってしまったことも事実である。その一方で、量的な膨張は、死生学財団（Foundation of Thanatology、1967年創設）、アメリカ自殺学会（American Association of Suicidology、1968年創設）、死・死亡・死別に関する国際ワークグループ（International Work Group on Death, Dying, and Bereavement、1974年創設）といった種々の団体の創設、『オメガ』(*Omega*、1970年創設、不定期刊のニュースレターとしては1966年に創刊)、『タナトス』(*Thanatos*、1975年創刊)、『死亡研究』(*Death Studies*、1977年創刊)といった学術雑誌の創刊などの制度化を通じて、質的な洗練へとつながっていく。大学教育においても、1965年の時点ですでに少数の、正式に認可された課程が開設されており、1970年代半ばまでには米国の主だった大学のほぼすべてに、死に

関する課程が少なくとも1つは設定される、という状況にまで至っていた〔Kalish 1989〕。

　当然ながら、終末期医療に関する研究は、この一大潮流の中で重要な位置を占めた。その問題意識は、過剰医療、医療の欠落、死に対する冒瀆的な扱いに対する批判として形を現していく。

　　死はますます孤独で非個人的なものになりつつある。それは患者が、慣れ親しんだわが家から運び出され、救急救命室に急送されるからだ。……（中略）……しかもこの移送は長い試練のほんの序の口にすぎないのだ。それは健康なときだったらとても我慢できないようなものだ。騒音、証明、ポンプ、人声、そのどれもが耐えがたく、とうてい言葉では言い表せない。私たちは、シーツと毛布の下にいる患者のことをもっと考え、善意めかした能率主義と大騒ぎはやめ、患者の手を握り、やさしく微笑みかけ、質問に耳を貸したほうがいいのではないか。〔キューブラー＝ロス 1998：21〕

　　医者や看護婦の間で認められている終末期患者への最も標準的対処法は、次のようなものである。つまり、迫りくる死をまだ知らないので、そのことについて質問してきそうな患者や、迫りくる死を「受容」できずにいる患者、また激しい苦痛のなかで終末を迎える患者との接触を避けようとすることである。〔グレイザー＆ストラウス 1988：5〕

　　死亡した患者を部屋から移す場合は、移動時に他の患者が見てしまう可能性を防ぐために、いくつかの予防策が取られる。ひとつの予防策は死亡した患者をあたかも生きているかのように偽装することである。……（中略）……看護助手を従えたひとりの看護婦が部屋に入ってきて、死せる患者に話しかけるふりをする。「レントゲン

に行きましょう」。彼女は看護助手の助けを借りながら死者をベッドから運搬用の担架に移す。死者の頭を真っ直ぐに上げ、口を閉じ、そしてできる限りすばやく部屋から運び出すのだが、その間看護婦が同室者のベッドと死者の顔とのあいだに立ちはだかって自分の体を遮蔽物にしている。〔サドナウ 1992：81〕

このような状況を打開する必要性を最も強く感じたのは、自らの実践の環境との不整合を日常として感じ、その改善に意欲を燃やした一部の自省的な医療者たちであった。相互にネットワークを作り、大小の研究会を通じて情報交換を進めて行った彼／女らの耳に、大西洋を挟んで論文を量産しつつあったソンダースの活動が知られるようになるまでには、それほど長い時間はかからなかった。論点を若干先取りすれば、この導入が患者や家族ではなく、医療者を中心として行われたという点に、この運動の性格が現れると同時に、以後の展開の方向性が暗示されていると言える。

　クラーク〔Clark 2001〕はソンダースと米国の医療者との間に存在した特別な関係について詳しく分析している。セント・クリストファー・ホスピスが完成するまでに、ソンダースは1963年、65年、66年の3回米国を訪問している。初回の訪米を前にして全米がん協会に向けて出された手紙からは、この訪米が単なる気鋭の研究者の講演旅行ではなく、終末期の患者のケアの改善とそれを学ぶためのネットワーク作りに向けたソンダース自身の野心的な感情が込められたものであったことを伺い知ることができる。玉石混交の当時の死生学の隆盛の中で、情熱と実証主義を兼ね備えた彼女の講演は大成功を収め、彼女は母国以上の礼賛者のネットワークを米国で築くことになった。その中で、全3回の訪米を通じてソンダースを熱烈に招き、他のカウンターパートとは質的に異なる紐帯を育んでいったのが、当時のイェール大学看護学部長フローレンス・ウォルド（Florence Wald）であった。ソンダースがセント・クリストファー・ホスピスを開設した1967年、ウォルドは志を同じくする地域の医療者や有識者と共に

イェール・スタディ・グループ（the Yale Study Group）と称する小規模な研究会を作った。

　ウォルドとイェール・スタディ・グループは終末期患者と家族のニーズ調査を目的とする研究助成金を獲得し、1971年に調査報告[16]を提出する。その中で明らかにされたのは、患者の希望が「痛みと症状の緩和」と「自宅でのケア」であるということだった。同年、イェール・スタディ・グループからホスピス社（Hospice, Inc.）の理事会が生まれ、具体的な計画の立案と資金や人材の調達が開始されることとなった。この間にもウォルドらとソンダースとの関係はますます深められていった。ウォルドは自分を含めたイェール・スタディ・グループの関係者にサバティカル休暇を利用してセント・クリストファー・ホスピスでの研修を受けさせるとともに、ソンダースの推薦によってその弟子であるシルヴィア・ラック（Sylvia A. Lack）をホスピス社の初代医局長として招聘している。セント・クリストファー・ホスピスは医師を「改宗」させるための場所として機能した〔Holden 1976：391〕。そこで行われているケアは、治癒を目指す医療しか訓練を受けていない医師にとっては風変わりなものであり、ある医師はセント・クリストファー・ホスピスで体温、脈拍、血圧を測るための巡回がないこと、点滴をほとんどしないことに衝撃を受けている。

　1974年、ホスピス社は在宅ホスピスケアの提供を始め、さらに1980年には44床の入院施設を有するに至った。資金面に恵まれたことも、ホスピス社の成功の鍵であった。1973年、ケアの新しい方向性を摸索する国立がん研究所は、ホスピス創設のための助成金の公募を行った。ホスピス社がその審査に唯一合格し、年間79万ドルの助成金を3年間にわたって獲得することによって、在宅ホスピスケアの提供を開始することができ

16　この報告書は *A Central Core of Values, Beliefs, Strategies, and Information that is Integrated and Coherent enough to Enable them to Lead Productive and Fulfilling Lives* というタイトルがつけられている。

た。また、1977年に州政府から投じられた150万ドルの公的助成は、入院施設の建設への契機となった[17]。州政府からの助成については、自身が卵巣がんを患っていた当時のコネティカット州知事エラ・グラッソ（Ella T. Grasso）が、ホスピス運動に高い関心を寄せていたという偶発的な要因も寄与した。その一方で、国立がん研究所からの助成金の受領については、より必然的な経緯がある。直接的な理由は、目指すべきホスピスのあり方について国内にモデルを持たなかった同研究所が、名声を確立していたセント・クリストファー・ホスピスに雛形を求めたからである。この基準を満たすことができたのは、米国内の組織としてソンダースと最も濃厚な関係性を作っていたホスピス社以外になかったのである。

　興味深い事実の1つは、このような「米国初」の名を冠せられたホスピス社の移植の陰で、同国に古典的なタイプのホスピスがすでに自生していたことが忘れられようとしていることである。シーボルド〔Siebold 1992：22-26〕は、英国と同様に米国でも、特にがん末期患者を対象とするホスピスがすでに19世紀末には多数存在していたことを指摘している。その中でも有名なものはナサニエル・ホーソーン（Nathaniel Hawthorne）の娘であり、後に修道誓願をしてマザー・アルフォンサとなるローズ・ホーソーン（Rose Hawthorne Lathrop）と、彼女が創設したホーソーン・ドミニク修道女会（Dominican Sisters of Hawthorne）の活動である。同会は、1890年代から、ロワー・マンハッタンのセント・ローズ・ホスピス（St. Rose's Hospice）を初めとする7つのホスピスを、ニューヨーク、デンバー、フィラデルフィアなどに相次いで開設した。これらのホスピスでは、患者に仕えることをキリスト者の使命と見なし、家族による患者の面会を制限した点で、現代ホスピスとは対照的であった。また、現在でも「緩和医

17　ホスピス社はこの入居施設の建設と内装のために360万ドルを目標とする資金調達を行った〔Holden 1976：391；Osterweis & Champagne 1979：493〕。財源には、政府からの助成のほか、基金や個人的な寄付が当てられた。

療」(palliative medicine)の最高峰として全米でも屈指の評価を保っているニューヨークのカルヴァリ病院（Calvary Hospital）は、19世紀フランスで生じた「カルヴァリの婦人協会」の直系として1899年に開設されたものであるが、ホスピス社を始点とする米国ホスピスの主流に迎合することなく独自の発展を遂げている。

　これらの古いホスピスが社会的な運動を創り出すことにそれほど執着しなかったのとは対照的に、ソンダースは米国のカウンターパートとの間のコミュニケーションを精力的に進めていく。文通によってやりとりされた手紙の総量は、1967年の段階ですでに文書保管箱15個以上にも及んでいる〔Clark 2001：20〕。

　ソンダースの活動に刺激を受けた専門家たちは、ホスピス社の開設以降、米国各地で同様の施設を建設することを試みる。しかしながら、ホスピス社のような独立した運営基盤を持つに至った組織はごく少数に止まったと推定されている。その最大の障壁は、資金の欠如である。セント・クリストファー・ホスピスのような完全に独立した施設を目指した各地の唱道者たちの大部分は、高い理想と現実に動員可能な資源を秤にかけ、何らかの折り合いを見つけることを余儀なくされた。

　全国的なリーダーシップが不在の状況で種々の既存の制度との接木が繰り返された結果、1970年代後半の米国において、ホスピスは「死にゆく人々を対象にケアを提供する」という以外に共通点を指摘することが難しい、雑多な活動を包含する呼称となってしまった。それらにおけるプログラムは、提供するサービス、専門スタッフと非専門的なケア提供者の混合の度合い、ボランティアの活用の程度、活動資金の調達法、既存のヘルスケアシステム、地域のサービスとの協働の程度に関して、大きな違いを有していた。そうした各形態のホスピスがどの程度の規模で存在していたのか、ということについて、統計的な資料は存在せず、それぞれの割合を推定して多寡の順を挙げることさえ難しい状況である。

　その理由として、1つには、しばしば運動の一端を担っていた分析者

が、希望的な含みの存在を容認しながらプログラムの数を算定したということがある。このような推計の例として、ペギー・フォークナー（Peggy Falknor）とデボラ・クーゲラー（Deborah Kugler）は、1976年末の時点で全米に47のホスピス・プログラムを確認した、と報告している〔Falknor & Kugler 1981〕。また、チャールズ・ブラインデール（Charles L. Breindel）とロジャー・ボイル（Roger M. Boyle）は1978年5月時点で33州にわたって165のプログラムが存在すると述べ〔Breindel & Boyle 1979〕、ケネス・コーエン〔1982〕は企画段階のものを含めて約220のプログラムがあると推定している。

　下で述べる全米ホスピス調査の前段階として、米国会計検査院（General Accounting Office）が1978年に実施した全国規模の名簿作成作業は、これらの数字を懐疑せざるをえない結果をもたらした〔General Accounting Office 1979〕。だがこの調査について触れる前に、1978年における全米ホスピス協会（現・全米ホスピス緩和ケア協会）の成立についても述べておくべきだろう。

　1970年代後半の米国で、ホスピスを自称する諸団体が、活動の内容、目的、社会制度上の位置づけなどを同調させるための仕組を持たないまま乱立する状況は、ソンダースの正統な伝道者を自負するホスピス社の指導者らにとって危機的状況以外のなにものでもなかった。彼／女らは、米国とカナダの関係者を集め、ホスピスが米国のヘルスケアシステムの中で然るべき位置づけを確保するための戦略を討議する会議を開催した。この会議を受ける形で、1978年、非営利団体である全米ホスピス協会が誕生した。全米ホスピス協会は、結成と同時に、ホスピスケアを提供する際の「規範」を提示した。この「規範」は、ホスピスを名乗るための要件として拘束力を持つものではない。むしろ、放漫な乱立の呈を示していた当時の米国ホスピスの状況を考えると、当時の指導者が考える理想的なホスピス像の輪郭を抽出した努力目標という位置づけにあったと考えてよいだ

ろう[18]。運動を塑像する全米ホスピス協会の目論見は一定の成功を収めた。「規範」に描かれているホスピスケアのあり方は、今日の米国ホスピスの実践とよく重なっており、その意味で、方針のぶれはないからである。患者と家族の一体視、チーム・ケア、症状緩和の追及、全人的ケアなどの基本姿勢は、すでにここに示されている。

　全米ホスピス協会は、「規範」作成以外にも、本、ニュースレター、ビデオ、インターネットなど、様々なメディアを通じ、ホスピス運動の振興を目指す活動を展開している。専門家に対しては、ホスピス一般／各専門領域のケアの基本マニュアル、プログラム設立の手引き、ホスピスで使う記録・契約書類のサンプルなど、極めて実践的な情報提供を行うと共に、各種の会議やシンポジウムを企画して、プログラム同士の連帯を強化している。また、一般の市民に対しても、ホームページやパンフレットを通じて、積極的に広報活動を行っている。さらに、安楽死との明確な境界の主張や、ホスピスに批判的な記事への抗議・訂正の要求を行うなど、同会は現在に至るまで、米国のホスピス運動の中核として活発に機能している。上で述べた会計検査院の調査が実施されたのは、まさにこの全米ホスピス協会の設立とほぼ同時期のことである。

　この調査が明らかにしようとしたのは、1978年当時のホスピスの数と場所、調査の翌年までに開設を予定するプログラムの存在、患者の特性、州の認可制度、運営コストと資金源であった。

　会計検査院はまず、全米ホスピス協会、保険教育福祉省（Department of Health, Education and Welfare）顧問、各プログラムが所持している情報などを頼りに、1978年の7月から9月にかけて約500件の電話連絡を行っ

18　全米ホスピス協会の「規範」は、その後改訂を続けながら、今日では1冊のファイルの形にまとめられている。今日でも努力目標という位置づけは変わっていない。冒頭には、それぞれのホスピスに、ケアを自己評価するために役立ててほしい、とある。

表2-1 稼働ホスピスのタイプ

施設のタイプ	営利経営	非営利の社団法人	非営利の会社組織	合計
自主独立	—	3	2	5
総合病院	4	19	1	24
高度看護施設	—	1	—	1
健康維持組織	—	—	2	2
入院施設なし	—	26	1	27
合計	4	49	6	59

(出典)〔General Accounting Office 1979:13〕から一部改変して引用。

表2-2 ホスピス提供団体とライセンス

	ホスピス数＊
総合病院	24
精神病院	2
高度看護施設	5
在宅ケア団体	19
ライセンスなし	28

(注)＊法人によっては複数のライセンスを取得しているため、合計は59団体を越える。
(出典)〔General Accounting Office 1979:13〕から一部改変して引用。

た。また、同年8月には、16か所のプログラムを訪問し、より詳細な情報を入手した。さらにそれまでに開設ないしは開設準備中として報告された団体のリストを作成し、500通以上の質問票を送付した。その結果判明したことは、ホスピスとして実際にサービスを提供しているのはわずか59プログラムであり、ホスピスの開設を計画中ないしは計画を立てようとしている団体の数ですら73団体に止まるという事実であった[19]。

稼動が確認されたホスピスは、施設形態と運営方針から表2-1のように分類された。

なお、病院に基盤を置くプログラムのうちの12件は独自の病床を確保しており、その数は4床から15床であった。また、プログラムの半数は、

---

[19] これらのホスピスは米国内の全域に広がっていたが、特に多かったのが西海岸と東海岸の地域であり、中でもカリフォルニア州には確認されたプログラム総数の37%が集中していた。

表 2-3　運営中の 59 のプログラムによって提供されているサービス

	サービス	サービスを提供 (%)	サービスのコーディネートまたは紹介 (%)*	提供、コーディネート、紹介をしない (%)
医療的サービス	在宅介護、在宅看護	68	20	12
	訪問診療	41	30	29
	精神科的カウンセリング	46	24	30
	痛みのコントロール：			
	薬物	63	22	15
	手術 **	7	59	34
	放射線療法 **	7	66	27
	理学療法	41	39	20
	作業療法	29	32	39
	入院ケア	30	36	34
	外来時の移送サービス	19	30	51
補助的サービス	遺族フォローアップ	93	2	5
	患者対象デイケア	10	7	83
	家事援助	30	48	22
	食事の準備	17	59	24
	休息ケア ***	63	5	32
	死の教育	61	3	36

（注）＊　対象となったプログラムの 17％は他機関への紹介を行っていなかった。
＊＊　これらのサービスについては、通常は終末期の患者の痛みを緩和するうえで医学的な必要性が認められることはないため、実際に提供されることはまれである。
＊＊＊　患者をケアする家族の休息のため、2〜3 日の間、施設もしくは在宅で、ホスピスのスタッフがすべてのケアを提供するサービス。
（出典）〔General Accounting Office 1979：14〕から一部改変して引用。

この時点で管理業務を行うための専門的な背景を有するスタッフを雇用している〔General Accounting Office 1979：12〕。

1979 年 1 月 18 日、コネティカット州はホスピスのライセンスを認定するための基準を持つ最初の州となった。しかし、調査時点においては、59 のプログラムのうち、31 団体は、病院、在宅ケア団体、高度看護施設（SNF: Skilled Nursing Facility）、もしくは精神病院として認可を受けていた（表 2-2）。残る 28 団体は、ヘルスケア・サービスを提供するためのライセンスを何ら取得していなかった。これらのライセンスを持たないプログラムは、在宅ケア団体に対する認証制度を持たないコネティカット州やコロラド州で在宅ケア団体として運営されているか、地域の訪問看護組合

表 2-4 ホスピスの人員配置の内訳

	有給スタッフ		ボランティア	
	人数*	%	人数	%
医師	13.0	4	138	6
看護師	181.5	53	305	14
療法士・技師	6.2	2	27	1
心理社会的スタッフ	19.2	6	208	9
人事・管理・事務スタッフ	120.8	35	1,573	70
計	340.7	100	2,251	100

(注)＊有給スタッフの人数は常勤に換算したもの。
(出典)〔General Accounting Office 1979：16〕から一部改変して引用。

(VNA: the local Visiting Nurse Associations) と契約を結んでケアの調整役を果たしていた。

　ここで重要なことは、当時のホスピスケアの提供団体の半数は、サービスを提供する前に既存の何らかのライセンスを取得しており、ホスピスケアを上乗せとして提供していたことである。一方、ホスピスとして始めた団体は、ライセンスが必要ない範囲に活動を限定せざるをえなかった〔General Accounting Office 1979：13〕。

　プログラムによって提供されていたサービスの内容は表 2-3 の通りである。

　24 時間、週 7 日の在宅看護サービスの提供は、すでにホスピスケアの本質的な要素と見なされていたが、実際にこのようなケアを提供できていたのは、在宅ケア団体（home health care agency）、在宅ケア団体を併設している病院、ボランティアの訪問看護師を有する病院、ライセンスを持たない機関の一部など、調査対象の約半数に過ぎなかった〔General Accounting Office 1979：15〕。活動を開始していたホスピスの約半数は、サービスの拡張を計画していた。その多くは、必要な資金さえ確保できれば、入院ケアを提供できる施設を作りたいと考えていた〔General Accounting Office 1979：15〕。

　活動中の 59 のホスピスのうち、39 件のプログラムは有給のスタッフを雇っていたが、15 件のプログラムはスタッフ全員がボランティアであ

り（表2-4）、残る5件のプログラムは母体となっている病院と組織上の人員の切り分けができず、ホスピス専任のスタッフ数を回答できなかった[20]。有給のスタッフは主として看護師であったが、医師、療法士、技師の場合もあった。また、59団体のうち12団体は、スタッフの一部をまかなうため、他の医療機関と契約を結んでいた〔General Accounting Office 1979：15-16〕。

同じ調査では、13件のプログラムが患者の平均利用日数を回答しており、施設ごとの平均ケア日数には、13.9日から105日と大幅な開きがあった。15件の施設を有するプログラムは、入院施設の平均利用日数は8.2日から60日であり、全体の平均は20日であった。利用日数を60日と回答したプログラムは、患者の多くが最後まで施設に滞在すると述べた〔General Accounting Office 1979：19〕。

初期のホスピスの実数が判然としないもう1つの理由は、すでに述べた通り、主として経済的な要請から既存の制度との接合による多様化を余儀なくされたことを受けて、ホスピスを規定する基準そのものが見失われた、ということである。会計検査院の報告書は「ホスピスとは、ないしはある組織がホスピスとみなされるために提供すべきサービスは何か、ということについて、標準的な定義は存在しない」〔General Accounting Office 1979：i〕と断言している。この調査でホスピスであるかどうかの決め手とされたのは、当該団体がホスピスを自認しているかどうか、ということに過ぎなかった。

会計検査院は、「唱道者によれば」という留保をつけた上で、ホスピスという概念を従来のヘルスケアシステムと区別するものとして、以下の4つの原則を掲げている〔General Accounting Office 1979：7〕。

---

20 〈編者註〉このあたり、表のデータ内容と本文の記述が対応していないが、遺稿の原文通りとした。［K.O.］

1. 患者だけではなく、その家族を含めて治療の対象と見なすこと。
2. 様々な専門を持つチームが患者と家族の肉体的・心理的ニーズに加えスピリチュアルなニーズを把握し、総体的な治療計画を立案し、調和のとれたケアを提供する。
3. 終末期治療に伴う痛みと副作用を十分にコントロールし、延命のためのおおげさな治療は行われない。
4. 遺族が感情的な苦しみを乗り越えるための死別後のフォローアップを提供すること。

このようなホスピスの概念のもとで運営されていたプログラムは、ケアの対象を、病気が進行し、治癒や回復を志向する治療が合理的でなくなり、生命の延長を医療の目的とするべきではないと主治医が判断した、がん患者に特化していた〔General Accounting Office 1979：7〕。当時のホスピスケアは、有給であるかボランティアであるかを問わず、医師、看護師、ソーシャルワーカー、心理学者、宗教者、その他の様々な背景を持つ人々による混成チームによってなされた〔General Accounting Office 1979：8〕。

1981年には、病院認定合同委員会（JCAH: the Joint Commission on the Accreditation of Hospitals）[21]が米国におけるホスピス運動の展開を調べる全国的な調査を実施した。この結果、計画段階のものを含めて800以上のホスピス・プログラムが存在することが判明した。フォローアップ調査の結果、440のプログラムが実際に稼働中であり、46％は病院ベース、26％はケース・マネジャー[22]、訪問看護師協会、高度看護施設、コミュニティ

---

21 学会・病院協会・医師会からなる、医療の標準化を目指す全国的機構（JCAHO: Joint Commission on Accreditation of Healthcare Organizations）の前身。〈編者註〉現在は、医療施設認定合同機構（the Joint Commission）。[H.W.]
22 JCAHの調査におけるケース・マネジャー（case manager）とは、ケアやサービスの提供をコーディネートする個人や機関を指す〔Munley 1983〕。

に基盤を置く在宅ケアの複合的な形態、23%は在宅ケア機関（home health agency）ベース、4%は完全にボランティアによる組織であった。440プログラムのうちの半数以上はヘルスケアに関する既存の何らかのライセンスを受けてケアを行っていた。160は在宅ケア機関、147は急性期病院、80は他のカテゴリーのライセンス、146は何もライセンスを持っていなかった。

　1年以上の運営期間と100人以上の患者にサービスを提供していることを前提に、24のホスピスを対象として実施された調査からは、2つの異なるタイプのプログラムが発達しつつあることが明らかにされた。その2つとは、より独立性が高く自発的に運営されていて、多様な専門家たちが、在宅の患者に対してより社会的・心理的なケアを提供するスタイルだが、財政難を抱えているようなホスピス・プログラムと、施設に依拠しつつ入院している患者に対して、より医学的なケアを行ってはいるが、社会的・心理的ケアは相対的に重視されていないようなホスピス・プログラムである〔Buckingham & Lupu 1982：461〕。

　ホスピスが制度に連結すれば、財政的な支援を得やすいというアドバンテージが生まれる。公的な補償制度が実現するまでには、普遍的に受容されたサービスの定義、実施のパフォーマンス・品質・資格に関する標準や規範、ライセンスなどに関する仕組が必要である。こうした制度の実現を目指すために、全米ホスピス協会の基準および設置認可判定委員会（Committee on Standards and Accreditation）は結成以来の目標の1つであった、ホスピス・プログラムが提供するケアの普遍的な基準と、ホスピスが行うべきケアを規定した17条を提示した〔National Hospice Organization 1982〕。それは下記の通りである。

　　1）　ホスピス・プログラムは、地方自治体、州、連邦政府の該当する条例および法律に準ずるものであり、これらによって、組織形態やケアの提供様式を規定される。

2) ホスピス・プログラムは、統合的管理構造を通じ、一貫した入院ケア・在宅ケアを提供する。
3) 在宅ケア・サービスは、一日24時間、週7日、利用できる。
4) 患者と家族が、ケアの単位である。
5) ホスピス・プログラムは、以下の点を考慮した受け入れの条件および手続きを有する。
   a. 患者と家族のサービスに対する希望・ニーズ
   b. 医師の参加
   c. 病名と予後に関する診断
6) ホスピス・プログラムは、世話をする家族がいない患者に対し、ケアを提供できる人員を探し、教育し、コーディネートし、監督する。
7) ホスピス・プログラムは、患者と家族が、固有の信条および／ないし価値観を持つことを認め、それらに対して敬意を払う。
8) ホスピスケアは、専門職と非専門職のサービスの複合体であり、ホスピス医を含む多職種チームによって提供される。
9) スタッフへの支援は、ホスピス・プログラムに必ず含まれなければならない。
10) 定期的に職場での研修と継続的教育が実施される。
11) ホスピスケアが目指すのは、緩和ケアによる症状コントロールである。
12) 症状コントロールは、患者と家族の身体的ニーズ、情緒的ニーズ、社会的ニーズ、およびスピリチュアル・ニーズをアセスメントし、対処することを含む。
13) ホスピス・プログラムは、患者の死去の後、少なくとも1年間、遺族に対する遺族ケア・サービスの提供を続ける。
14) 以下の点を含む、ケアの品質を保証するためのプログラムが実施されるべきである。

a. サービスの評価
　　　b. 定期的な記録の監査
　　　c. 組織構造の見直し
　15）ホスピス・プログラムは、すべての患者と家族について、正確かつ最新のデータをまとめた記録を保持し続ける。
　16）ホスピスは州と連邦政府の該当するすべての規定に従う。
　17）施設ホスピスは以下のための空間を提供する。
　　　a. 患者と家族のプライバシー
　　　b. 訪問と面会
　　　c. 家族による調理

　認証やライセンスを得るためのこのようなフォーマルな規範、スタンダード化は、ホスピスを「魅力的で反制度的なもう1つの選択肢」に見せていた自発性・可塑性を破壊するものであった〔Munley 1983：278〕。
　この事実は、米国のホスピス運動を考察する本書にとっても非常に重要な意味を持つ。英国からもたらされた「輸入種」のホスピスは、米国に根づく過程で様々に形を変えていった。コール夫妻が「ホスピスは、建物ではなくて、哲学である」〔Corr & Corr 1983：xi〕と述べたのは、教養気取りではなく、そう述べざるをえない状況が彼／女らの目の前に広がっていたからであろう。質も量も千差万別の「ホスピス」が乱立するこの過程で、運動の中心にいた実践家たちは、何かしら目には見えないながら共有されている絆の存在を仮定する必要があった。
　こうして、英国に誕生した死にゆく人々を中心に据えた「コミュニティ」としてのホスピスは、1970年代後半の米国において形に縛られることのない精神性を本質とする「哲学」へと読みかえられていったのである。

2-4　確かな財源を求めて
サービスとしてのホスピス

　連邦政府のホスピス運動に対する姿勢は、終始一貫して、その費用対効果に向けられていた。医療財政庁（HCFA: Health Care Financing Administration）の理事代理ポール・ウィリング（Paul Willing）は、「我われが直面している一番の問題は、ホスピスが終末期医療として適切なものであるかどうかではなく、それが連邦政府の財政にとってもっとも効率的で効果的なものであるかどうかなのだ」と発言している（〔Munley 1983：282〕より引用）[23]。また、全米ホスピス協会の創始者であり、ホスピス社 CEO を務めたこともあるデニス・レジェンデス（Dennis Rezendes）は、財政的な機構における大規模な改善が決定的なものであることを「アメリカにおけるホスピス運動が発展するための、あるいはそれが生き残るための、唯一にして最大の障害は、現行の健康保険と医療費補償のシステムである」〔Gaetz & Westbrook 1982；Munley 1983：283〕と述べて強調している。また、全米ホスピス協会の総長を務めたダニエル・ハドロック（Daniel Hadlock）医師は、医療費補償システムにおける本質的な改革が行われなければ、財政面で苦心しているホスピス・プログラムはサービスを削減するか、閉鎖することを余儀なくされるだろう、と予言した〔Gaetz & Westbrook 1982：11〕。
　一方、ホスピスのリーダーたちも、ホスピスケアが医療費を抑制するということを、一種の「売り」として前面に出しつつあった[24]。そうしたホスピス側の主張にもかかわらず、ブルークロス・ブルーシールド医療保険

23　〈編者註〉草稿には、「〔Karen Rak 1982; Home Health Line 7：41〕も参照）。」とあったが、書誌を確認することができなかった。［H.W.］
24　〈編者註〉草稿には、「〔National Health Standards & Quality Information Clearinghouse 1981：16〕」とあったが、書誌を確認することができなかった。［H.W.］

組合（the Blue Cross Blue Shield Association）はホスピスに対して慎重な姿勢を維持し続けた。ホスピスに対して「終末期の患者のための代替的なヘルスケア・プログラムの希求に対する、真に人間味と創造性にあふれる反応」〔Hollander & Ehrenfried 1979：54〕という肯定的な評価を示す一方、ブルークロス・ブルーシールド医療保険組合は、各地域の支部がホスピスケアを支援することに対して、1978年に示した方針の中で3つの基準を課していたが、そのうち第3項においてはホスピスが経済的かつ効率的であるべきことを要求していた[25]。ホスピスが制度化を達成するためには、連邦政府や第三者的機関から安定的で信頼性の高い支援を得る必要があった。

　アン・マンレー（Anne Munley）は、ラルフ・ターナー（Ralph Turner）の社会運動論〔Turner 1981〕を援用しつつ、ホスピス運動を1つの社会運動とみなして分析している〔Munley 1983：270〕。まず「初期段階」においては、特定の事柄に関する不満が高まっているが、焦点化されておらず、動きとしては現れていない。続く「一般化の段階」では、リーダーたちが現れる。問題意識が高められるとともに、活発な説得が行われ、リーダーたちは人々に変革すべき真のニーズが存在していることを確信させる仕事を始める。この時点で問題を語るための修辞学が豊かになる。大まかなゴールが表出されるが、それを実現するための特定の戦略に捧げられるエネルギーは少ない。次の「形式化の段階」では、価値、信条、ゴールが明確に規定され、構造化された組織が出現する。運動のイデオロギーが明瞭になり、リーダーたちは目標に到達するための資源をいかに動員するか、という実利的な関心を持ち始める。リーダーたちは、社会に向き合うというよりも、法的なルートを探りながら、運動を推進するための法制化の道筋を探り始める。最後の「制度化の段階」では、運動が主流に吸収されて

25　〈編者註〉草稿には、「〔Blue Cross Association & Blue Shield Association 1979：5〕」とあったが、書誌を確認することができなかった。[H.W.]

いくのにあわせて、より早い時期に認められた魅力や興奮が鳴りを潜めていく。ある社会的運動が制度化される時には、そのゴールは社会の確立された規範となる。システムの一部となった時、運動はもはや必要なくなる。求めた変革が実現されたとき、運動は事実上死ぬことになる。マンレーはこのような図式にホスピス運動が合致することを指摘し、1983年の段階で、「初期段階」「一般化の段階」を過ぎ、「形式化の段階」の終盤に差し掛かっている、と分析している。

マンレーは1982年6月の時点で800から1000のプログラムが、様々な準備段階にあるということを述べている〔Munley 1983：271〕。当時、急速に成長しつつあったホスピスが求めたものは、金だった。

当時のホスピスがすべて慈善事業やポケットマネーで出ていたわけではない。これらの種々のプログラムの多くは、メディケア、メディケイド、州の社会福祉事業[26]、アメリカ高齢者法(Older Americans Act)[27]といった既

---

[26] 会計検査院の報告書〔General Accounting Office 1979：4〕を参照。当時米国では、社会福祉法（Social Security Act）の第20章に基づいて補償、資金提供される、在宅サービスを含む様々な社会福祉事業が提供されており、「社会サービス・プログラム」（the Social Services Program）として一般に知られていた。これらの社会福祉事業を統括するのは、保健教育福祉省の人間開発サービス局（Office of Human Development Services）であった。これらの社会福祉事業の内容は州ごとに異なるものであったが、その中には最低一種類の在宅サービスが含まれており、家事援助や在宅介護が提供された。これらのサービスの受給資格は、金銭的な扶助の受給者やその他の低所得者に与えられた。1978年当時37億ドルが費やされ、このうちの5億7000万ドルが在宅サービスに充てられた。

[27] 1965年に改正された同法は、高齢者が尊厳を維持し、可能な限り自立した生活様式を維持することを支援するための計画を正当化するものであった。同法下では、おおむね60歳以上の米国民を対象に、訪問看護、寝たきり高齢者のための在宅介護サービス、家事援助、健康教育、予防接種、スクリーニング・プログラム、家屋修繕、配膳サービスなどが提供された。

存の制度的枠組に準拠しながら運営資金を得ながら活動していた〔General Accounting Office 1979：2〕。

　これらの諸制度は、ホスピスが提供するサービスのうち、入院医療費、介護施設入居費、在宅ケア費の一部を潜在的に補償するものであったが、いずれも、ホスピスケアを特化して保障するものではなかった。メディケアやメディケイドは痛みのコントロール、在宅介護、理学療法・作業療法、情緒的支援サービスの一部を補償していたが、適用範囲にはむらがあり、継続的なホスピス・プログラムを提供するためには厳格すぎた。また、死の教育や遺族ケアは補償の対象となっていなかったし、潜在的にはホスピスケアを受けて然るべきであるにもかかわらず、既存の補償の範囲から外れている患者を冷遇していた。

　たとえば、メディケアとメディケイドは、いずれも病院や高度看護施設での入院・入居サービスを補償していた。ホスピスが提供するケアが、これらの制度が求める基準を満たしていた場合には、確かに給付金が支給されたが、必ずしも常に認められていたわけではない。まずこれらの施設の利用が医学的見地からして必要であり、利用施設以下の環境ではケアが提供できないことが条件であったし、給付日数にも上限があった[28]。

　さらに、在宅ケアのサービスについては、メディケア、メディケイド、社会福祉事業、アメリカ高齢者法プログラムのすべてが補償の対象となったとはいえ、入院・入居サービスと同様これらの制度の利用には制限があった。たとえばメディケアでは、原則として、患者が寝たきり[29]の状態

---

[28]　メディケアの場合、1つの診断について、病院への入院については90日、高度看護施設への入居については100日が上限であった。メディケイドの場合、州によって上限は異なっていた〔General Accounting Office 1979：23〕。

[29]　米国の在宅医療制度における「寝たきり」(homebound/bed-bound) とは、不定期・短期の入院や外来診療など、居宅以外の場所で医療を受ける期間を除いて、家を離れることができない状態を言う〔General Accounting Office 1979：25〕。この定義に認められる一種の便宜性は、医療を受けるための条

にあることが保険給付の条件となった。しかし、ホスピスの対象患者の大部分を占めるがん患者は、死の数日前まで自力で移動することができる場合がほとんどであるため、しばしばこの条件から外れてしまった。さらに、メディケアは在宅ケア・サービスの補償の要件として、何らかの高度看護ケア（skilled nursing care）が提供されるということも求めていた。しかし、ホスピスのスタッフによる訪問は、しばしば、単なる経過観察を目的としており〔General Accounting Office 1979：25〕、このような訪問は、各プログラムの持ち出しになっていた。メディケアの在宅ケア給付の中には、医師の指示下で行う「医療的ソーシャルサービス」（medical social service）が含まれていた。医療的ソーシャルサービスは患者と家族が患者の健康状態に起因する境遇に適応するための心理社会的支援を指し、精神科ソーシャルワークもしくは医療ソーシャルワークの有資格者によって提供されるよう規定されていた。このような条件設定は、多くのプログラムにとって「厳格すぎる」ものであり、より自由に支援を提供すべく、やはり持ち出しで行っていた。また、ホスピスが薬物療法を疼痛管理の中心に位置づけていたのに対して、メディケアは薬物に対する給付を施設利用時もしくは患者が自分で服薬管理ができない場合に限定していた。一方、メディケアとメディケイドが給付対象としていた手術や放射線療法については、いずれもホスピスで実践されることはまれであった。

　また、これらの費用給付は患者を対象とする制度であるため、ホスピスがその革新性として主張し、実践していた死にゆく人々の家族に対するケアは、一切補償の対象にならなかった〔General Accounting Office 1979：23-27〕。

　先に触れた会計検査院の調査（1978年）では、ホスピスを創設するため

　　件は高く設定しなければならないが、医療的なニーズが高い患者は在宅医療を継続するために外部の医療機関を受診しなければならない、という矛盾によって生じる制度的な歪みでもある。

表 2-5 プログラムの運営費用の財源と規模（1977年1月から1978年7月まで）

財源	金額（ドル）	ホスピスの数（団体）
メディケア	160,685	2
メディケイド	2,650	1
民間保険・患者負担	110,526	3
献金	95,075	16
寄贈基金・信託基金・記念基金	10,452	4
助成金・契約金	157,800	12
その他	101,180	5
計	638,368	43

（注）運営開始からの期間がプログラムによって異なるため、財務報告の期間も異なっている。本表は1977年1月から1978年7月にわたって報告された延べ155か月のデータを元に作成されている。
（出典）〔General Accounting Office 1979：21〕から一部改変して引用。

に必要な資金の規模も調査されている。開設費用に関しては、最も大きな資金を要したのは、入居／入院用施設を新築してホスピスを開始した団体であり、既存の施設の改装／築によってサービス提供に充てた団体がこれに次いだ。在宅ケアのみを提供する団体は、創設のコストが最も安かった。

たとえば、独立した39床の施設を擁するプログラムの場合、ケアを開始するまでに99万8000ドルの初期投資が必要であった。高度看護施設の場合、6床をホスピス用に改装するために8万6000ドルの費用をかけている。これに対して、施設を持たないプログラムの場合、初期投資は概ね5000ドルから1万ドルであり、最も高い報告でも3万8000ドルに抑えられていた。これらのベッドを持たないホスピスは、施設への紹介を通じて入院ケアを提供していた〔General Accounting Office 1979：21〕。運営費用については、開設の経緯を問わず、どのようなサービスを提供しているか、ということによって一様であった〔General Accounting Office 1979：20〕（表2-5）。

運営費用については、総じて入院／入居型ケアを提供するホスピスの方が高い値を示した。最も高額な運営費用を報告したのは2つの独立型

のプログラムであった[30]。これらは先述した16の医療や補助サービスのほとんどを自前で提供し、多数の有給スタッフを雇用していた（常勤換算でそれぞれ29.8名、51.5名）。2つのホスピスの1年間の運営費用と受け入れ患者数は、それぞれ年間66万8560ドル／182人、55万ドル／156人であった。対照的に運営費用が低いのは、入居／入院施設を持たず、提供する医療や補助サービスを限定し、またボランティアを積極活用するプログラムであった。このうちのあるホスピスは、看護師2名と事務職1名の3人の非常勤スタッフと30名のボランティアによって運営されており、1万7200ドルの費用で171名の患者にケアを提供していた〔General Accounting Office 1979：22〕。

　この調査では、各プログラムの提供数や費用に関する詳細が判明しなかったため、ホスピスケアと従来型医療の費用を比較することができなかった〔General Accounting Office 1979：20〕。

　42件のプログラムがサービスを開始するために要した費用について報告している。その額は300万ドルから1億ドルまで、30倍以上の大きな開きがあった。主な資金源は、個人的寄付、会員費、病院の余剰収益、公的助成金（連邦政府・州・地域など）、そして民間助成金であった。ホスピスに資金を与えた民間の団体としては、アメリカがん協会、カイザー財団、教会があった。国立がん研究所（NCI: National Cancer Institute）を通じて連邦政府から基金を得た団体や、雇用・職業訓練法プログラム（Comprehensive Employment and Training Act program）からの助成金を得ている少数の団体もあった〔General Accounting Office 1979：20〕。

　ホスピス運動のリーダーが財源を探す一方では、公的資金の効率的な使用法をめぐって、連邦政府レベルで新しい医療のモデルの探求が進められていた。医療資源の大量投下に異を唱えるホスピスケアは、終末期の医療

---

[30]　2つのプログラムのうちの1つは44床の入居施設を建設中とあるため、ホスピス社のことであると推察される〔General Accounting Office 1979：22〕。

コストを効果的に抑制するための有望な選択肢としてその目にとまったのである。

ただし、ホスピスの運営が決して安価につくと限らないことは、ホスピスの領域で米国に先んじていた英国の状況からすでに知られていた〔Holden 1976：390〕。このホスピス先進地で、ケア提供のコストは、患者1人あたり、一般的な入院費用の約80％であった。高度医療を提供しないホスピスケアの費用がこれほどまでに高額になるのは、通常医療よりもはるかに多くの「手」を提供するためである。人件費は当時の英国のホスピスケアの費用の約85％を占めていた。

1974年、米国立がん研究所は、ホスピスに期待されるべき全サービスを提供しているプログラムを対象とする助成事業を開始した〔General Accounting Office 1979：5；Holden 1976：389-390〕。

この助成事業の主体となったのは国立がん研究所のがんコントロールおよびリハビリ部である。当時同局の局長を務めていたローレンス・バーク（Lawrence Burke）は「我われはホスピスの哲学に対して機会を提供すべきである」と述べ、6件程度のプログラムを対象に、3年間を上限とする助成を行うことを表明し、各地の関連団体に公示した。これは一見、ホスピス運動に対して好意的な動きであるかに見える。しかし、ここに一定の思惑があったことは明らかである〔Holden 1976：390-391〕。

まず、同研究所の助成については、病院に基盤を置く施設は除外された。バークはその理由として、病院は「その場所に刻み込まれたひとかたまりの価値観」〔Holden 1976：391〕を有しており、そこにある医療機器、せわしなさ、面会の制限、威圧的な雰囲気といったなにもかもが死にゆく患者にふさわしくない、ということを指摘している。

この結果、国立がん研究所が施設に対して課した条件は、65人から125人の患者に対して在宅ケアを提供できること、入居用の施設は24床以下であること、スタッフとボランティアの比率が1対12以上であることなど、非常に厳密なものとなった。また、入居する患者についても、余

命がごく短いことが前提になった。これは老人ホームとの峻別を図るためであった。

　すでに述べた通り、その対象として初めて選定されたのは、ホスピス社であり、79万ドルの助成金を3年間にわたって供与するという大掛かりな契約となった。この助成事業の目的は、試験的運用を通じて、ホスピスが既存の終末期医療に対して代替となる選択肢を提供できるかどうかを検証することにあった。米国立がん研究所は、1977年から78年にかけ、さらに3つの別のホスピスとの間で3年間の助成契約を交わし、その助成総額は490万ドルに上った[31]。また、1979年には、遺族ケアなど、ホスピスケアの特定の領域の研究に対する助成の公募を行っている〔General Accounting Office 1979：5〕。

　1978年には、メディケアとメディケイドの給付を担う医療財政庁もまた、ホスピスの試験的運用プロジェクトへの申請を呼びかけている（10月27日付）。これは、いくつかのプログラムに対して、メディケアとメディケイドの有資格者に対して会計年度1979年に実施するすべてのホスピスサービスに対する補償を行うものであった。このプロジェクトは、ホスピスケアの提供形態、サービスの範囲、ケアのコスト、基準に対して保健教育福祉省が評価することを助けるものであり、結果的にメディケアとメディケイドによるホスピス給付の開始という政策決定に結びついていくものであった〔General Accounting Office 1979：5〕。

　注目された調査項目の1つはホスピスの費用対効果であったが、すでに述べた通り詳細な情報が得られなかったため、この調査報告書はホスピ

---

[31]　会計検査院の報告〔General Accounting Office 1979：5〕を参照。対象となったのは、ヒルヘイブン・ホスピス（Hillhaven Hospice、アリゾナ州トゥーソン）、リバーサイド・ホスピス（Riverside Hospice、ニュージャージー州ブントン）、カイザー・パーマネンテ（Kaiser Permanente、カリフォルニア州ノーウォーク）の3つのプログラムである。

スの利用患者1人あたりに対する必要経費について言及していない。また調査時点でプログラム提供中のホスピスの能力やケアの質は不明であるが、ケアのレベルが同じだとすれば、ホスピスケアは従来型医療（病院、高度看護施設、在宅医療）と大きな差はないと認めている。また保健教育福祉省がホスピスと従来型医療との比較実験を開始したことを指摘している〔General Accounting Office 1979：29〕。

　ホスピスの推進者たちは、経済的な効用を広く訴えるなどして、法制化にこぎつけた〔Munley 1983：291〕。1982年7月15日、ホスピス法案の承認に関する投票が行われた。22日、ロバート・ドール（Robert Dole、カンザス州）、ジョン・ハインツ（John Heinz、ペンシルヴァニア州）、ロートン・チリーズ（Lawton Chiles、フロリダ州）、ロバート・パックウッド（Robert Packwood、オレゴン州）の4人の上院議員によって、税の公正および財務責任法（TEFRA: Tax Equity and Fiscal Responsibility Act）の改正に、メディケアによるホスピス給付が盛り込まれることになった。

　メディケアによる在宅ケアを受けるためには寝たきりであることが依然として求められた。しかし、ホスピス給付ではこの制限がなくなった。また、メディケアによる嗜好品に対する支払いの禁止、入院ケアを提供する際の急性期の医療状況になければならない、という制限も撤廃された。給付の対象となるのは、在宅ないしは「家に似たホスピス施設環境」（homelike hospice inpatient settings）におけるケアの提供に関するあらゆる費用となった。法律が定義したホスピスのサービスに含まれるのは、看護師のケア、医師のサービス、理学・作業・言語療法、医療社会サービス、在宅介護サービス、カウンセリング、病苦の緩和やコントロールのために必要な薬剤や装具の費用、疼痛コントロール・症状管理・家族の休養を目的とする間歇的・臨時的な入院ケアである〔Munley 1983：292〕。

　その一方、メディケアはホスピス給付の上限を、死の直前の6か月に

通常医療を受けた場合に支払われる給付金の人頭割の40％に制限した[32]。

ホスピスの法制化は、医療財政庁のデモンストレーション・プロジェクトに対する補償を1983年11月1日まで延期すると共に、法制化のために必要なすべての基準と、認証のためのスタンダードを1983年9月1日までに規定するように指示している。また、1986年1月1日までに、保健福祉省に、議会に対してホスピスサービスに対する給付が、公正、平等、効率という点で適切なものであるかどうか報告するように義務づけた。ホスピスの法制化は1986年1月1日までの時限立法であり、その時点でホスピス給付を再評価することとされた〔Munley 1983：292〕。

2-5　小結

ホスピス運動は、初期にはカリスマ的なリーダーを必要とした。そうしたリーダーは希望と信頼を創出し、献身的な追随者を惹きつける夢を形作ることができる。そして、いったん制度化されると、求められるリーダーは、経営、財務、組織運用上の技術に長けていることが求められるようになった。彼／女らに求められるのは、運動をより「収支のあった」ものにすることで、質の高いホスピスケアを効果的かつ効率的に提供することであった。これが成功すれば、ホスピスのコンセプトの実現は、より信頼のおける、確実で、共感をよぶものとなるはずだ〔Munley 1983：296〕。ホスピスという代替手段を官僚制度の厳格な様式に陥らせないようにするためには、理想主義者はその本来的な発想を真に保持しているということを主張しなければならない。

しかし、これらの活動を通じて、多くの団体が活動資金を得るために、「接木」的とも言うべき状況が生まれた。特に大きな問題は、制度化された公的資金がホスピスケアの全体をカバーしてくれるわけではないという

---

[32]　地域間格差を補正するための係数が掛けられる〔Munley 1983：292〕。

ことだ。それぞれの資金には、それぞれのルールがあった。このような資金の拘束は、ホスピスの活動を制限しただけでなく、しばしばプログラムの活動自体を資金源が求める制度の形へと向けて成形しなおすような流れを生んだ。

　これにはホスピスの側からも不満が出た。病院ベースのホスピスの中には、サービス提供主体として独立することで、管理面でのコストが増大することについて懸念を表明するものもあった。また、コネチカット・ホスピスは、入院ケアと在宅ケアの比率を2対8から5対5に引き上げることをFR5180[33]に対する意見として提出している。また、ホスピスの中には、ホスピスは自分たちで運営していくべきである、もしくは全米ホスピス協会の幹部によって定められたホスピスケア・プログラム基準（Standards of a Hospice Program of Care）の適用されたものだけがホスピスのすべてではない、という観点から法制化に反対するものもあった〔Munley 1983：290-291〕。ここには地域のニーズにかなった柔軟なケアを提供している機関が、排斥される可能性に対する懸念が込められていた。

　だが法制化の推進者は、ホスピスが適切な終末期ケアを、いかに低コストで提供できるかを自らの実践に基づいて示そうとした。たとえば、ドナルド・ゲイツ（Donald Gaetz）とヒュー・ウェストブルック（Hugh Westbrook）は、フロリダ州ジャクソンヴィルのメソジスト病院（Methodist Hospital）において、病院ベースのホスピスの導入前後でケア日数と平均費用がどのように変化したかを調査している〔Gaetz & Westbrook 1982〕。プログラム稼動開始前の6か月、42人のホスピス利用基準に合致するメディケア利用患者について見ると、26日を急性期病院で過ごし、1日あたり309ドルかかっていたのに対し、プログラム稼動開始後の6か月、62人の平均を取ると、11日になり、全て込みの1日あたりの費用も

33　〈編者註〉メディケアの適用範囲にホスピスケアを含めるための社会保障法第18編の修正に関する法案のこと。[K.O.]

162ドルに抑制されていた。イリノイ州エヴァンストンの在宅ホスピス・プログラム（Home Hospice Program）の取締役であったピーター・マッド（Peter Mudd）は 1979 年在宅ホスピスケアの費用を調査した〔Mudd 1982〕。それによると、1 日あたりの費用は 34 ドルであり、1980 年には 22 ドルになったが、当時のシカゴ地区の 1 日あたりの入院費用は 240 ドルであった。

1966 年に誕生したメディケアは、国民皆保険制度が存在しない米国では、例外的な公的医療保険制度であり、米国籍を持つ 65 歳以上の人ならば誰でも受給することができる。また、重篤な疾病などを理由に、継続して 24 か月傷害年金給付の受給資格を有する者は、65 歳未満であっても、メディケアの受給申請ができる。メディケアのホスピス給付の開始が、米国ホスピス拡大の決定的な原動力となったとされるゆえんである。ここでは、しかし、メディケアのホスピス給付の導入は、ある意味で、米国ホスピスの足枷となったことに、注意を促しておきたい。

第 1 の拘束は、メディケア給付の対象となるホスピスの認定基準である。メディケアは、独自の基準を設け、ホスピスケアの内容を、具体的に規定している。基準には、24 時間週 7 日の利用可能性、医師・看護師・ソーシャルワーカー・何らかのカウンセラーを最低限 1 名ずつ含むチームによるケアの実施、13 か月の遺族ケアのプログラムを備えることなどが含まれる。全米ホスピス緩和ケア協会の規範とは異なり、メディケアの基準は、違反すると受給資格が剥奪されるペナルティがあり、強い拘束力を持つ。

第 2 に、ケアの提供形態の拘束がある。メディケアの給付体制は、短・中期的な在宅ケアを念頭に作られている。施設型ホスピスは、全米ホスピス調査の段階では、痛み・症状のマネジメントで、最も好成績を収めたにもかかわらず、給付体制との齟齬が原因で、以後の減少を余儀なくされた。

第 3 に、経済的な拘束がある。本来コスト抑制のために導入されたメディケアの給付体制では、ホスピスが持続的に運営できる、ぎりぎりの金

額設定が行われている。この結果、ホスピスは、ケアの方針を策定する際に、その経済性を考慮せざるをえない状況に置かれている。

　最後に、事務作業の増加による、時間的拘束がある。資金の適切な運用を監督するために、メディケアは、登録ホスピスに対して、①全ての業務をマニュアル化すること、②実施した全てのケアを書面で記録し、保管すること、③必要に応じてデータを報告すること、などの事務的手続きを要求している。この作業に割かれる時間は膨大なものである。筆者が訪れたホスピスでも、ケアの資金を得るために、ケアに使うべき時間が削られる、という本末転倒を、多くのスタッフが嘆いていた。

　メディケアのホスピス給付は、政府の意に沿う成果を挙げ、1986年に恒久化された。さらに1987年からは、低所得者を対象とする公的医療保険制度メディケイドでも、同様のホスピス給付が開始されホスピスは「安定期」に入った。このように米国ホスピスは、医療費抑制という時代の逆風を受けて、コストをできるだけ抑えたケアを提供することを宿命づけられた。しかし、このような桎梏を、制約ではなくむしろバネとして、在宅中心で高い満足度を達成する、新しいホスピスケアのスタイルを創出したのである。

　以上、米国におけるホスピスとホスピス運動について概観した。いよいよ次章からは、ホスピスケアの実践的側面の分析を始めよう。

第 3 章

米国ホスピスの素顔[1]

---

1 〈編者註〉前章における米国ホスピス運動についての概説を受けて、本章では原著者が実施した米国地方都市アップルタウン（仮名）におけるホスピスでのフィールドワークの詳細が語られる。読者はこの章を通じて、前章の一般的な記述だけではわからなかった米国ホスピスについてのより具体的なイメージを持つことができるようになるだろう。本章のもととなる原稿はとくに後半部分が絶筆状態で発見された。そこで再構成の方法として現存する部分については元の記述を活かし、未完部分（特に米国ホスピス運営に関する記述）については『米国ホスピスのすべて』より関連する記述を抽出して編集した。[K.O.]

3-1　調査対象とした2つのホスピス

　筆者がフィールドワークを行ったのは、ミシガン州に位置する人口十数万人程度の地方都市である。5月には林檎の花で埋め尽くされるこの美しい町を、本書では仮にアップルタウンと呼ぶことにする。フィールドワークの主要部分は2000年9月から2003年11月にかけて、断続的に延べ14か月間にわたって実施した。

　アップルタウンには調査時点で3つのホスピス・プログラムが存在していた。互いに完全に独立したプログラムとして運営されるこれらのホスピスが、かつて互いに浅からぬ縁を持ちながら創設されたという事実は、当時すでに古参のスタッフにしか知られていない状況であった。

　アップルタウンに3つのホスピスが相次いで作られたのは、1980年代初頭のことである[2]。第2章で述べた通り、この時期は全米ホスピス協会の創設や死の学際的研究のバブル的な隆盛を受けて、米国で終末期ケアに対する関心が高まった時期に重なっている。

　アップルタウンの「最初の2つのホスピス」の一方であるホスピス・オブ・ワンダー（Hospice of Wonder、仮称）の母体となる終末期ケアのニーズ調査委員会が最初の会議を持ったのは、1978年7月のことであった。地域の有識者や医療従事者によって構成されたこの委員会は、死にゆく患者のニーズを満たす終末期ケアが既存のどのような機関からも提供されておらず、ホスピスを創る必要があるというレポートを郡当局に提出した。

　ニーズ調査委員会は、その後、専門家諮問委員会へと改称し、1979年の9月にホスピス・オブ・ワンダーを法人組織化した。常務理事、患

---

[2]　以下で述べる3つのプログラムの設立経緯に関する記述は、それぞれのホスピスのパンフレット及び内部資料に加えて、インディペンデンス・ホスピスについては共同創設者のイレーンとルイザに、ホスピス・オブ・ワンダーについては臨床部長のティナに、それぞれコメントを求めながら作成した。

者ケア・コーディネーター、ボランティア・コーディネーターが雇われ、「白い家」と呼ばれる小さな施設の中で、パイロット・プログラムが開始された。そこではすでに、狭義の患者のケアだけでなく、チーム会議、ボランティアの養成、遺族ケア、寄付金集めなどが実施されていたことが記録に残されている。

　しかし、患者数が増えるに従って、ホスピス・オブ・ワンダーもまた他の米国ホスピスと同じく、前章で論じたような経済的な壁をいかに乗り越えるかという課題に直面することになった。ホスピス・オブ・ワンダーが選んだのは、地域の中核病院をはじめ、アップルタウンの内外に数多くの病院、老人福祉施設、在宅ケア・プログラムを擁する巨大なヘルスケアグループと提携するという戦略であった。

　この提携によって、ホスピス・オブ・ワンダーは桁違いに大きな資産規模を持つシステムの一部に組み込まれ、財政基盤をゆるぎないものとすることができた。この提携は、単に資本のプールが拡大したというだけでなく、関連機関からの紹介によって、安定した利用者数が確保できたという点でも、ホスピス・オブ・ワンダーの運営に大きなメリットをもたらした。一方、ホスピス・オブ・ワンダーを取り込んだヘルスケアグループにとっても、たとえホスピスが多少の赤字を生む部局となったとしても、終末期ケアを含むトータルなサービスを提供可能な形を整えられるという点で、利用者や民間保険会社に対する大きなアピールとなるというメリットがあったのである。

　調査時点のホスピス・オブ・ワンダーは、アップルタウンの南に位置する小さな飛行場の近くのオフィス群の1つを借りて運営されていた。設立当初は入居型のケアを提供していたホスピス・オブ・ワンダーであるが、筆者が調査を行った時点では、米国の大部分のホスピスと同様に、固有の入居施設を持たない訪問型のプログラムになっていた。第2章で述べた通り、1983年に開始されたメディケアホスピス給付は施設ケアを中心にホスピスを経営することを極めて難しくしたため、1986年に認定を受け

たホスピス・オブ・ワンダーはサービスの中心を訪問ケアに移さざるを得なかったのである。

　フィールドワークを実施した当時のホスピス・オブ・ワンダーのスタッフは総数30名余りで、増減に相当程度の波はあるものの、40名前後の患者を受け入れていた。この時点で、ホスピス・オブ・ワンダーは、形式的には車で30分ほど離れた場所に位置する中核病院の一部門として位置づけられており、職員の給与や保険に関する経理はすべてこの病院に送られて一括して処理される仕組を取っていた。その一方では、独自の予算枠を持ち、終末期ケアの実践に関しては完全に自立した活動を展開できるという点で、相当程度の自律性を有していたと言える。

　ホスピス・オブ・ワンダーのオフィスには、同じグループによって所有されるスタッフ総数100名ほどの在宅ケア・プログラムが、並行して運営されていた。場合によっては、形式的に在宅ケア・プログラムを利用している患者をホスピスのスタッフがケアする「橋渡しプログラム」(bridge program) が実施されることもあった。

　後述するもう1つのプログラムと比較した場合、ホスピス・オブ・ワンダーは合理的に体系化されたシステムのもとで運営されていた。

　ホスピスの責任者である臨床部長のティナは、看護師として長年の経験を持ってはいるものの、現場のケアに出ることはなく、主としてマネジメントを担当している。ティナとケアの実務者の間に位置し、ケアの実践を統括するのがチームリーダーのダイアナである。ダイアナもまたほとんど訪問に出ることはないが、4人の専任看護師を中心に組織された4つのチームが滞りなく機能するよう常に調整する役割を果たしている。

　4つのチームには、看護師の他に、兼任しての担当も含めて、医師、ソーシャルワーカー、スピリチュアル・ケア・コーディネーター（SCC: spiritual care coordinator）、介護助士（HHA: home health aid）、ボランティア・コーディネーター（VC: volunteer coordinator）、遺族ケア・コーディネーター（BCC: bereavement care coordinator）、薬剤師、栄養士が配されて

いる。チーム毎に週4回行われる多職種チーム会議（interdisciplinary team meeting）では、それぞれのケースについて、ダイアナの進行に従いながらボランティア・コーディネーター、スピリチュアル・ケア・コーディネーター、ソーシャルワーカー、看護師の順に報告があり、綿密な検討が行われる。なお、こうした多職種チームについては3-3で詳述する。

　多職種チーム会議以外にも、ホスピス・オブ・ワンダーでは、運営会議、看護師会議、遺族ケア担当者会議、ケアの品質改善会議、慰労を目的とするスタッフ会議など、定期的な会議が連日のように開かれる。受付ではスタッフの出入りが厳しく管理され、オフィス内では名札の着用が義務づけられている。ホスピスの内部で使われる書式は合理的な形式を整えているだけでなく、使用者の声を反映しながら定期的に改訂される。スタッフ、ボランティア、地域の医学生・看護学生に対する教育研修も頻繁に実施されている。また、地域の病院や家庭医を専門スタッフが定期的に巡回するなど、マーケティングにも余念がない。

　アップルタウンの「最初の2つのホスピス」の残る一方であるインディペンデンス・ホスピス（Independence Hospice、仮称）は、ホスピス・オブ・ワンダーに比べて、より小さく、家庭的なプログラムである。ホスピス・オブ・ワンダーと同様に在宅ケア・プログラムと併設されているが、20名ほどのホスピスのスタッフは、この在宅ケアのスタッフも兼ねている。インディペンデンス・ホスピスが一度に受け入れる患者の数は、20名前後であるが、ホスピス・オブ・ワンダー以上に波があり、時には10名あまりまで落ち込むこともあった。

　インディペンデンス・ホスピスを設立した4人の看護師の1人であり、調査時点でもホスピス長（administrator）としてプログラムの顔役を果たしていたイレーンは、ホスピス・オブ・ワンダーを創設した委員会のメンバーでもある。長らく高齢者の在宅ケアに携わる中で、死にゆく人々のニーズを満たす術を探し続けていた彼女は、1980年にセント・クリスト

ファー・ホスピス[3]を訪問する。彼女はそこでの2週間の充実した研修を通じて得た着想を次のように記した。

> 死ではなく生を。十全な意味での生を提供すること。死ぬための場所ではなく、生命と子供たちと美に取り囲まれ、痛みをコントロールした状態で生きる場所を提供すること。[4]

アップルタウンに戻ったイレーンは、自らの構想を実現する可能性を、地域初のホスピスを創ろうとしていたホスピス・オブ・ワンダー設立企画の中に求めた。しかし、イレーンがそこで見出したのは、「官僚主義の悪夢」のただ中に押し込まれた自分自身であった。

特に彼女にとって耐えられなかったのは、設立当初のホスピス・オブ・ワンダーが専門的な施設でケアを行うことにこだわり、患者の希望をないがしろにしているように感じられたことであった。1981年、イレーンはホスピス・オブ・ワンダーのパイロット・プログラムの中で知り合った看護師のルイザと共に、独自の試みを始める。それは、ホスピス・オブ・ワンダーが叶えられなかった、自宅での死をサポートする活動であった。

> ルイザと私はその時すぐに、採算が合おうが合うまいが、患者が死に至るまで必要としていることをやろうと決意した。これこそが患者たちの求める死に方だったし、死にゆく患者の意志に反して入院させるべきではないというのが当時も今も変わらぬ私たちの気持ちだった。

イレーンとルイザは、その後も患者の居宅を直接訪問し、1人ひとりの

3　〈編者註〉2-2を参照。[K.O.]
4　イレーンの個人的な覚書から引用。

ニーズを汲み取りながら、手作りの暖かみのある実践を目指して手探りのケアを続けた。当時行われた活動の模様は、各患者について1冊ずつノートに手書きされた看護記録に詳細に残されている。調査当時、イレーンと同じく現役でホスピスに勤めていたルイザは、「活動を始めた当初は、報酬をもらうこともなく、時折野菜やチキンをもらうことがあったくらい」と笑いながら語ってくれた。しかし、2人の地道な活動は次第に地域で評判を高め、さらに2人の看護師が加わる。そして、1982年、4人の看護師による草の根的な活動は、法的手続きに詳しい賛同者が出現したことで、在宅ケア・プログラムとして法人化を達成することになったのである。

インディペンデンス・ホスピスがホスピスとしてメディケアによる認定を受けたのは、1993年のことである。それにもかかわらず、アップルタウンのホスピスの母としてイレーンの名前がまず挙がるのは、彼女が強烈な個性とリーダーシップを発揮しながら、常にケアの実践の最前線に立ち続けてきた事実によるところが大きい。イレーンは、ホスピス長になってからも現場でケアに当たることにこだわり、会議や講演会の合間を縫うようにして患者宅の訪問を続けてきた。スタッフの多くは彼女の人柄に惚れこんで集った者たちであり、10年以上勤務する看護師も少なくない。イレーンはホスピスのスタッフを「私の家族」と呼ぶ。互いに気心の通い合ったスタッフは、休日を共に過ごすことも少なくない。

インディペンデンス・ホスピスの運営方針にも、「患者が1番、家族が2番、ホスピスは最後」と語るイレーンの個性が色濃く反映されている。スタッフは自分の名札を持っているが、それを身に付けるのは患者宅に初めて訪問する時だけである。オフィスにかかってきた電話は職種に関係なく手が空いている者が取り、ランチは訪問に出ている者を除くスタッフが同じテーブルについて食べる。ホスピス・オブ・ワンダーで週4回、場合によっては2時間以上にもわたって開かれる多職種チーム会議は、インディペンデンス・ホスピスでは週1回、必ず1時間以内にまとめられる。一方、ホスピス・オブ・ワンダーでは週3回までに制限されている

看護師の訪問回数は、患者の容態に応じて増やされ、場合によっては週7回以上の訪問が行われることもある。

　イレーンをはじめ、インディペンデンス・ホスピスのスタッフは、自分たちのプログラムの「融通がきく」（flexible）点を誇りとしている。ホスピスケアの現場では、病気ではなく、患者を看ることが求められる。患者のニーズ自体も、その時の病状や家族関係の変化に応じて揺れ動く。この観点からすれば、プログラムの規模をスタッフ同士が「家族」のように気心を知り合える大きさにとどめ、時に採算性やルールを度外視したケアを臨機応変に提供していくことも、ホスピスの哲学にむしろ忠実な形と言えるかもしれない。しかし、このような方針の元で運営されたインディペンデンス・ホスピスは、フィールドワークも半ばに差し掛かったころ、結果的には別の大型プログラムに吸収合併されることになった。

　筆者が主たる調査対象とした以上の2つのプログラムに加えて、アップルタウンにはもう1つホスピスがあった。この第3のホスピスであるアップル・ホスピス（Apple Hospice、仮称）を創設したメアリー・リンドクウィストは、1982年から1年余りインディペンデンス・ホスピスのスタッフとしてイレーンと活動を共にしていたことがある。彼女が1984年に独自のサービスを開始した時に目指したのは、訓練された看護師の手による最高品質の看護サービスを提供することであった。1989年に現在の名に改称した時点で、アップル・ホスピスは、隣接する郡で運営される2つの支所と合わせ、70人前後の患者をケアする大きなプログラムに成長していた。

　米国のホスピスの中でアップル・ホスピスが際立っているのは、固有の入居施設を持っている点である。アップル・ホスピスのオフィスも兼ねるこの2階建ての施設は、アップルタウンを取り巻く州間高速自動車道の囲いからやや西南に外れた静かな地域に1998年に建てられた。22の個室と4つの2人部屋の合計30床からなる入居施設は、建物の2階に配されている。木製の暖かみのある家具でまとめられた部屋の雰囲気は、病院

というよりもホテルに近い。同じフロアに設けられたデイルームにはグランドピアノが置かれている。部屋の半分を円形に突き出すようにして誂えられたガラス張りの面からは、手入れの行き届いた中庭と池が一望できる。壁には穏やかな色調の風景画に混じり、感謝の印として寄贈されたという大きなキルトが掛けられている。受付の奥に設置されたケージには、色とりどりの小鳥が飼われ、時折愛らしい鳴き声を聞かせている。

　美しい入居施設は、当然ながらアップル・ホスピスの大きなセールスポイントとなっている。しかし、それは同時に莫大な負債をアップル・ホスピスにもたらした。イレーンの言葉を信じるのであれば、この借金が、アップル・ホスピスにおけるメアリーの更迭の原因となった。調査時点でメアリーはアップル・ホスピスの運営から完全に退いていたため、筆者は彼女と直接会ったことはない。彼女がインディペンデンス・ホスピスを去った理由についても、イレーンから、「結局、メアリーはリーダーだった。1つのホスピスに2人のリーダーはいられなかった」という間接的な説明を受けただけである。

　執行部の刷新と経営の難渋が噂される中で、アップル・ホスピスは外部からの調査者にかなり神経質になっているようであった。初めてアップル・ホスピスを訪問したとき、筆者はアップルタウンの有力な病院のソーシャルワーカーに紹介者として同行してもらった。その時に話をしたスタッフからは、ごく好意的な対応を受け、施設内を案内してもらいながらアップル・ホスピスで行われている活動の概要に関する説明を受けた。しかし、その後も何度か足を運び、手紙やEメールなどを通じて繰り返し打診したにもかかわらず、アップル・ホスピスにおいて包括的なフィールドワークを実施するための許諾を得ることはできなかった。筆者がアップル・ホスピスで実施することができた活動は、施設内の見学、少数のスタッフに対するインタビュー、ボランティア研修の受講というごくわずかな内容に限られた。

　したがって、本論では基本的に、筆者が長期にわたって関係性を作り、

自由な調査活動を行うことができたホスピス・オブ・ワンダーとインディペンデンス・ホスピスをもとに考察を進めていく。

　ホスピス・オブ・ワンダーとインディペンデンス・ホスピスについては、ホスピスを管轄する責任者との間で、調査活動に関する契約を結んだ。この契約によって、筆者は、患者と家族を特定することができない範囲であれば、ホスピスにおけるフィールドワークで得たあらゆる情報を論文の中で使用することが許可されている。本書では、匿名性を可能な限り保持するため、単に患者や家族に仮名を用いるだけでなく、議論に差し支えないと考えられる範囲で、複数の事例を組み合わせながら1つの事例の形にまとめて記述することも試みる。また、すでに示した調査地名、プログラム名、スタッフの名前についても仮名を使用していることを最初に断っておく。

　ホスピス・オブ・ワンダーとインディペンデンス・ホスピスについて、筆者は少なくとも毎週2日以上足を運び、フィールドワークを実施した。幸いにも、これら2つのプログラムは、太平洋をはるばる越えて自分たちの実践に関心を寄せた大学院生をごく好意的に迎え入れてくれたため、筆者が希望した活動について何らかの制限が加えられるということはほとんどなかった。

　フィールドワークの過程で特に力を注いだ調査活動としては、会議の録音、訪問ケアへの同行、スタッフに対するインタビュー、内部資料の閲覧と複写、スタッフ間のコミュニケーションの観察を挙げることができる。終末期医療の現場での改革運動という側面を持つホスピスでは、自己の活動を社会的に承認されやすい形で表現するための説明様式が洗練されている。そのような美化されたホスピス像を越えて実践に肉薄するためには、上記の活動を反復的ないしは持続的に実施し、スタッフ間の語りの揺らぎや、突発的に生じる事件によってルーティンが乱された時にどのような反応が生じるかということを、地道に記録、分析していく必要があった。

　記録については、フィールドノート、カメラのほか、可能な限り録音し、

音声データとして保存するよう努めた。フィールドワークを通じて取得した音声による記録は74分のMD442枚を数える。筆者にとって僥倖であったのは、受け入れ機関の好意により、調査期間中に実施された多職種チーム会議のほぼ全回に出席し、録音することができた点である。ホスピス・オブ・ワンダーとインディペンデンス・ホスピスで毎週延べ5回ずつ開催される多職種チーム会議を継続的に記録できたことは、ホスピスのルーティンを理解し、何らかの事象が逸脱とみなされる判断基準を明らかにする上で、貴重な手がかりを与えてくれた。

　以上の活動の他にも、ボランティアの養成講座、ホスピスで開催される研修会、スタッフの動きに伴う歓迎会や壮行会、町の芸術祭で設置されたブースでのPR活動、寄付金募集を目的として開催されたイベント、合同で行われる追悼式典など、種々のイベント的活動についても、調査者兼記録係りとして、可能な限り参画した。また、日々のオフィスでの食事や、バーベキュー、ミサ、コンサート鑑賞といった休暇中の過ごし方を共にすることで、スタッフとのラポールを深めることができた。さらに、地域の開業医、病院、福祉サービス、斎場にも積極的に足を運び、関係者の話を聞くことを通じて、ホスピスに対する外部からの評価を把握することを目指した。

　ホスピスにおけるフィールドワークの過程では、いかにスタッフの作業を妨げないで調査を行うか、という点に常に気を遣うことになった。ホスピスの調査では、基本的に、スタッフがオフィスにいる間、つまり、まさに職務に従事している間に、その活動を観察し、必要に応じて質問しながら、情報を収集していかなければならない。もちろん正式に時間を確保するよう依頼してインタビューを行うこともある。しかし、圧倒的に多いのは、スタッフが何らかの作業を行っている場に居合わせて、その手が止まらない程度に適宜質問しながら、そこで為されていることの意味や目的を理解していくという形である。

　しかし、当然ながら、スタッフが日々の作業に関する個人的な理解や所

感を語ることをただ聞いているだけでは、ホスピスの実践の全体像をつかむことはできない。そこで、会話の流れが近づいた瞬間を見計らって水を向け、こちらの聞きたい事柄に関して説明を求めるという工夫が必要になる。限られた機会を逃さないよう、筆者は聞くべき事柄を書きつけた付箋を貼りつけた質問専用のノートを、通常のフィールドノートと録音用機材と共に、調査期間中常に持ち歩いた。質問用のノートに付箋を使用したのは、調査の状況に応じてその都度並び替え、優先順位を視覚的に把握できるようにするためである。

ホスピス・オブ・ワンダーとインディペンデンス・ホスピスは、メディケアのプログラム基準を遵守し、固有の入居施設を持たず、非営利法人として運営されているという点で、米国において主流な形態のホスピスと分類することができる。しかしながら、文化人類学の見地からは、そこで目指されている実践を、現代米国社会において死が社会的に構築されていく過程の典型ないしは理想型として、「現地人」であるホスピスのスタッフが語るようには論ずることはできないと、ここであらかじめ一筆しておきたい。

3-2　米国ホスピスの1日
フィールドワーカーの視点から

　本節では、調査開始から4か月ほど経た2001年3月のある木曜日にインディペンデンス・ホスピスを訪ねた折の様子を、米国ホスピスを理解する上で不可欠な実践を拘束する諸条件を適宜交えながら描写する。以下の記述は、米国ホスピスの実践に関する議論の導入部であると共に、そこにおけるフィールドワークの実態の提示でもある。

　　　滞在している週極め払いの宿を、私はいつものように午前7時前に出発した。高い緯度と五大湖から吹きつける寒風のため、アッ

プルタウンでは3月中に最低気温が氷点下にならない日は数えるほどしかない。太陽は低く、辺りはまだ薄暗い。冬の間、車道を確保するために寄せられる雪は、路肩に収まりきらず、並行して走る歩道を軒並み埋め尽くしている。まだしばらくは自転車では動けない。溶けては凍ることを繰り返す汚れた雪と、「4月のシャワー」を待つ融雪剤まみれのアスファルトが、町全体を灰色にくすませている。

　アップルタウンで1番大きなショッピングモールを中心に、駐車場が長径1km、短径0.5kmほどの楕円形に広がっている。宿はこの巨大な駐車場を取り巻いて走る環状道路沿いに、わずかに道を引き込むようにして建っている。中堅フランチャイズがアップルタウンの南端に何とか地所を確保したこの建物は、時速80マイルで切れ目なく車が行きかう州間高速自動車道に面している。人の身の丈ほどもあるタイヤを履いたトレーラーの唸りは、防寒のために設えてある二重窓でほぼ完璧に遮られ、宿の玄関のドアを開けた瞬間に耳に飛び込んで来るまで、いつも忘れてしまっている。

　環状道路沿いにあるバス停には、当然のように誰も立っていない。ミシガン州では、乗用車は文字通り生きるための最低限の必需品と見なされている。生活保護の認定を受けるための資産査定の際に、家屋と並んで除外される数少ない品目の1つだ。30分に1本のバスはいつも空席が目立ち、発着時間は気まぐれで、しばしば理由なく欠便する。

　何一つ障害物がない朝の駐車場を横切って吹きつけてくる風を、日本から持ってきたスキー用のダウンジャケットのフードをかぶって防ぐ。緑色のフィールドノートを開き、機会があれば質問すべき事項を確認しながらバスを待つ。

　バスは30分ほど時間をかけて、ターミナルとなっている別のショッピングモールに到着する。出勤前の客で賑わうスターバッ

クスを横目に見やりながら、町の中心部から伸びてきた幹線道路を15分ほど歩いて遡ると、やがて板葺きの屋根が印象的な貸しオフィスが目に飛び込んでくる。

インディペンデンス・ホスピスが、アップルタウンとつながった小さな町にプログラム専用のオフィスを構えたのは1984年のことだ。それまでは創設者である4人の看護師の自宅がオフィスとして利用されていた。業務の拡大によって隣町のオフィスはすぐに手狭となり、翌年にはアップルタウンの中心街から車で15分ほどの距離にある現在のオフィスに居を移している。南北50m、東西20mほどの平屋の建物のうち、インディペンデンス・ホスピスが借用しているのは北側の4分の3に当たる部分である。残りの4分の1では、インディペンデンス・ホスピスとはまったく関係のない保険会社の支所が運営されている。

オフィスには南北に2つの玄関がある。看板が示す通り、正確には北側が在宅ケア用の、南側がホスピス用の入り口になっており、受付のデスクもそのように配されている。しかし、ホスピスの利用者である患者とその家族がオフィスを直接訪れることは、実際にはごくまれにしかない。また、規模の小さいインディペンデンス・ホスピスの訪問スタッフは、在宅ケアのスタッフを兼務している。このため、2つの玄関はスタッフの用向きに合わせて自由気ままに使われている。

ただ、ホスピス側の入り口である南側の玄関を入ってすぐ左手に立てかけられた1枚の大きなボードは、アップルタウンのコミュニティにおいてインディペンデンス・ホスピスが果たしている役割を知る上で大切な手がかりとなる。

深い紫色の布地の上に短冊の様に切り抜いて留めてあるのは、このインディペンデンス・ホスピスのケアを受けて看取った患者の死亡記事である。死亡診断のために最後の訪問をしたインディペンデ

ンス・ホスピスの看護師は、地方紙にかなりのスペースを取って掲載される故人の経歴を連ねたこの記事の末尾に、「花代は、お世話になったホスピスへの寄付に代えてほしい」という主旨の一文を入れてもらうことを遺族に伝える。

　政府の保険制度上の優遇によって、金銭的負担を事実上一切負うことなくケアを受けてきた遺族のほとんどは、病院では考えられなかった安らぎを患者にもたらした看護師のこのささやかな申し出を喜んで受け入れる。ホスピスに日々送られてくる寄付は、多い時には1日100ドル以上の金額に上ることもある。インディペンデンス・ホスピスではこれらの寄付を患者治療基金（Patient Care Fund）の名目で管理し、7人に1人と言われる無保険者のケアや、保険補償の対象にならない遺族ケアのために使っている。
　アップルタウンの地域社会において、ホスピスは死を契機に金銭が動く際の重要な結節点としての役割を果たしている。しかし、同時にこのようにして人目を引くことが、ホスピスの活動に対するネガティブな評価につながることもある。わけても、重篤な患者を何年も支え続けた挙げ句、最後の数週間の苦痛を緩和するための専門プログラムとしてホスピスを紹介する中核病院のスタッフの中には、ホスピスだけに金銭が流入するこのようなやり口に対して表立って批判を口にする者もいる。

　　特に用向きがない限り、私はイレーンに挨拶をするため、彼女の執務室が近い北向きの玄関を使った。すぐ脇に停めてあるスタッフの自家用車は、彼女たちが患者を訪問する際に使う社用車でもある。ベテラン訪問看護師のマリー・ペローの車は、真っ赤なフォルクスワーゲン・ビートルだ。ほんの小さなトランクしかないこの車でも、彼女が患者を訪問した際に使う物品を載せるには十分なのである。
　　鈴のついたドアを押して中に入ると、訪問ケアの受付担当兼コー

ディネーターのジルとグロリアの机がある。2人は当日のスタッフの訪問スケジュールをやりくりする手を休め、手短な挨拶を私と交わしてくれる。

　玄関からイレーンの執務室に通じる廊下には5枚の額が飾られている。そのうちの4枚には、インディペンデンス・ホスピスの共同設立者である、イレーンを含めた4人の看護師の活動が掲載された新聞記事の切抜きが収められている。残る1枚には、1986年に彼女が送った手紙に対して返送されてきたというマザー・テレサのサインが入ったカードが、マザーの写真と共にはめ込まれている。

　ただし、ドイツから移住してきたイレーンはカソリックではなく、ルター派の信徒だ。私が学生時代に合唱団に所属していたと話すと、彼女は毎週通う教会の聖歌隊にさっそく私を引き入れようとした。彼女が終末期ケアに向かうことを運命づけたのは、第2次世界大戦で両親を亡くした経験だった。

　インディペンデンス・ホスピスのオフィスには宗教に結びつく様々なシンボルが置かれている。イレーンの執務机の背後には、彼女がこれまでに受けてきた数多くの表彰と並べて、布に刺繍されたキリスト者としての警句が額に入れて掛けてある。教会で配布されたポスターは、1人静かに物思いにふける場所、すなわちトイレの扉の裏にまで念入りに貼りつけてある。

　共同創設者のルイザも、イレーンと一緒に教会に通うルター派の信徒である。しかし、インディペンデンス・ホスピスのスタッフ全員が信仰を同じくしているわけではない。

　例えば、臨床部長を務めるシェリルは、ホンジュラスの山岳地帯の診療所で看護師として活動をしていた経験を持つ、熱心なカソリックである。病院の腫瘍専門看護師（oncology nurse）として働いていた彼女は、患者に

死ぬまで闘いを強いる過酷ながん医療に限界を感じた時にイレーンの評判を耳にし、インディペンデンス・ホスピスの扉を叩いたという。誰を相手にする時でも、慎重に言葉を選び、ゆっくりと話をする彼女は、今では医師に準じてホスピスの医療・看護面の全般を総括する指導的な立場についている。

インディペンデンス・ホスピスのスタッフの中で宗教に関して最も風変わりなバックグラウンドを持っているのは、2人の男性看護師の内の1人であるジョシュアだ。生まれついてのユダヤ教徒であった彼は、学生時代にその教義に疑問を感じ、宗教や哲学に関する本を片端から読み漁った。最終的に彼がたどりついたのは、日本の禅宗であった。高齢者の介護施設で働いていた彼は、「死は生の確固とした一部である」という彼の信念を実践の中で確かめるために、ホスピスを目指したと語ってくれた。日本酒と椎茸が好物のジョシュアだが、週末にはダウンタウンのライブハウスで肩まである髪を揺らしながら小粋なドラムを叩いている。

　半ば予想がついていたことだが、イレーンは彼女の執務室には居なかった。インディペンデンス・ホスピスでは、毎週木曜日の朝8時半から、きっちり1時間をかけて、多職種チーム会議が開催される。オフィスで一番大きな広間を使って行われるこの会議は、細長い机を4つ組み合わせて作られる大きなテーブルの周りを、インディペンデンス・ホスピスのほぼすべてのスタッフが取り囲んで行われる。

　イレーンは、窓際に並べられた机の上に、いつものようにスタッフのための簡単な食事を並べている。クリームチーズをたっぷりと塗って食べるベーグルは、時々彼女のお手製のパウンドケーキに替わることもある。数種類のハムやフルーツが彩りよく並べられた大皿は、そのまま料理雑誌のグラビアに使えそうなほど美しい。ただし、取り皿は紙製、フォークはプラスチック製のものだ。コーヒー

メーカーには、黒い握りの普通のコーヒーのカラフと並んで、オレンジ色の握りのデカフェのカラフが湯気を立てている。

　大テーブルを挟んでイングリッドと向かい合う位置では、SCC［スピリチュアル・ケア・コーディネーター］のナンシーが黒板に10人ほどの名前を書き連ねていく。赤毛と眼鏡、何より190cm近い長身が印象的な彼女は、インディペンデンス・ホスピスの多職種チーム会議の司会進行役を務めている。しかし、その役回りが彼女に任された時期と理由は、当人も含めて誰1人覚えていない。

　ナンシーが書き上げたのは、今日の会議で検討される患者の名前だ。何人かの名前の前には"N"という字がついている。ついで彼女は「記念日」という見出しを作り、その下にさらに数人分の名前を書き足していく。

　多職種チーム会議では、患者の1人ひとりについて、その患者を訪問したスタッフからの報告が行われる。この報告を踏まえて、参加しているスタッフ全員による検討が行われ、必要があればケア・プランの見直しが行われる。

　インディペンデンス・ホスピスの1回の多職種チーム会議で検討されるのは、直前の1週間に受け入れられた新患と、2週間前の会議の際に検討された患者である。この仕組は1か月に2回ケア・プランを検討することを課しているメディケアの規制に則ったものである。

　私は出入り口に最も近い指定席を確保し、録音用のマイクとMDレコーダーを準備する。机の上の花瓶には火曜日と同じ花が活けてある。インディペンデンス・ホスピスの花がなかなか萎れないのは、オフィスが閉まる17時になるとスタッフが花瓶ごとオフィスの巨大な冷蔵庫に入れて、一種の冬眠状態にさせてしまうからだ。

花瓶の横に置かれたキャンドルにイレーンが火を灯す。この簡単な「儀礼」が以前から気になっていた私は、イレーンに灯す火の意味を聞いた。イレーンは、「特に意味はないんだけど。でも見て、奇麗でしょ」とはぐらかす。間髪容れず、黒板に向かっていたナンシーがくるりとこちらを振り向き、「あら、あなた、私には患者さんたちの思い出のためだって言っていたじゃないの！」と一喝する。何事もなかったように再び黒板に向き直したナンシーの背中で、イレーンが、おそらく彼女がドイツで過ごした少女時代から年季を重ねてきたに違いない、悪戯っぽい表情で舌を出す。

　やがて、スタッフが三々五々と大テーブルに集まってくる。各人が座る場所は、特に決められているわけではないが、毎週それほど大きく位置がずれるわけではない。次第に辺りがざわめき始める。ケアに関する情報の伝達や確認に紛れて、町の有名人に関するゴシップや、ダウンタウンでかかっている映画の感想、そしてお決まりの山のようにあるペーパーワークに対する不満が聞こえてくる。

　特定の施設内ではなく、患者を訪問してケアを行うインディペンデンス・ホスピスでは、あるスタッフが別のスタッフをつかまえることは容易ではない。このため、特定の患者や家族の情報に関する引継ぎが、臨床記録やボイスメールだけで行われるような状態に慢性的に陥ってしまう。スタッフのほぼ全員が一堂に会する多職種チーム会議の前後の時間は、貴重な対面的コミュニケーションのための恰好の機会となる。あちこちで小さなグループを作っては、情報共有の隙間を埋めるためのインフォーマルなコミュニケーションにしばし没頭する。

　スタッフの中には多職種チーム会議の時だけオフィスに立ち寄る者もいる。
　その内の1人は栄養士のスコットだ。死が近づき、患者の体力が衰え

てくると、食べ物や飲み物の嚥下が困難になって行く。飲食に関する障害は、残り少ない時間の貴重な楽しみの1つを奪うだけでなく、さらなる体力の低下を招く。特に問題となるのは、飲食物が気管に入ることで起こる誤嚥性肺炎であり、場合によっては命に関わる。どのような材料を使い、どのような加工を施せば、その患者にとってより満足な状態を維持できるか、ということについて、スコットは助言する。米国ホスピスで彼のような栄養士の存在が特に重要になるのは、点滴や胃ろうを通じた人工的な栄養・水分補給がメディケアホスピス給付の下では許可されていないからである。

多職種チーム会議に限って参加するもう1人の重要な人物がストゥーデ医師だ。麻酔科医として長年のキャリアを持つ彼女は、定年後も非常勤でアップルタウンの大学病院で働き続けている。年に2、3回というごく例外的な患者訪問の時を除いて、彼女はインディペンデンス・ホスピスからは一切報酬を受け取ろうとしない。多職種チーム会議におけるストゥーデ医師の役割は、臨床記録を見ながら訪問看護師の報告を聞き、医学的見地から不適切なケアが行われていると考えられる時にはそれを正す、というものである。インディペンデンス・ホスピスのスタッフ同士はもちろんファーストネームで呼びあうが、彼女だけは唯一、敬称で呼ばれている[5]。

時計の針が8時半になるのを見計らって、牧師として説教壇にも立つナンシーが、よく通る声で本日の朗読の当番を指名する。朗読による分かちあいは、インディペンデンス・ホスピスの多職種

---

[5] 米国ホスピス内の呼びかけ上の慣習は、医師と他のスタッフの微妙な位置関係、距離感を示し、面白い。通常、ホスピスのスタッフは、「トム」、「マリー」のように、互いを名前で呼び合う。スピリチュアル・ケア・コーディネーターに多い、神父の場合にも、「ファーザー・ジョージ」のように敬称に名前がつけられる。ところが医師だけは、「ドクター・ワシントン」のように敬称に姓をつけて呼ばれるのが普通である。

チーム会議の冒頭に行われるのが慣習になっている。当番はスタッフ間の持ち回りで、気に入った本の1節や、遺族からの感謝の手紙が読まれることが多い。

　この日の担当者は、インディペンデンス・ホスピスの創設者の1人である看護師のルイザだった。看護師として50年近くのキャリアを積んだ彼女は、牧師であった父が安らかに亡くなったことをきっかけにして、死にゆく人のケアに携わるようになったと言う。彼女はインディペンデンス・ホスピスを定年退職した後も、人手が足りない時にはパートタイムで患者の訪問を行っている。多職種チーム会議に出席する時には、他の看護師からの報告を聞くともなしに聞きながら、手元ではせっせと編み物をしていることが多い。この日彼女は以下のようにメモを読み上げた。

ルイザ：　オーケイ、今日読むのは「とにかく（Anyway）」というメッセージよ。私の姉妹がEメールでこれを送ってくれたとき、「これだ！」って思ったわ。「人は時に聞き分けがなく、滅茶苦茶で、自己中心的になることがある。それでもとにかく許しましょう。あなたが親切にしても、人はあなたのことを利己的で何かを企んでいると非難することがある。それでもとにかく親切でいましょう。あなたが成功者になったとき、あなたは偽の友人や真の敵と出会うかもしれない。それでもとにかく成功者でいましょう。あなたが誠実で正直であったとき、人はあなたを騙すかもしれない。それでもとにかく誠実で正直でいましょう。あなたが何年もかけて築き上げたものを、誰かが一夜にして台無しにするかもしれない。それでもとにかく築き上げていきましょう。あなたが穏やかで幸福であるとき、人はあなたを妬むかもしれない。それでも

とにかく幸福でいましょう。あなたが今日いいことをしても、人はそれを明日には忘れているかもしれない。それでもとにかくいいことをしましょう。世界にあなたの持つ最上のものを与えたとしても、それは全然十分とはいえないかもしれない。それでもとにかくあなたの持つ最上のものを与えましょう。そう、結局のところ、すべてはあなたと神とのことであって、あなたと誰かのあいだのことではないのだから」。

ルイザが読み終えると同時に共感の笑い声と拍手が場を満たす。「ワォ！」とか「いいね」という声に混じって、ナンシーに向けた「説教のときに使いなよ！」という冗談めかした野次が飛ぶ。当のナンシーは澄まして受け流すと、最初の新患の名前を読み上げる。

この日の最初の報告は、ソーシャルワーカーのシェリーから行われた。

シェリー：　ロバート・チェルカスキーさん、78歳、男性。ワシントン・アベニューのサンセット・ヒルズ（高齢者向け福祉施設の名前）に2月から入居している。先週土曜の発作以来、昨日はじめて自宅に戻った。呼びかけには反応を示し、話すときには目を開けて話す。左半身に麻痺がある。食物を嚥下できず、先週土曜から経口摂食ができていない。あたしよりちょっと若いくらいの娘さんが1人いる。環境はよくない。サンセット・ヒルズではこういうケースはなかったからかも。たくさん処置をする必要があり、1日中要看護の状態。寝たきりで起き上がることもできない。付き添ってあげられる人もいないし、気持ちが追い込まれているみ

たい。でも、まだ少なくとも数週間は大丈夫だと思う。私は大体ずっと４階の看護師のジャネットと一緒にいたわ。１階ごとにベッドは８つあるの。スタッフはとても献身的で、患者さんのためにできる限りのことをしているわ。でも残念なことに娘さんはお見舞いにはあまり来ないの。私たちのスタッフが毎日訪問するようにって話しておいたのだけど、施設としては忙しすぎるからランチ・タイムだけでいいって考えみたい。患者さんは無視されてしまうことになるから、何か手を打たないといけない。毎日看護する必要がある。

　米国のホスピスの実践を理解するうえで重要なことは、そこで行われているのがわが国のいわゆる「在宅ケア」とは異なり、患者が自らの住まいとして選んだ場所であれば、病院や、この例のような高齢者向けの福祉施設の中へと出かけていく点である。その場合、ホスピスのスタッフは入居先のスタッフと連携し、適宜分業しながらケアを行う。

　　シェリーの報告はさらに続けられた。患者の生活実態を伝える中で彼女が特に強調したのは、部屋一杯に持ち込まれた玄人裸足の自筆の油絵と、「彼は親切博士だ」と讃えられる温厚な人柄によって、施設のスタッフから彼が深く愛されているという事実であった。
　話がひと段落ついた時点で、ナンシーがスピリチュアル・ケアの必要性について尋ねた。シェリーが本人の落ちついた性格について言及し、不要だと意見を述べた。そこに、患者の娘からボイスメールを受け取ったという訪問看護師のバーブが割って入り、患者ではなく、彼女にこそカウンセリングが必要ではないか、と主張する。バーブの意見を、患者を看ているもう１人の訪問看護師であるデイジーが支持した。

スピリチュアル・ケアの必要性についてひとしきりの議論があった後に、デイジーの話は病態の報告に移った。

デイジー：　彼らがホスピスに電話してきた理由は、彼がひどく朦朧とした状態になってしまったからなの。彼は痛み止めのパッチをすでに貼っていて、私は注射もするために行くべきだと思ったのだけど、私には適切な薬の持ち合わせがなかった。このこともちょっと話し合うべきだけど、まあ結局私たちは彼に痛み止めのパッチをもう1枚貼ることにした。それで、ええっと、でも結局私が到着してみると、彼は静かに休んでいたの。ベッドの上できちんと身を起こして座っていたわ。しっかりした様子で、話そうとしていた。彼は涙もろい方じゃないのだけど、話すこともままならなくなっていて、もうぎりぎりといった感じ。「発作のせいで話すことができないのよ」と伝えたわ。そうしたら、本当のことなのだけど、彼は笑ったの。お腹が空いたのって訊いたらそうだと答えた。私は「看護師が様子を見るためにもうすぐ来るから、そしたら彼女が何か食べられそうなものを持って来てくれるわ」と言ったわ。

シェリー：　食べ物を嚥下できないんじゃなかったの？

デイジー：　わかっているわ。「もし起き上がれるなら、なんとか食べられるかもしれない。寝たままだと喉を詰まらせるかもしれないから」。彼の意識ははっきりとしていて、状況に強いストレスを感じているようだったけど、寝ているより座っているほうが楽だと言ったわ。でも疲れているって。たくさん動きすぎたし、たくさんの

	人が来たから。
シェリー：	いつそこを後にしたの？
デイジー：	6時か7時ね。
シェリー：	私は4時。彼は少し頑張りすぎちゃったのかもね。
デイジー：	わかった。とにかく発作後の78歳の男性としてはまあまあよくなっていたわけね。
シェリル：	でも食べられないのよ？
デイジー：	それはそれよ。在宅に戻れるかもしれないわね。
シェリル：	もし彼がしっかりしているようなら、彼が病院に留まりたいかどうか、希望を訊いてみたら。
ストゥーデ：	飲み物はどう？
デイジー：	ものは飲めない。
ストゥーデ：	嚥下することはできるかと思うのだけど？
デイジー：	咳があるの。痰をきろうと努力はしているんだけど、その力は残っていないみたい。
ルイザ：	唾液は嚥下しているの？
デイジー：	嚥下できていないように見えるけど、飲み込んだような音は出していたわね。

3-3　多職種チームを構成する専門家たち

　ホスピスは、患者の疾病を治療するのではない。問題を抱える患者を全人的にケアし、併せて、患者をケアする家族を支えることを目指す。この目的のために、ホスピスでは、狭義の医療職に止まらない、多くの専門家がチームを作る。各スタッフは、自分の専門を活かしつつ、他のスタッフの仕事を尊重し、一丸となってケアを提供する。その象徴が、「多職種チーム会議」と呼ばれる毎週の定例会である。スタッフは、それぞれのケースについて、専門の垣根を越えて意見を交換し、状況の確認とケア・

プランの修正を行う。

　筆者が訪れたホスピスの1つでは、次のような言葉が額に入れて掛けてあった。

　　私たちは、チームである。私たちのそれぞれは、一枚の翼しか持たない天使である。私たちは、手を取りあうことで、はじめて舞いあがることができる。

　本節では、実践の全体像を把握する足掛りとして、各専門家の活躍を検討する。記述にあたっては、かくあるべしという教科書的な理念というよりも、現場でどのように実践されているかという点に重きを置いた。

3-3-1　医師
　ホスピスケアにおける医師の役割は、日米で対照的である。ケア全体の最終的な責任者、という位置づけ自体は同じであるが、米国ホスピスにおける医師は、現場から1歩距離を置いたアドヴァイザーに徹している。筆者が調査した2つのホスピスの場合、勤務する4人の医師は、全員非常勤であった。オフィスには、多職種チーム会議の時だけ訪れる。医学的な助言や処方箋など、医師のみが行える業務は、その際にまとめて処理される。

　ホスピスケアには、2種類の医師が関与する。患者それぞれの主治医と、ホスピスに所属する医師である。医師の意見が必要な際には、ホスピスのスタッフは、まず、主治医のオフィス・病院に連絡をとる。主治医との連絡がなかなかつかない場合や、緩和医療の専門知識が必要な場合には、ホスピス医に連絡がとられる。通常オフィスにいないホスピス医には、緊急連絡用のポケットベルが渡されている。主治医は、患者の病歴を最も良く知っているだけでなく、何らかの理由で患者がホスピスを離れても、関係を維持するため、情報面で優先されているのである。

医師は、ケアの要所を監督する。ケアの方針決定や多職種チーム会議に医師が参加することは、メディケアのホスピス認定基準に盛り込まれている。薬剤の処方にも、基本的には、医師のサインが必要である。また、ホスピスの受け入れ、再受け入れの際に、余命を予測し、ホスピスケアを受ける資格があるかどうか判断することも、医師のみができる大切な仕事である。

　その一方、多くの職種が患者・家族宅を訪問するにもかかわらず、医師の往診はごくまれである。医療的な情報は、看護師からの報告によるところが大きい。ホスピスでは、医療面で看護師が判断に困った場合、まずベテラン看護師に相談し、問題が残れば、医師に連絡を取る。それでも解決しない問題は、ごくまれにしかないが、その場合には、医師の往診ではなく、入院ケアが選ばれるのが普通である。

　わが国の現状と比較した場合、米国での医師の役割の限定性は明らかである。これにはいくつかの理由が考えられる。第1に、患者に直接会って、情報を最初に取り、分析する役割を、医師ではなく、看護師が果たしている。医師の役目は御意見番である。第2に、役割分担の徹底がある。わが国の医師は、たとえば告知に先立って、患者の人生観や家族関係を評価するなど、実際には、狭義の医療的介入を越えた、多様な役割を背負い込んでいる。これに対し、米国ホスピスでは、チーム全体に役割と責任が分散されているのである。

　このような状況は、医師が、他のスタッフを、十分に信頼することで、初めて成立する。その一方、ホスピスを信用しない主治医は、患者にホスピスケア自体を勧めない。死を医療の敗北と見なし、ホスピスに差別的な目を向ける医師は、未だ多数派を占める。ホスピスのスタッフは、地域の医師それぞれの考えをよく知っている。ホスピスに否定的な医師が患者の主治医である場合には、十分なコミュニケーション上の配慮を行う。

3-3-2　看護師

　看護師は、名実ともに、米国ホスピスの主役である。ホスピスの活動を語ること自体が、看護師の役割を語ることになる。

　ホスピスには、スタッフ看護師、監督看護師などと呼ばれる、専属の看護師と、それを補佐する非常勤の看護師がいる。各ケースには、必ず1人、専属看護師が担当につく。筆者が訪れたホスピスでは、1人の看護師は1度に10ケース前後を担当していた。

　米国ホスピスでは、看護師は、基本的に、自分で車を運転し、患者・家族宅を訪問する。訪問頻度は、プログラムの内規や症状の重さによって、週7日から2週に1度まで、幅がある。看護師は、医療的処置のほか、心身の状態チェック、患者・家族のニーズの評価、薬剤や医療器機の扱いに関する教育、オピオイド[6]の管理、その他の必要に応じた即興的な処置を行う。

　また、ケア・プランの作成、チームの協調管理などでも、中心となって活躍する。米国ホスピスでは、スピリチュアル・ケアやボランティアは、追加的な扱いで、希望する患者・家族のみが受ける。しかし、看護師のケアを受けないケースはない。継続的なケアの中で、看護師と患者・家族の間には、しっかりとした信頼関係が築かれる。この絆は、他のスタッフから寄せられる、絶大な信頼にも繋がる。

　看護師の活動には、かなりの主体性が要求される。裁量も大きいが、責任も重い。看護師は、関連雑誌や講義などを通じて、最新の知識・技術を

---

[6]　オピオイド（opioid）とは、コデイン、モルヒネ、その他の天然薬物ないし合成薬品で、中枢神経及び末梢神経系にあるモルヒネ受容体に作用してモルヒネ様作用を及ぼす薬品の総称である。緩和ケアに関する記述の中では「麻薬」（narcotics）という呼称は、歴史的な会議の名称を示す場合などの例外を除き、使用されない。これは、麻薬という言葉は、法律的な意味で用いられた場合には、薬理学的には麻薬でないもの、たとえば大麻やコカインなども含めてしまうため、この用語法の差による誤解を避けるためである。

保つ。判断に迷った時には、ベテラン看護師の助けを求める。

　米国のホスピス看護師の役割には、わが国では医師の役割とされることが、幾つか含まれている。

　第1に、診察を含め、患者・家族の状況評価（アセスメント assessment）は、主として看護師が行う。患者がホスピスに受け入れられると、看護師は24時間以内に訪問し、初期アセスメントを取る。その後も、看護師は定期的に患者宅を訪問し、アセスメントを繰り返す。情報を最初に手にすることは、看護師がホスピスケアの主導権を握る上で、極めて大きな意味を持つ。医師もまた、看護師の報告に、全幅の信頼を置いている。この信頼は、米国のホスピス看護師が、知識と実績を培い続けた成果である。

　第2に、訪問先で行う即興的な処置と、医療的な指示がある。医師は多忙であり、連絡を試みても、指示に時間を取る場合が多い。一方、看護師が患者・家族宅に留まる時間は限られている。目の前には、迅速なケアを要する患者がいる。必然的に、看護師は、自分自身で判断して、処置を行うことになる。これには、オピオイドのある程度の増量や、わが国では専門医が行うような、重い床ずれのケアも含まれる。また、病状を判断し、将来の変化や必要な指示を事前に与えることも、ホスピス看護師の大切な役割である。

　第3に、ケアの方針決定でも、看護師が中心的な役割を果たす。特に薬剤については、医師が、処方の権利を、ある程度まで看護師に譲渡する、独特のシステムが取られている。多職種チーム会議を取り仕切り、患者の容態を報告するのも、医師ではなく、看護師の役目である。看護師は、他のスタッフの調和を保ち、ケア全体をコーディネートすることにも責任を持つ。スタッフが問題に直面した時に、まず相談するのは看護師である。患者の受け入れや、他の医療機関への移動も、看護師の意見が強く反映される。

　相応の力量が必要なホスピス看護師には、資格取りたての新人ではなく、すでに何年か経験を積んだ者が採用されることが多い。それでも、ホスピ

ス独特の知識や考え方の体得には、かなりの時間がかかる。筆者の訪問したホスピスの例では、まず、教科書やビデオを使った講義、訪問ケアの随伴を通じて、ベテラン看護師が半年間、マンツーマンで指導する。その後、単独での訪問が始まり、実践の中で出る様々な疑問を、先輩看護師が支え続ける。1人前のホスピス看護師として認められるには、最低1年はかかる。

一方、現場で十分に経験を積んだ看護師は、オフィスに常駐する役職に就き、後進の指導に当たる。ケア全般の生き字引として、若手の看護師が訪問先で判断に困った場合などに、素早く助言するのである。

また、「ホスピス長」、「臨床部長」（clinical manager）など、ホスピスの運営や、ケア全体を統括する役職にも、看護師が就くのが普通である。

3-3-3　ソーシャルワーカー

ホスピスケアの大きな目的は、患者と家族を一体のものとしてケアすることである。ソーシャルワーカーは、この目的の達成に、非常に大きな貢献をしている。それにもかかわらず、医師や看護師の役割に比べ、ソーシャルワーカーの役割（ソーシャルワーク）があまり知られていないのは、多彩かつ繊細な活動であり、ケース毎に大きく変化するからである。また、米国では、ソーシャルワークが学問・職業として確立されているのに対し、わが国では、位置づけがまだ不安定である[7]。以下では、ホスピスケアにおけるソーシャルワーカーの活躍を、少し詳しく見てみよう。

ホスピスのソーシャルワーカーは、看護師と同様、基本的には単独で、患者・家族宅を訪問する。一般に、訪問頻度は看護師より少なく、1〜2週間に1度が普通である。訪問先では、患者と家族の両方、またはどち

---

[7] ホスピスを含め、米国のヘルスケア・システムで働くソーシャルワーカーは、専門の大学院でソーシャルワークの修士号を得てから実践にあたるのが普通である。

らかと、30分から1時間程度、話し合う。ケースによっては、ソーシャルワーカーの訪問が拒否される場合がある。そのような際は、看護師に同行するなど、最低1回は患者・家族宅を訪れ、ソーシャルワーカーの仕事がどういうものか、説明するよう心掛ける。患者・家族に、必要な時には、支えの手を差し出す者がいる、ということを、伝えておくのである。

ホスピスケアにおけるソーシャルワーカーの役割は、大きく4つの側面を持つ。

第1の側面は、患者・家族の周りの社会的環境のアセスメントである。患者がホスピスに受け入れられると、ソーシャルワーカーは、社会関係の見取り図を作る。関係のどこかに問題があり、何らかの支援が必要と考えられる場合には、それも書き加える。筆者が訪問したホスピスでは、図3-1のような、状況を視覚的に理解できる、専門の用紙を使用していた。用紙は、記入後、コピーされ、チーム全員に共有される。家族関係の把握は、患者のケアに役立てる意味ももちろんあるが、ホスピスケアでは、家族を支えること自体が、1つの大きな目的なのである。

第2の側面は、カウンセリングである。わが国では、身体的、精神的、社会的、スピリチュアルという全人的ケアの4側面が有名であるが、米国ホスピスのソーシャルワークでは、「心理社会的」（psycho-social）という言葉が良く用いられる。そこには、分かち難く結びつく、情緒と人間関係を、同時にケアする意味が込められている。

死が近づく時、患者と家族は、体や心の痛み・変化、やり残した仕事、人間関係の不和、経済問題など、多くの不安の種を抱え込む。在宅ケアの場合、その続行自体も、常に患者・家族の不安の原因となる。死が迫り、緊張が高まる中で、それまで家族の中に潜在していた根深い問題が表面化することも少なくない。

ソーシャルワーカーは、他のスタッフとも相談しながら、最善と思われる選択を探す。しかし、その選択を患者・家族に伝える時には、必ずしもそれを取る必要はなく、最終的に選ぶのは、あくまで患者と家族だという

図 3-1　ソーシャルワーカーが用いる見取り図「エコ・マップ」(フォーマットと一例)

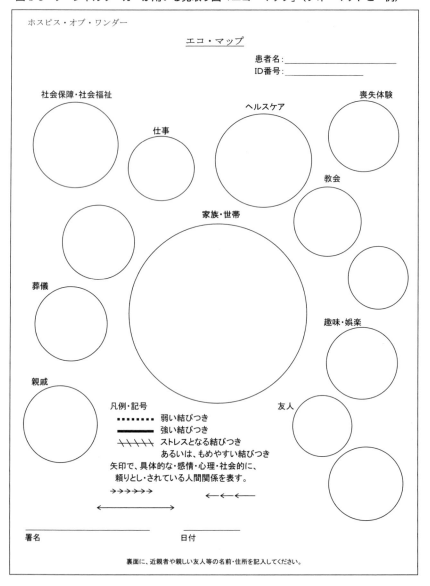

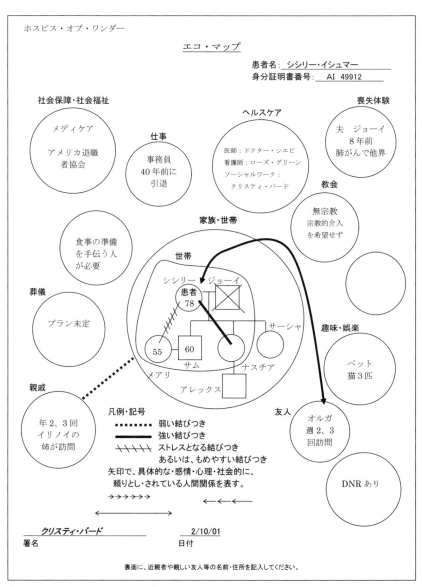

〈編者註〉図の題名は編者による。[H.W.]

第3章 米国ホスピスの素顔　111

ことを強調する。

　カウンセリングにも幾つか特徴がある。ソーシャルワーカーの対話は、自分が話す時間よりも、相手の話に耳を傾ける時間の方が圧倒的に長い。傾聴には、相手の考えを肯定し、尊重する、積極的な意味がある。その患者、その家族にとって、別離は、いつも、初めての、かけがえのない体験である。だからこそ、今起こっていること、今自分たちのやっていることが、本当に正しいことなのだろうか、という、当人にしか分からない、深刻な苦悩が続く。ホスピスのソーシャルワーカーは、様々な資料を提示しながら、自分の豊かな体験を共有することで、患者・家族の目前の事態が、本当に自然なことで、誰しも必ず体験することなのだ、と肯定することができる。

　もう1つの手法は、ものごとの別の見方を提案することである。患者・家族が、深刻な問題に直面し、立ちすくんだ時、ソーシャルワーカーは、必ずしも状況を変えるのではなく、別の解釈、「語り」を提示する、という形で、状況をより受け入れ易いものにすることを目指す。たとえば、多くの家族にとって、患者が食事を取らなくなることは、本当に耐え難く、認め難い出来事である。ソーシャルワーカーは、体の活動が自然の流れに沿って閉じるのだから、エネルギーを受けつけなくなるのだ、ということ、身体的機能が弱った状態で、食事を無理強いしても、患者の安楽には逆効果であることを、丁寧に家族に説明する。また、食事を取らせたいのは、本当に患者のためなのか、自分自身の不安のためなのか、家族に自問してもらう。患者が食事を取らない状況そのものが変わったわけではない。また、以上の説明で、家族がいつも納得するとは限らない。ソーシャルワーカーは、新しい見方を提供し、状況を乗り越える可能性を少しでも広げようとしたのである。

　カウンセリングの目的は、何かを諭し、勧めるのではなく、患者・家族が自分の問題を映す鏡になることである。患者・家族は、ソーシャルワーカーと話し合う中で、自分で自分の問題を発見する。発見は、具体的な対

処へと繋がる。本人が認識すること自体が、問題の解決そのものになっていることもまれではない。

　第3の側面は、ヘルスケア・システムの制度的な知識を提供することである。米国の医療・社会保障制度は、公的・私的制度が複雑にからみあい、わが国とは比べものにならないほど複雑である。医療・福祉機関も、高齢者向けのものにサービス病院やホスピス・サービス、症状の重篤度に応じて介助の段階が異なる居住施設、デイケア・センター、訪問看護サービス、訪問介護サービス、アルツハイマー病など特定の疾病専門の療養施設など、実に多様で、受け入れの資格や料金システムも、さらに細分化されている。ソーシャルワーカーは、ホスピスだけでなく、これら複雑多岐にわたるヘルスケア・システムをよく理解し、患者・家族が有利な社会保障を受けたり、ホスピスから別の医療・福祉機関へ移動したりすることを助けるのである。

　第4の側面は、遺族のケアである。患者が亡くなった際、ソーシャルワーカーは、患者と家族が十分に別離の準備ができていたかどうかを評価し、遺族ケア・コーディネーターに伝える。また、ホスピスの中には、遺族ケアを専門とするソーシャルワーカーを雇うプログラムもある。

3-3-4　スピリチュアル・ケア・コーディネーター

　この職業を説明する前に、「スピリチュアリティ」(spirituality、スピリチュアル spiritual の名詞形) について説明する必要がある。

　スピリチュアリティは、わが国のホスピスケアの入門書の鬼門となっている。しかし、その不可解さは、知識人が作った幻の壁である。同語は、英語圏では日常語である。物の豊かさから心の豊かさへ、という時流とあいまって、昨今ではちょっとしたブームにさえなっている。確かに、日本語に訳す際、完全に重なる1つの言葉を探すのは容易ではない。しかし、実存的問題など、難しい言葉を用いたのでは、却ってその直観的な語感が損なわれる。

ホスピスケアにおける「スピリチュアリティ」とは、「その人の生に意味をもたらすものごと」に他ならない。日本語に無理に直そうとすると、「信念」、「生きがい」、「楽しみ」、「喜び」、「意地」、「希望」、「誇り」など、多くの言葉をまたいで重なってしまう。しかし、決して難しいことを指しているのではない。

　もう1つ大切なのは、以上の言葉は、あくまで「箱」であり、実際のスピリチュアリティは、その中に入る、もっと具体的で、個人的なものだということである。それが何であれ、その人にとっては特別で、その人の生を意味づけ、方針を与えるならば、それが、その人にとってのスピリチュアリティである。普遍的な価値でも、その人にとってしか意味がないこともありうる。ずっと貫いている信条だけでなく、1度きりの事件や体験も、その人の生を支えるスピリチュアリティになりうる。

　もちろん、その人にとってのスピリチュアリティが、特定の宗教である場合もある。しかし、宗教は、スピリチュアリティの一形態に過ぎない。スピリチュアリティと宗教の関係は、前者が後者をその一部として包む関係である。ホスピスでは、「この患者は、特定の宗教を持っていないが、とてもスピリチュアルな人物だ」という表現を聞くことができる。実感としては、米国ホスピスがケアする人々も、もっと個人的な信念や、家族、仕事などを、スピリチュアリティの核としていることが多い。

　スピリチュアリティの容認は、宗教や難解な哲学以外にも、死を意味づける「語り」があることを認めることである。これは、特定の宗教を強要しない、ホスピスの自戒に繋がる。コップの中の飲み物に名前がないからといって、コップの中に何も入っていないことにはならない。そこに名前のある飲み物を、わざわざ注ぎ込む必要などないのである。

　スピリチュアル・ケアは、その人が持つスピリチュアリティを尊重し、支えることを目指すケアである。筆者が訪問したホスピスでは、神学校な

どで長い歴史を持つ、パストラル・ケア[8]とも同一視されていた。

　スピリチュアル・ケアを専門とするスピリチュアル・ケア・コーディネーターには、確かに宗教者が多い。筆者がフィールドワーク中に会ったスピリチュアル・ケア・コーディネーターは5人いたが、うち3人は、神父、修道女、牧師であった。しかし、これは、その人が宗教者だから採用されたのではなく、宗教者として培った、様々な経験や、対話の技術を買われているのである。むしろ、宗教者は、自分の信仰が、スピリチュアリティの多様性を容認する邪魔になったり、自分の宗派以外の信仰を持つ患者・家族から敬遠されたりする恐れがあるので、それ以外の者より不利な面さえある。

　宗教者がスピリチュアル・ケア・コーディネーターとなる場合には、自分の信仰から距離をとり、少なくともそれを冗談にできるくらいの余裕がなければならない。ある多職種チーム会議で、ソーシャルワーカーが、家族構成を報告する時に、患者の子供が10数人いることに触れた。一堂が感嘆の声をあげた瞬間、参加していたスピリチュアル・ケア・コーディネーターの神父が、すかさず一言、「素晴らしきカソリック教徒」とつぶやき、爆笑を招いた。中絶を禁止し、多産を奨励するカソリックの建前を、神父自身が冗談にしたのである。

　スピリチュアル・ケア・コーディネーターの実際の仕事は、患者・家族を訪問し、話合いの場を持つことである。その意味で、ソーシャルワーカーの職務と重なる部分が多い。談話のほとんどは世間話で、時折、生活の悩みや、家族の絆について触れられる。

　また、スピリチュアル・ケアは、オプション的な位置付けである。患者・家族から断られることも多い。その場合、訪問の無理強いは決してない。人生のデリケートな部分を扱うスピリチュアル・ケア・コーディネー

8　パストラル・ケアとは患者の所属する宗教の宗教的指導者が与える精神的なケアのこと。

ターには、相応の配慮と寛容さが求められる。電話で確認し、50分車を運転して面会した患者に、玄関口で、気が変わった、と言われ、そのままオフィスに引き帰すようなこともある。

　患者・家族が特定の宗教を持つ場合、その宗教組織と連絡を取り、両者の交流を取り持つのも、スピリチュアル・ケア・コーディネーターの役目である。また、葬儀に関する相談も大切な役目である。葬儀の実施には、前もって相応の準備が必要であるが、多くの場合、家族には考える気持ちが起こらない。スピリチュアル・ケア・コーディネーターは、タイミングや経済的状況を十分に考慮した上で、葬儀について相談する。

3-3-5　介護助士

　米国ホスピスの「介護助士」は、投薬や包帯交換など、狭義の医療的行為を除く、ほとんどの身体ケアを行う専門家である。しかし、その活躍は、わが国ではほとんど知られていない。

　写真3-1は筆者が訪れたホスピスの介護助士である。特徴的な衣服は、スクラブと呼ばれる医療従事者用の作業着である。汚れた部分が目立ち、乾きが早い。米国ホスピスで、スクラブを着るのは、介護助士だけである（写真3-2を参照）。これは、介護助士が身体ケアの中心となっていることを意味する。

　一方、いわゆる家事は、介護助士の役割ではない。メディケアの規定では、建前上は、家事サービスも給付対象となっている。しかし、多くのホスピスは、そのための人的余裕がない。どうしても支援が必要な場合には、ボランティアを依頼するか、ホスピスの紹介する専門の派遣サービスから、患者・家族が自前で雇うことになる。

　正規の介護助士の資格を得るには、16時間以上の実習を含む、75時間以上の訓練プログラムを受講する必要がある。プログラムは、①コミュニケーション、②観察とケアの報告、③体温・脈拍・呼吸の測定、④感染症予防、⑤身体機能の理解、⑥清潔・安全・健康的な環境の維持、⑦緊急状

況の認識と対処、⑧患者の身体的・情緒的・発達的ニーズとその尊重、⑨衛生と身繕い（寝たままの入浴、スポンジ・洗面器・シャワーによる清拭、洗髪・洗面・ベッドのケア、爪と皮膚のケア、口内のケア、排泄のケア）、⑩安全な移動補助、⑪体位の取らせ方、⑫食べ物・飲み物の取らせ方、という12分野を含み、全ての科目で試験に合格しなければならない。資格の維持には、さらに年12時間の継続的講習を受ける必要がある。

写真3-1　スクラブを着た介護助士

　介護助士は、明確な意識を持つケアのプロフェッショナルである。写真のスタッフは「スクラブは自分のライセンス代わり」と語った。介護助士も、単独で患者・家族宅を訪問する。主な作業は、清拭やベッドメイキング、着替えの手伝いなどである。

　ホスピスケアにおける介護助士の活動は、全て、看護師の指示を受け、その監督のもとで行われるよう規定されている。しかし、これはあくまで建前である。介護助士と看護師の関係は、互いを尊重する、建設的なものである。介護助士は、分からないことは、常時看護師に尋ねる一方、訪問で明らかになった新しいニーズを看護師に報告し、必要があれば、薬剤の処方やケア・プランの修正まで提案する。看護師の側も、介護助士の意見と自立性を大切にしている。信用の大きさは、必要に応じてヴァイタル・サインの測定などを委託することでも分かる。介護助士は、看護師と緊密に連絡しているため、多職種チーム会議への参加は任意であり、特別な発言がある場合に限られる。

米国ホスピスの優れた点の1つは、看護師と介護助士が、同一のプログラムに所属し、綿密に連絡を取ることで、協調できる点である。顔の見える付き合いは、分業の境界作りや作業の補完を助け、互いの仕事を理解・尊重し合うことに繋がる。わが国で現在問題となっている、看護と介護の境界をめぐる摩擦は、米国ホスピスでは見られない。

3-3-6　ボランティア・コーディネーターとボランティア
　高い意欲を持ったボランティアは、米国ホスピスを支える大切な戦力である。ボランティア・コーディネーターは、その活動を、監督・調整する専門スタッフである。
　医療費抑制傾向が強いメディケアの規定は、ボランティアの養成プログラムを持つこと、雇用スタッフの全労働時間の5％に相当する労働をボランティアが行うこと、節約されたコストを金額に換算して報告することを、義務としてホスピスに課している。しかし、
　「でも、5％の規定を満たすのは、難しいことではないのよ」
と、筆者は語られたことがある。訪問した2つのホスピスでは、ボランティアの労働は、全体の10％を越えていた。
　ボランティアの役割は、主に次のようなものである。

①直接ケア
　患者・家族を訪問し、介護補助、家事手伝い、話し相手、買物の代行、散歩の付き添いなど、様々なニーズをサポートする。場合によっては、患者と釣りに行ったり、ペットの芸を見せたりもする。訪問後には、何をし、どう感じたか、ボランティア・コーディネーターに書類で報告することを義務付けられる。
②遺族ケア
　メディケアは、遺族ケアに対する補償を行っていない。ボランティアは、遺族宅の訪問、月々の手紙の送付、定期的な電話など、遺族を対象とする

ケアで活躍している。

③事務作業

　書類の整理、手紙の郵送、掃除や整頓など、ホスピスのオフィス業務を手伝う。また、ボランティア講習会で使用する部屋やファイルの準備も、大切な仕事である。

④広報

　コミュニティの会合や教会のミサなど、人が集まる場で、ホスピスを紹介する。

⑤イベント

　ホスピスは、広報や寄付の募集を目的として様々なイベントを実施する。ボランティアは、運営・実施の中心となって活躍する。

　ボランティア・コーディネーターは、以上の活動をまとめる正式なスタッフである。公的資格はないが、ボランティアの経験と高いコミュニケーション技術は、最低限要求される。

　患者の受け入れの際には、患者・家族に電話をかけ、ボランティア・ニーズのアセスメントを行う。相談では、ペットや喫煙癖の有無も参考にされる。ニーズが明らかになった後、ボランティア・コーディネーターは、登録ボランティアから適任者を選び、予定を調整する。1つのケースに1人のボランティアが対応するのが普通である。

　また、ボランティアの代表として、多職種チーム会議に出席することも、重要な役割である。各ボランティアからの報告内容を他のスタッフと共有すると共に、患者・家族の情報を集め、ボランティアの方針に還元する。

　ボランティアの募集と選別、講習プログラムの作成も、大きな職務である。講習の時間数や内容は、ホスピスによって異なる。大きなホスピスでは、基礎的な共通講義の後、希望する活動に応じた講習メニューを選択して受けるスタイルを取る場合もある。また、ボランティアの資格維持に、年数回の継続的講習の受講を求めるホスピスもある。

表3-1　ボランティア講習会のスケジュールの例（全6回、18時間）（ホスピス・オブ・ワンダー）

第1回 3月5日 月曜日	18:30	ボランティア・コーディネーター 　□出欠確認　□歓迎の言葉　□志願書、秘匿義務の念書、前科がないことの確認書の配布 　□ホスピスの一般定義　□プログラムの紹介　□ボランティアの役割
	19:00	講習会受講者による自己紹介、志望の動機
	19:30	ビデオ「ホスピス：体験の共有」の上映 → ディスカッション
	20:00	死の体験の認識 … 自分が一番大切な5つのものを紙に書き出し、死別の体験談を読み上げながら、それらを1つずつ取り去ることで、喪失の体験をイメージする。
	20:45	書類配布（プログラムのパンフレットなど）と内容確認
	21:00	終了。課題：配布した書類の記入
第2回 3月7日 水曜日	18:30	ボランティア・コーディネーター 　□出欠確認　□前回の「死の体験の認識」をどう感じたかについてのディスカッション 　□講習用ファイルの配布　□病歴に関する調書の配布
	19:00	ソーシャルワーカー 　□ホスピスにおけるソーシャルワーカーの役割　□家族の力学　□エコ・マップの意義
	20:15	ビデオ「死に臨む時：そこにいる、という贈り物」の上映 → ディスカッション
	20:45	ボランティア・コーディネーターによるまとめ
	21:00	終了。課題：病歴に関する調書の作成
第3回 3月10日 土曜日	09:00	ボランティア・コーディネーター 　□出欠確認　□導入　□課題の書類の提出
	09:15	ビデオ「死に臨む時：身体的安楽、精神的安楽、スピリチュアルな安楽の提供」の上映 　→ ディスカッション
	09:45	看護師 　□受け入れのガイドラインと手続き　□病気のタイプと死の過程 　□安楽さの追求　□痛みと症状のマネジメント
	11:00	ビデオ「感染症の予防」の上映（上映中に結核検査の注射を並行して実施） 　□感染症対策についての講習（看護師から）、小テストの実施
	12:45	ボランティア・コーディネーターによるまとめ 　□ホスピスに従事していることを示す証明書に署名
	13:00	終了。運転免許のコピー、名札用の写真撮影
第4回 3月12日 月曜日	18:30	ボランティア・コーディネーター 　□出欠確認　□導入
	18:45	ソーシャルワーカーのインターンを中心とするディスカッション 　□身近な看取りの体験を参加者全員で共有する
	19:15	もと理学療法士のボランティアを講師とする実習 　□医療器機の説明（ベッド、車椅子、歩行器、杖、酸素供給装置、おまる） 　□安全な患者の介助法、移動法　□実習とテスト
	20:45	ボランティア・コーディネーターによるまとめ、「キャンペーン1000」の説明
	21:00	終了。
第5回 3月14日 水曜日	18:30	ボランティア・コーディネーター 　□出欠確認　□導入
	18:45	遺族ケア・コーディネーター 　□遺族ケア・プログラムの概説　□悲嘆とは何か 　□身近な喪失の体験の共有 → ディスカッション
	20:15	ボランティア・コーディネーター 　□ホスピスの内部監査プログラムの説明　□まとめ
	21:00	終了。
第6回 3月17日 土曜日	09:00	ボランティア・コーディネーター 　□出欠確認　□導入
	09:15	スピリチュアル・ケア・コーディネーター 　□ホスピスにおけるスピリチュアル・ケア　□スピリチュアリティとは何か 　→ ディスカッション
	10:30	ボランティア 　□介護者の役割 → ディスカッション
	11:00	ボランティア・コーディネーター 　□ボランティア・ニーズのアセスメントと割り当て 　□訪問時に作成する報告書の書き方とサンプルのチェック → ディスカッション
	12:30	□ボランティア資格の認定　□修了式　□志願者が講習会を評価するアンケートの実施
	13:00	終了

表3-1は筆者が受講した6日間、延べ18時間の講習の内容である。初日には、テーブルに車座についた10数名の受講者が、自分の境遇と志望動機を順に語った。身近な看取りの体験、退職、子供の独立などが、志望のきっかけとなる。医学生や、引退した医療・福祉従事者の参加者も多い。また、死やホスピスについて考えるため、講習会だけ受けたい、という人も、暖かく迎え入れられる。

　各自に1部ずつ配布されるファイルは、厚みが5cm近くもあり、ホスピス概論、身体ケア、遺族ケア、ソーシャルワーク、スピリチュアル・ケアなど、項目ごとに分けた資料がぎっしりと詰め込まれている。真摯な教育姿勢からは、米国ホスピスのボランティアに対する期待と信用が伝わってくる。

　講習会では、各回のテーマに対応するスタッフが講師となり、自分の体験を交えながら、ホスピスの活動を解説する。形式は、いわゆるゼミナールに近く、参加者の積極的な発言が中心となる。そのため、受講者数は予め少な目に設定されている。参加者の意欲は極めて高く、質問には先を争うように手が上がり、課題を怠るようなこともない。

　ボランティアの活動には、自由と可能性がある。筆者が訪問したホスピスでは、ホスピスの認知度向上を目指し、「キャンペーン1000」という独自の活動を実施した。登録されていた84人のボランティアが、それぞれ12人の知人にホスピスについて話すことができれば、ホスピスを知る人が1000人増える。秘訣は、期間中、ボランティアが胸につけて歩いた、「このバッジについて聞いてみて」("Ask Me About This Pin")と書かれたバッジである。興味を持った人が尋ねると、企画の意図を話すことをきっかけに、ホスピスについて説明する機会ができる。ボランティアは、事前に渡された例題集を暗記し、質問に答える。いつ、何人に説明したかは、ボランティア・コーディネーターに報告される。ユーモラスな問答の寸劇を交えたキック・オフ・パーティで始まった企画は、10週間後、予測をはるかに超える、1806人の質問者を得て、大成功に終わった。何より、

この企画のアイディア自体も、ボランティアの中から出て来たのである。

3-3-7　遺族ケア・コーディネーター

　遺族のケアは、ホスピスが、家族をケアの対象に含めることの象徴である。

　遺族ケア・コーディネーターは、遺族ケアの実施・監督を専門に行うスタッフである。やはり公的資格はないが、宗教者やソーシャルワーカーの有資格者が当たる場合が多い。

　メディケアのホスピス認定基準には、13か月の遺族ケア・プログラムを持つことが含まれている。具体的内容はホスピス毎に異なるが、次のようなものが含まれる。

①直接ケア
　定期的な電話連絡によって、遺族の心身の状況を確かめ、別離について話す機会を持つ。問題がある場合には、遺族ケア・コーディネーターのカウンセリングや、ボランティアの訪問が実施される。
②カードや手紙の定期的な送付
　別離から2週間後、1か月後、3か月後……と、間隔を開けつつ、数回の郵送が行われる。
③追悼式の実施
　年に1度か2度、合同の追悼式を実施し、遺族同士が交流する機会を持つ。
④ワークショップの実施
　希望する遺族に対して、年に何度か、「悲嘆」(grief) とは何かを考え、体験を共有することを目指す、ワークショップを実施する。遺族を年代別に分けたり、ケアした家族以外の遺族にも参加を呼びかけたりするプログラムもある。
⑤教育活動

「悲嘆」に関する講演・出版物、地域の遺族会への紹介など、関連情報を提供する。

もちろん、実際にこのようなケアを受けるかどうかは、遺族の任意である。

多職種チーム会議への出席も、遺族ケア・コーディネーターの大切な職務である。患者が亡くなった際、看護師やソーシャルワーカーから、死去の状況や、家族の反応が報告される。この情報は、遺族ケアの出発点となる。

ホスピスは、引きこもりや自殺が危惧される場合を除き、悲嘆を自然な過程と見る。積極的な介入を避け、一種のセイフティ・ネットとして、距離を置いて見守るのである。患者の死去と、遺族ケアの開始の間に、2週間程度の時間が置かれることも、この考え方の1つの現れである。

患者が亡くなった直後、遺族が動揺するのは当然である。この時の介入には、効果も意味も無い。2週間という時間は、感情の爆発がある程度落ちつく、1つの経験的な目安である。遺族ケア・コーディネーターは、最初のカードを送付し、電話で状況を確認する。電話の目的は、遺族の状況のアセスメントである。別離を穏やかに感じたか、突然に感じたか、直前に患者以外の身近な人を亡くした経験があるかどうか、生活や仕事は以前と同じようにできているか、身の周りに世話をしてくれる人がいるか、死別の体験を語り合える相手がいるかなどが話題となる。遺族ケアでは、カードや電話をきっかけとして、別離を語る機会ができること自体に、意味があると考えられている。

ただし、生前のケアに比べ、遺族ケアは、形式的・事務的印象が目立つ。米国ホスピスが、遺族ケアに割くエネルギーは、相対的に小さい。現実的な理由は、メディケアが、遺族ケアの実施を義務付ける反面、その補償をしないことである。遺族ケア・コーディネーターの1人は、この状況を、一言、「馬鹿げてるよね！」と評した。ホスピスは、ボランティアや寄付

を活用することで、なんとか遺族ケアを続けているのが現状なのである。

3-3-8　その他の専門家

　ホスピスではこの他の職種も活躍している。

　患者の食生活を支える栄養士は、終末期の生の充実に大きく貢献する。栄養士は、栄養バランスの取り方、味や調理法の工夫、口への運び方などを、電話や訪問で指導する。栄養士は、患者が望む限り、食事や飲み物を取ることができるよう、何とか工夫する。流動食を活用することも多い。逆に、気の進まない患者に、家族が食事や飲み物を強要するような場合には、止めるように説得する。

　ホスピスによっては、多職種チーム会議に薬剤師を加える。患者が使用する薬剤のリストは長大なものになることが多い。また、緩和ケアには独特の薬剤の使用方針がある。薬剤士は、それぞれの薬の効果はもちろん、薬同士の相性や薬価を熟知し、看護師や医師の選択に助言を与える。

　また、ホスピスには、知識の維持・向上を助ける、スタッフ教育の専門スタッフがいる。これらのスタッフは、メディケアや全米ホスピス緩和ケア協会から毎日のように送られて来る膨大な情報を取捨選択し、必要なものだけを整理してスタッフに伝える。ホスピスの内規、記録・報告のための用紙、パンフレットなどの作成・改訂や、スタッフを対象とする継続的講習の計画・実施にも活躍する。

　運動や作業を通じて、日常生活動作の維持・回復を行う、理学療法士と作業療法士、コミュニケーション能力の維持・回復を行う言語療法士も、ホスピスのスタッフに含まれる。しかし、平均ケア日数が20日を下まわる現状では、これらの療法士のリハビリテーションが本来の威力を発揮することは難しく、オプション的な位置付けに止まっている。

3-4 ケアの流れ
受け入れから退出まで

3-4-1 ケアの手順

ここでは、受け入れから退出までのケアの流れを追いながら、その実践の特徴に迫ってみよう。

図3-2は、米国ホスピスのケアの流れの概略である。

ケアは、ホスピスが受け入れの打診を受けることで始まる。多くの場合、連絡は、患者・家族本人ではなく、主治医から来る。連絡を受けたホスピスからは、看護師が初回訪問に出向く。ホスピスケアが適当と判断されると、状況・ニーズに見合ったケアプランが作成される。このプランに従って、実際の訪問ケアが始まる。スタッフは、自分がケアする中で気づいたことを、多職種チーム会議で報告し、その後の方針について議論する。これを受けて、ケアプランが修正され、さらなる訪問ケアへと還元されていく。

逆にホスピスからの退出には、2つのケースがある。1つは、患者が亡くなった場合で、遺族ケアが始まる。もう1つは、患者・家族がホスピス以外のケアを希望した場合で、他の医療・福祉サービスへ、丁寧な引継ぎが行われる。

3-4-2 ホスピスの受け入れ条件

米国ホスピスと日本の緩和ケア病棟の最大の違いの1つは、受け入れの条件である。日本の場合、ホスピスの診療報酬制度が適用されるのは、がんとエイズの患者に限定される。このルールが作られた背景には、特別養護老人ホームなどで顕著な、いわゆる社会的入院を予防する意図があったと言われる。対照的に、米国では、病名を全く問わない。がんやエイズはもちろん、慢性の心疾患、肺疾患、パーキンソン病などの神経系疾患、果ては痴呆や老衰までも、ホスピスケアの対象になる。

図3-2　ホスピスケアの流れ

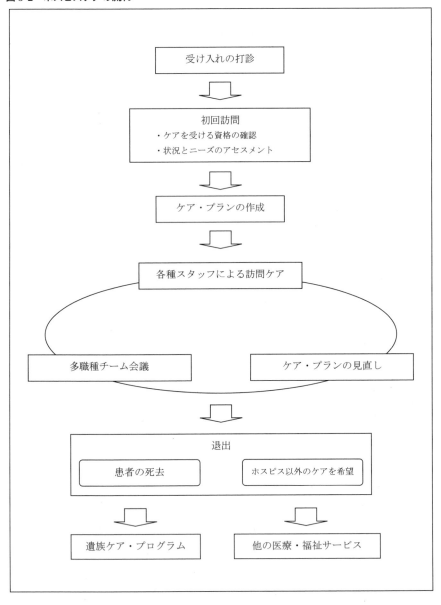

ただ1つの条件は、余命6か月以下、という医師の所見である。1度診断が下り、ホスピスに受け入れられてしまえば、実際には患者が6か月以上生き延びても、それだけを理由にケアから退出させられるようなことはない。筆者が調査を行った2つのホスピスにも、年単位でケアを受けている患者が何人かいた。それゆえ、問題は、その診断を受け入れること、診断を下すことそのものである。患者たちが自分で判断してホスピスに最初の電話をかけることは、極めて珍しい。ほとんどのケースでは、医師がまず、患者に選択肢としてのホスピスケアを提案し、同意を得た上で紹介する形を取る。逆に言えば、ホスピスという選択の前には、専門職の言葉抜きには越し難い、高く見えないハードルがあるといえる。

3-4-3 初回訪問

ホスピスは、打診から48時間以内に、受け入れの是非をアセスメントすることを義務づけられている。その際、実際に患者のもとに足を運ぶのは、看護師の役目と決まっている。

看護師は「ホスピスについて、何か知っていることは？」という最初の質問で、距離感を測る。世界最多のプログラムを有する米国でさえ、ほとんどの患者・家族はホスピスについて多くを知らない。また、紹介した医師が、ホスピスについて、十分な情報を伝えていないことは決して珍しいことではない。看護師は、患者の反応を見ながら、サービスの具体的内容や保険の適用を丁寧に説明する。ただし、立て板に水の口上を切るのではない。随所で呼び水のような質問をして、家族の注意をひきつけながらニーズを拾い上げていく。深刻な話題に触れる時にこそ、笑顔を効果的に使う。困難に面している人々が、自分が何に対してどのように困っているか、思い通りに順序良く説明できるとは限らない。むしろ、それがわからないから困っているのだ。そのことを知っているから、最低2時間、たっぷり時間をかけて話しあう。世間話や冗談もただの回り道ではない。一方で、深入りしすぎるのも禁物だ。抵抗を感じれば、その話題は早めに切り

上げる。実際のケアを通して信頼関係ができ、初めて話すことができるようになることも多い。

　初回訪問ではたくさんの書類が作成される。そのごく一部を紹介する。まずホスピスケアを受ける同意書がある。表 3-2 の通り、治療的医療を放棄して、ホスピスケアを選択する、というかたちを取る。サインは、手が動かせない、判断能力がない、といった例外的な場合を除いて必ず患者本人が行う。「主たる介護者」(primary care giver) の同意書も必要だ。主たる介護者とは、スタッフがいない間、患者のケアに責任を持つ者のことだ。普通は配偶者や子が当たる。常に患者の傍にスタッフをつけることが難しい米国ホスピスでは、責任者を明確にしてそれをカバーしている。また、看護以外のニーズも初回訪問時に大まかにアセスメントされる。特に介護助士が行う介護作業のニーズ・アセスメントは重要である。場合によっては「蘇生不要の依頼書」(DNR: Do Not Resuscitate Order) も作られることがある。自分が判断力をなくした時、延命的な処置をどの程度希望するか、予め意思を表明しておくための書類だ（表 3-3）。

3-4-4　ケアプランの作成

　米国ホスピスでケアプランを立てるのは看護師の役目である。受け入れ訪問を終えた看護師は、オフィスのベテラン看護師と相談する。どこでケアを行うか、どんな薬を使うか、どんな医療機器をレンタルするか、どのくらいの頻度で訪問するか。計画が具体的に練られていく。建前上、ケアプランは主治医またはホスピスの多職種チーム全体が作成することになっている。しかし、ホスピスケアの現場は常に時間との闘いであり、実際には看護師がまずプランを書き、患者の主治医までファックスして承認のサインをもらう。

　プランの一部に組み込まれる「標準医療指示」(Standing Medical Order/ Medical Standing Order)は、ホスピス看護師に寄せられた信頼の大きさを端的に示す証拠になる。そこでは終末期に典型的な幾つかの症状と、それ

表 3-2　ホスピス給付の承諾書の例（インディペンデンス・ホスピス）

ホスピス給付の選択

患者の氏名：＿＿＿＿＿＿＿＿＿＿＿＿＿＿＿＿　ID番号：＿＿＿＿＿＿＿＿

　私（患者）は、ホスピスケアが治療ではなく、緩和的であることを理解しています。ケアは、痛みのコントロール、身体的症状からの解放、精神的サポート、スピリチュアル・サポートを目的とします。ホスピスケアの開始は、私が、延命を目的とした、いかなる救命措置も望んでいないこと、また、現在、化学療法、放射線療法を受けていないことを意味します。

　私は、この契約を、「給付撤回宣言」に署名することで、いつでも解約できることを理解しています。

メディケアについて：

1. 私は、ホスピスケア対象のメディケア・プログラムを、インディペンデンス・ホスピスを通して給付されるよう、申請します。
2. 私は、メディケア給付が、私の主治医によって医学的に必要が認められた、2期の90日間と、それに引き続く各60日間のケアに対して支払われるものであることを理解します。
3. 私は、＿＿＿＿＿＿＿（日付）をもって、メディケアのホスピス給付を受ける代わりに、メディケア・パートAの権利を放棄します。もし、ホスピス給付を撤回した場合、メディケア・パートAを再開します。
4. 私は、ホスピスAによって、提供ないし手配されるものではない、あらゆるサービスについて、メディケア・プログラムから給付を受ける権利を放棄します（ただし、私の主治医から直接施されるサービスや、命を脅かしている疾病とは、直接関係の無いサービスについては、この限りではありません）。
5. 私は、私が受けるヘルスケア・サービスを評価するために、メディケアからの家庭訪問を受ける可能性があることを了解します。本状に署名することで、そのような訪問への同意を表明します。同時に、私はそのような家庭訪問を拒否する権利を有し、たとえ拒否したとしても、私のホスピス給付には、何ら影響がないことを理解しています。

　私たちは、ホスピスケア・プログラムに関するすべての質問に関して、十分な質問の機会を与えられたことを承認します。

　私たちは、上記の通り、ホスピス給付の選択について読み、同意したことを認めます。

署名：＿＿＿＿＿＿＿＿＿＿＿＿＿＿　メディケア番号＿＿＿＿＿＿＿＿　日付：＿＿＿＿＿
　　　　患者ないし代理人　　　　　　　　　　　　利用可能な場合のみ

署名：＿＿＿＿＿＿＿＿＿＿＿＿＿＿＿＿＿＿＿＿＿　　　　　　　　　　日付：＿＿＿＿＿
　　　　ホスピス代表　　　　　　　　　身分

（注）ここに見られるように、中・小規模のホスピスの中には、高価な化学療法・放射線療法を受けていないことを、受け入れの条件に加えているプログラムも多い。

表 3-3　蘇生不要の依頼書の一例（インディペンデンス・ホスピス）

インディペンデンス・ホスピス
緊急時のケアの限定に関する証明書
本紙が効力を発揮するためには、本紙を緊急時に提示する必要があります

本郡の外に居住する患者に関して：
本紙を完成後、救急救命サービスを提供する、居住地域の警察署または消防署に送付すること

患者の氏名：＿＿＿＿＿＿＿＿＿＿＿＿＿＿＿＿＿　生年月日：＿＿＿＿＿＿＿
住所：＿＿＿＿＿＿＿＿＿＿＿＿＿＿＿＿＿＿＿＿＿＿＿＿＿＿＿＿＿＿＿＿＿
　　　＿＿＿＿＿＿＿＿＿＿＿＿＿＿＿＿＿＿＿＿＿＿　電話番号：＿＿＿＿＿＿
主治医の氏名：＿＿＿＿＿＿＿＿＿＿＿＿＿　主治医の電話番号：＿＿＿＿＿＿
診断：＿＿＿＿＿＿＿＿＿＿＿＿＿＿＿＿＿＿＿＿＿＿＿＿＿＿＿＿＿＿＿＿＿
ケアの責任者の氏名：＿＿＿＿＿＿＿＿＿　ケアの責任者の電話番号：＿＿＿＿＿

効力を発揮する年月日：＿＿＿／＿＿＿／＿＿＿

ケアの限定（該当事項を全てチェックすること）
　□ 胸部の圧迫を拒否します　　　　　□ 電気ショックの使用を拒否します
　□ 人口呼吸器の使用を拒否します　　□ 気管へのチューブ挿入を拒否します
　□ 蘇生のための薬剤使用を拒否します□ ペースメーカーの使用を拒否します
　□ 昇圧剤の使用を拒否します　　　　□ 酸素吸入を拒否します
　□ 点滴の使用を拒否します
　□ その他の項目：＿＿＿＿＿＿＿＿＿＿＿＿＿＿＿＿＿＿＿＿＿＿＿＿＿

私こと＿＿＿＿＿＿＿は、自分が＿＿＿＿＿＿＿の主治医であることを証明いたします。私は、患者が不可逆的で治療不可能な疾病を患っていることを証明いたします。以上の証明と信念に依拠し、要請された医療的介入の限定は、倫理的、道徳的、法的に適切なものです。

＿＿＿＿＿＿＿＿＿＿＿＿＿＿＿＿
（主治医の署名）

私こと＿＿＿＿＿＿＿は、上記の医療的介入の限定手続きを理解し、同意いたします。

＿＿＿＿＿＿＿＿＿＿＿＿＿＿＿＿
（患者及び／または法的代理人による署名）

それに対する処置・薬剤を並べた表が「認められない項目を線で消した後、サインしてください」という文言の下に示されている。この書類に主治医がサインすれば、以後、看護師は独自の裁量で床ずれの処置や薬剤の発注ができるようになる。このような看護師のプランに対し、主治医はもちろん反対することもできる。しかし実際には、ホスピスに患者を紹介する主治医のほとんどは、そのスタッフに十分な信頼を置いている。例えばインディペンデンス・ホスピスの場合、標準医療指示の項目が削除されるのは、あって年に2、3回、それも特定の医師によってということだった。

　米国では1つのホスピス・プログラムが一貫して患者の選んだ場所でケアを提供し続ける。患者が自宅を選べば自宅に、ナーシング・ホームを選べばナーシング・ホームに、病院を選べば病院に、同じホスピスから同じスタッフが訪問を続けるのである。このようなケアの提供が可能になる背景には、2つの理由がある。第1の理由は、米国ホスピスがそれ自体で様々な専門職を有していることである。このため、終末期の患者・家族が抱える大抵の問題やニーズには、ホスピス・チームの内部で対応できるようになっている。わが国の現状との顕著な違いは、同じ機関に医療スタッフと福祉スタッフが共存することである。両者の協調・連携はケアの効率を目覚ましく向上させている。第2の理由は、米国ホスピスの報酬制度が在宅ケア、施設ケアの両方を視野に入れており、それ自体が包括的なものとなっていることである。これに対しわが国では施設ケアと在宅ケアをつなぐ一貫した報酬制度が作られていない。

　こうして作られたプランに沿うかたちで訪問ケアが開始される。

3-4-5　多職種チーム会議

　全人的ケアの提供には、スタッフ間の情報共有が不可欠である。しかし、訪問ケアが中心となる以上、スタッフ同士が直接顔を合わす機会は限られる。例外の1つは、朝一番のオフィスである。しかし、このような時間帯にも訪問の予定が入ることは珍しくない。また1対1の対話ではチー

写真 3-2　多職種チーム会議

ムの知識にむらができるし、何より非効率的である。そこで、ホスピスは、情報を交換・共有し、その後の方針を確認することを目的とする会議を定期的に開く。これが多職種チーム会議である (写真 3-2)。

　4 チームを有するホスピス・オブ・ワンダーでは、多職種チーム会議もチーム別に行われる。月曜の午前中は看護師のドリスのチームである。9 時 15 分、ドクター・アルバーンが到着した。チームリーダーのダイアナが小さい方の会議室に集まるよう、放送でスタッフを呼ぶ。一通りスタッフがそろった後、最初に発言するのは遺族ケア・コーディネーターのドンである。
　「今週は、4 人」
　前回の会議からの間に亡くなった患者と遺族の名前を読み上げる。どんな様子で亡くなったか、遺族は別れの準備を十分に整えていた

か、スタッフがそれぞれ意見を出す。集まった声は遺族ケアの初期アセスメントの一部になる。ドンがそれぞれの遺族に送るカードを回す。スタッフが一言ずつ、冥福の祈りや励ましの言葉を添えていく。

　続いて、訪問ケアを実施中のケースの検討が始まる。
「オーケイ、ミスター・ベイトソンから始めましょう」
　ダイアナが、アルファベット順に並んだケアプランから話しあうべき患者のものを抜き出す。各ケースは、最低2週間に1度チームによって検討され、ケアプランが更新される。これもメディケアのルールである。ホスピス・オブ・ワンダーでは毎週金曜日、患者のリストが配布される。そこには、患者と主たる介護者の名前・連絡先、主治医、病気の重篤度、ケア・レベル、担当スタッフのイニシャルなどが記されている。末尾には、ケース検討のスケジュール表がついており、実際の検討はこの表の順に沿って行われる。

　議事の進行には一応決まった流れがある。まずボランティア・コーディネーターのジルがボランティアからの報告を読む。「ニーナからのノート。『〇月×日。ミスター・ベイトソンはよい顔色。車椅子にかけたまま、居間でテレビを見ていた。夫人に頼まれて食料品の買い出しにいき、食事を作るのを手伝った。ミスター・ベイトソンはあまり多くは食べなかったがミルク粥は好きなようで、残さず食べた。食事の後、15分ほどカードで遊んだ』以上です」。次にスピリチュアル・コーディネーターのリズが報告する。「ミスター・ベイトソンは現在特定の宗教を持っていません。でも子供の頃カソリック教会に通っていたそうです。いまボブ神父と担当を交代できるかどうか話し合っているところです」。実はボランティア・コーディネーターとスピリチュアル・ケア・コーディネーターは訪問を断られることも多い。その時には一言、「断られました」（declined）とだけ述べる。3番手はソーシャルワーカーのクリス

ティである。患者の心境や家族の力学の変化に関して報告すること
が多い。「食事量の減少がやはりまだ気になっているようです。『ブ
ルー・ブック』[9]を使ってもう1度よく説明しました。メモリー・
ボックスの制作のほうは順調みたい。『いい本を紹介してくれてあ
りがとう』と感謝されました。それから、ちょっと気になったので
すが、夫人の腕に新しいあざがありました。ベッドにぶつけたとい
うことでしたが。もしこれからも増えるようだったら、改めてきち
んと聞いてみようと思います」。最後にコメントするのは看護師の
ドリスである。「ミスター・ベイトソンは82歳の男性。診断は慢
性心不全。先週の金曜に行った時には、痛みは1から2、増悪時
には7。オピオイドの使用はデュロジジックの湿布100mg、それに
突発的な痛みに対してロクサノール®20mgを任意で使用。脈拍お
よび血圧には特に変わりなし。胸の音はあいかわらずきれい」。看
護師の報告はこのような病状に始まり、患者・家族の生活全般へと
及ぶ。他のスタッフは熱心にメモを取る。ダイアナは議事を進行さ
せながら、ケア・プランに更新状況をまとめていく。興味深いのは
ドクターに特別な発言の順番がないことである。その役目はあくま
でも御意見番なのである。また、実際にはそれぞれの報告の最中に
議論がはさまれる。そのためもあってか、会議の終了時刻は決まっ
ておらず、すべてのケースを検討するまで、時には2時間以上かけ
られることもある。

　ここで、多職種チーム会議の性格を以下の3点にまとめてよう。

(1) 情報の補完と理解の構築
　専門知識を補いあうことはもちろんだが、患者・家族に関する情報を補

---

[9] 〈編者註〉『ブルー・ブック』については第7章を参照。[K.O.]

完しあうことも大切である。それぞれのスタッフは自分の専門以外の事柄についても積極的に報告・発言する。特定の患者・家族とスタッフとの相性の良し悪しはケアを始めてみなければわからない。またその心境は刻々と変化し、揺れ続ける。「そんな悩み、私には話してくれなかった！」ということは、ごく普通に起こる。ホスピスケアの実践では、職種に関係なくそのケースで親密な関係を作ることができたスタッフが率先して情報を集め、他のスタッフをカバーする。多職種チーム会議でも互いに情報を補い、パズルを完成させるようにして状況の理解を構築する。

(2)「何を不快に感じるか」を問題とする

　「終末期のQOL（Quality of Life、生の質）を可能な限り高くすることを目的とする」というフレーズは、わが国では「QOLを最大化する」という意味で解釈されている。特に訴えがなくても、医療的に状況を改善するために予防的な検査や処置が行われることもありうる。一方、米国ホスピスでは、患者・家族が何を不快に感じるか、という点を問題にする。状況が滞りなく進んでいる間は静観し、何か不具合が行った場合、明らかに起こりそうな場合にだけ手を出す。つまり、「できるだけ手を加えて、最大まで引き上げる」のではなく「足りないところだけ補って、満足できる状況に近づける」のである。手出しはむしろ少なければ少ないほど良い。この考え方は米国ホスピスの基本的性格とも言える。多職種チーム会議の報告では「変わりなし」（No change）なのか、それとも「衰弱中」（Declining）なのかが重要なポイントになる。特別な対策が講じられるのは後者の場合、それも衰弱の時期や早さが予想外に急激な場合だけである。

(3) 笑いとユーモア

　真剣な議論が交わされる多職種チーム会議は、同時に笑いとユーモアに満ちている。やや意外だが2、3分に1度は誰かが冗談を口にして、テーブルに笑いを呼ぶ。いつも不平をもらしケアに注文をつける患者が、珍し

く落ちついていた週があった。看護師が「今週は何もなかったわ」と感想をもらすと、横の医師がすかさず「ということは、何があったんだ？」とコメントを加えた。テーブルに、わっ、と笑いが溢れる。訪問ケアで目にした患者や家族のクセを声色や身振り手振りで再現するジョークも多い。もちろん皮肉やからかいの調子はなく、個性を温かいユーモアで包んで受け入れ、尊重しているのである。このような冗談はスタッフが観察・理解の共有を確認する手段でもある。深刻な問題を話しあうために深刻な空気を保つことが最善とは限らない。笑いとユーモアは、重い雰囲気を乗り越え、高い士気を保つための特効薬である。

3-4-6　別れの時

　患者が亡くなる前にはいくつかの兆しが現れるのが普通である。もちろんこれはあくまで目安に過ぎない。また、ケアの方針によっても時期がずれていく。たとえば、人工的な栄養・水分補給をしない米国のホスピスケアの場合、食事を全く取らなくなれば、余命は1〜2週間とされる。しかし日本の緩和ケア病棟の中には、点滴で栄養・水分を補給する施設も多い。場合によってはそれだけで余命は数か月延びることがある。

　その時が迫ることを、スタッフは「はっきりと亡くなりつつある」（actively dying）と形容する。訪問回数を増やす一方、家族が状況を受け入れることができるように説明を繰り返す。最後の時、ある家族は、様子がおかしいからすぐ来てほしい、と連絡してくる。別の家族は、自分たちだけで患者を看取った後、ホスピスに電話をかける。報告を受け、看護師が患者宅に急行する。看取りの訪問はすべての仕事に優先される。ミシガン州では看護師が死亡診断書を作ることができる。葬儀は専門の業者が取り仕切る。式は教会か、専門の斎場で営まれる。通夜の習慣はない。患者が亡くなると、その日のうちに業者が専門の車を出して遺体を引き取る。

　ホスピスを離れるもう1つのケースは、患者がホスピス以外の医療・福祉サービスを望んだ場合である。多くの患者はホスピスに入ると体の調

子が良くなったと感じる。

　皮肉なことに、その感覚が、もう一度苦しい手術や化学療法に立ち向かう勇気を抱かせる。その希望を摘み取ることなどできるはずがない。しかし現実には、そのような人びとの多くは、やがてホスピスに帰ってくる。近年のホスピス利用者の増加は、このような患者が重複して数えられることも影響している。

　以上、本章では筆者が実際にアップルタウンのホスピスで行った参与観察に基づきつつ、米国ホスピスの実態について記述した。

第 4 章

医療用麻薬の活用
薬に埋め込まれた死生観[1]

---

[1] 〈編者註〉本章では、前章の概要の視点がひとまず絞られ、薬物を用いた対症療法という具体的な事例を通じて、緩和ケアにおける多面的な実践が詳細に解説されている。本文は原著者が残した──比較的完成された──原稿とほぼ同様のものである。さらに、ここで論じられている主題の学術的な文脈をより精緻に位置づけるため、主に原著者が残した別の原稿、または原著者との私的会話に基づいて加筆した。[M.G.]

著者に、この中世のつづれ織りの写真を持ってきた1人の患者は、こう言った。「私の病気は、こんな感じなのです」〔ソンダース&ベインズ 1990〕

冒頭の1節は、疼痛緩和を論じた比較的初期の教科書的文献において、無数の頭を持つ龍の口絵に添えて置かれたものである。医療用麻薬は、現代ホスピス運動のリーダーたちが声高にその活動の妥当性を主張した時に、あるいは米国のホスピスケアの現場で訪問看護師が患者と家族に来たるべき危機の存在とそれへの対処を伝えるときに、常に彼／女らの手元に置かれていた。本章ではこの小さな人工物に焦点を当てることで、ホスピスをめぐる実践を、そこに登場する人物たちの視点とは別の角度から透視することを目指す。それは同時に、米国ホスピスの実践における「必須の通過点」〔ラトゥール 1999〕となった医療用麻薬が、それを取り巻く様々なアクターの関心を繋ぎ止める要として機能していく様子を描写する試みになるだろう。

本書においてこれまで展開した歴史的、民族誌的記述の中では、医療用麻薬という技術的要素の存在が、ホスピスをめぐる社会運動とその今日的なルーティンの中で特異な役割を果たしてきたことが折に触れて示唆されてきた。医療用麻薬は、終末期患者を苛む激しい痛みを和らげるという点で、比類ない効果を発揮する。その使用を定式化するために繰り返された臨床試験では、医療用麻薬の定時的経口投与が、単なる除痛にとどまらず、痛みの予期がもたらす不安（それは痛みの閾値を低下させるという悪循環を生む）や家族をはじめとする周囲とのコミュニケーション上の障害などに対しても、好ましい影響をもたらしうることが確認されてきた〔Ardery et al. 2003; Weschules et al. 2006〕。だが、医学界の一画において公然のルーティンとなる上でおそらくより重要であった発見は、医療用麻薬の安全性である。医療者のそれまでの常識とは裏腹に、これらの薬剤が生命を脅かすような深刻な有害作用をもたらすことを示す事例の報告は皆無に等しかっ

のである。便秘や吐き気といった予見しうる代表的な副作用については、対症療法が速やかに確立されていった。

教科書的文献や現場スタッフの語りの中で繰り返し提示される医療用麻薬のこのような薬理学的特性は、今日のホスピスにおける実践がいかなる仮定の上に成り立っているのかを理解する上で一定の重要性を有する。しかし、このような中立的、道具的な記述を収集するだけでは、医療用麻薬とその使用をめぐる種々の技術がホスピスケアの現場に与えている影響のごく限られた側面しか捉えられないだろう。

わが国の糖尿病センターでフィールドワークを行ったモハーチ・ゲルゲイ（Mohacsi Gergely）は、今日的な医療の現場、わけても糖尿病という慢性的な経過をたどる疾患を対象とする医療空間においては、薬剤が「実践される医療技術」として、文化と社会における差異の産出に様々な形で関与することを指摘している〔モハーチ 2008〕。薬剤は、「病気を治すもの」という単純な意味づけを超えて、病理と治療に関する科学的モデル、実践を取り巻く組織における協働や交渉、薬剤の使用を身につけながら差異化していく身体という重層的な空間を媒介する結節点として人類学者の前に立ち現われてくるのである。

以下では医療用麻薬をめぐる実践が、何を前提とし、どのような社会的な相互作用を引き起こし、いかなる身体化と抵抗を引き起こすか、ということを追跡しながら、米国における終末期ケアの過程に埋め込まれた死の実相を掴むためのさらなる手がかりを得ることを試みる。

4-1 医療用麻薬がもたらす差異

1970年代末の米国ホスピスで使われていた薬剤は、セント・クリストファー・ホスピスで活用されていた薬剤使用に基づくものである。モルヒネやメサドンなどの「抑制剤」（depressant）の溶液、エタノール、シロップ、香料の混合物であった。場合によってはそこにコカインなどの麻薬に

類する「興奮剤」（stimulant）を混ぜることもあったが、これは患者が覚醒状態を保つことを補助するためであった。

　疼痛管理のためのこのような混合薬は、通常 4 時間ごとに投与された。投与する量は、「痛みに関する正確な評価は患者の主観によるほかない」という原則に準拠し、その患者にとって最適な量が明らかになるまで、適宜加減された[2]。

　　　インディペンデンス・ホスピスの臨床部長を務めるシェリルに対し、ホスピス長のイレーンは「神様の贈り物」と喩えるほどの信頼を置いている。米国の同規模のホスピスの例に漏れず、インディペンデンス・ホスピスには医師が常駐していない。基幹病院で腫瘍専門看護師（oncology nurse）としてのキャリアを積んだシェリルは、患者宅を訪問するわけではない。彼女の主たる仕事は、訪問先で出会った不測の事態に当惑する訪問スタッフからの電話に対して、医学的な知識に裏づけられた助言を与えることである。インディペンデンス・ホスピスの新人看護師は、ホスピスに特有の医薬品の使用方法について、まずシェリルから教育を受けることになる。インディペンデンス・ホスピスに通い始めて数週間経ったころ、私はシェリルにミーティングで飛び交うオピオイドについて基礎的な事項を確認させてもらえないだろうか、と頼み、個人的なミニレクチャーを受ける機会を得た。

　「絵で説明していいかしら」

　シェリル（写真 4-1）は黄色いレポートパッドを取り出すと、慣

---

[2] また、まれではあるが、治療ではなく、疼痛緩和を目的とする緩和的（palliative）手術および放射線療法も提供されることがあった。このような処置を実施できるのは、当然ながら、しかるべき設備と技術を持つ急性期医療の提供機関との連携が必要であった。

写真4-1　ロクサノール®の使用方法を説明してくれるシェリル（インディペンデンス・ホスピス臨床部長）。

れた手つきでサインカーブのような波線を引いた（図4-1）。山と谷に当たる部分はややむらがある。

「このカーブが痛み。知っての通り、患者が感じる痛みには周期性がある。痛みを取るために、私たちは2種類のモルヒネを使う。1つはMSコンチン®のような、長く働くモルヒネ。蜂の巣のような構造で、ゆっくり放出される。MSコンチン®は8時間効くから、1日3回飲めばいい。デュロテップ・パッチ®は72時間効果が続くけど、薬の立ち上がりと抜けがもっと遅い」

説明しながら、シェリルは痛みのカーブの谷のいくつかが下に飛び出すような高さで横切る1本の直線を引いた。

「これでは足りない。患者はほとんどの時間、痛みを感じることになる」

彼女は次に、サインカーブの最も高い山に接する高さで2本目の

第4章　医療用麻薬の活用　143

図 4-1　疼痛治療のモデル

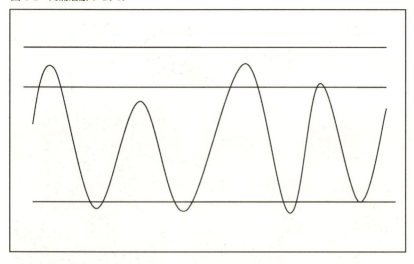

直線を加えた。

「これでは多すぎる。恐らく患者は意識をクリアに保ち続けることが難しくなる。不要な副作用も増える」

3本目の直線は、それよりもやや低い位置で引かれた。サインカーブの高い山のいくつかは、直線の上に頭をのぞかせている。

「これがベストの量。私たちはこの量をキープすることを目指す。この『突発痛』（breakthrough pain）をコントロールするのが、ロクサノール®」

シェリルは机の引き出しから新人教育用に使うロクサノール®の箱を取り出し、中の瓶とスポイトを見せてくれた。

「この付属のスポイトはうまく使えない人もいるから、うちでは針のない注射用シリンジを患者に渡すようにしている。ロクサノール®は早く効くモルヒネ。舌下に垂らすと10分くらいで立ち上がる。その分、抜けるのも早くて、2時間以内には出て行ってしまう。患者によっては苦みを嫌がる人もいるけど、飲みこめなくても使え

るのは利点。ほとんどの患者は、錠剤を飲み込むのが大変になってくる」

私は患者がモルヒネの用量を自分で決めて危険はないのか、と尋ねた。

「すごく安全。量が少なすぎる、多すぎる、両方考えられるけど、最悪の場合、つまり量を多く取った場合であっても、たいていは数時間、鎮静状態になるだけで目が覚める。見ての通り、このシリンジはとても小さいから、1度にたくさん入るようなことはない。あなたが心配していることは、わかる。でも、もし痛みがなく、がんではなく、死につつあるような状況でなければ、彼らは決められた量以上のモルヒネを使おうとするかもしれないけれど、私たちの使い方、私たちの患者の使い方は、すごく安全」

薬理学的特性の異なる医療用麻薬を組み合わせた疼痛管理について述べたこのミニレクチャーは、第2章で概観した、ソンダース以降の医療用麻薬の用法に関する技術的洗練の到達点を示すものであると同時に、米国ホスピスの歴史の記述の中で登場した医療用麻薬の、ケア空間における配置の必然性を明らかにするものである。ホスピスにおける医療用麻薬の位置づけの総括と見なしうるこの臨床部長の語りについては折に触れて立ち返ることとして、以下ではまず、医療用麻薬が米国のホスピスケア下における死の文脈の形成において不可欠な要素であると同時に、そのあり方に一定の方向性を付与していることを確認していくことにしよう。

医療用麻薬は、徐放錠や貼付剤によって適切な血中濃度を維持する予防的な活用と、突発的な痛みのピークを抑え込むための対症療法的な活用を組み合わせることで、副作用の発現を最小限にしつつ、効果的に身体的苦痛を和らげることができる。このような薬効がもたらした終末期の情景の変化がどれほど劇的なものであったかは、目をかたく閉ざし、眉間に皺を寄せ、歯を食いしばり、冷や汗を流し、嗚咽し、叫び、ベッド上で暴れま

わり、あるいは拳を握って体を小さく丸めこむ、といった、痛みによってもたらされる患者自身の身体的な反応が、かつての臨終の描写に占めていた割合を想起すればよいだろう。その不在こそが、まさに医療用麻薬の恩寵の顕れなのである。

　ソンダースをはじめとする現代ホスピス運動の主導者たちがたびたび強調したように、身体的苦痛と密接に結びついた抑うつ、心身の活動性の低下、コミュニケーションの不成立といった問題もまた、痛みを抑える医療用麻薬の効能によって、かなりの程度、対処可能なものとなったことを事実として認める必要がある。注射や点滴のような「侵襲的」(invasive) 手法を極力回避し、経口投与を基本として医療用麻薬の剤形と用法が発達した結果、患者が自宅で療養するのに十分な簡便さと安全性が確保されたことも等閑視するべきではない重要な変化である。

　だが、医療用麻薬が死の文脈にもたらした差異はそれだけではない。第2章における現代ホスピス運動の史的背景の概観では、延命を中核的価値とする終末期医療がいかにして批判の対象となっていったか、という過程を確認した。従来型の医療システムを局所的に破綻させるほどの強い抗議は、痛みが存在する、という事実そのものに対して向けられたものではなかった。それは、当時の医療現場で提供されていたルーティンが、終末期患者を取り巻く諸課題を解決することができないのではないか、という疑念から発せられたものなのである。

　ホスピスケア下で医療用麻薬の周囲に生じている現象は、これと明瞭な対照をなしている。医療用麻薬を処方され、その適切な使用方法について教育を受けた患者は、猛威を振るう痛みに対して、ただ早く過ぎ去ることを祈るしかなかった哀れな隷従者ではもはやないのである。彼／女らは医療用麻薬の血中濃度をコントロールすることによって、痛みの襲来を能動的に防ぐことができる。突発的な痛みが持続的に働く医療用麻薬の防壁を乗り越えてきた場合であっても、頓服として手元に置かれている舌下剤は、患者が自分自身の意思と行動によって、即時の応戦を試みることを可能に

する。彼／女らはまた、患者の一部が実際にそうするように、自らの意向に基づいて医療用麻薬の使用を取りやめ、痛みを「自分の人生の一部として引き受ける」という選択を行うことさえ可能である。米国ホスピスのスタッフが「自己効力感」(self-efficacy) と呼ぶこのような行為と状況の整合性の認識は、死の文脈の中で患者が能動的な役割を果たすために不可欠なだけではなく、ルーティンの正当性を確信する患者が文脈の構造を破綻させるような行動を起こさないようにするためにも重要な役割を果たしていると考えられる。

　同時に強調しなければならないのは、死の文脈の中に正当なルーティンを回復させた契機として、医療者もまた医療用麻薬の恩恵にあずかっている、という事実である。医療用麻薬の活用法が今日のような洗練を見ない環境下において、「医師や看護婦の間で認められている終末期患者への最も標準的対処法」は、「迫りくる死をまだ知らないので、そのことについて質問してきそうな患者や、迫りくる死を『受容』できずにいる患者、また激しい苦痛のなかで終末を迎える患者との接触を避けようとする」ことであった〔グレイザー＆ストラウス 1988：5〕。医療用麻薬の確立された用法に精通している医療者は、患者と死について語ることを躊躇しない。なぜなら彼／女らは、死の陰惨な側面としてしばしば真っ先に想起される痛みに対する恐怖を患者がぶつけてきたとしても、それに対して有効的に機能するルーティンを示唆することができるからである。そして、そのようにして医療用麻薬に関する情報を提供すること、適切な使用を監督すること、円滑な供給を媒介すること、といった医療者だけが果たすことのできるルーティンの出現は、彼／女らがそこに参与することの正当性を保証し、死の文脈をいっそう安定的なものにしているのである。

　さらにもう1つ、医療用麻薬には、米国ホスピスケアに携わる様々な相互作用の結節点となり、そこに居合わせる者の関心の焦点となるための重要な特性があることを指摘しておきたい。それは、計量可能なモノとしての側面が可能にする、本来主観的な知覚であるはずの痛みを外化し、媒

介する、という作用である。

　インディペンデンス・ホスピスの臨床部長の解説に立ち返ろう。彼女はまず、患者の痛みを表すカーブを描き、その痛みに対して医療用麻薬が過少ないしは過多に投与された場合に生じうる状況について説明し、最後に痛みに対して適切な量の医療用麻薬を使うことでどのような状況が成立するかを明らかにした。痛みの強さを本質的なものとして仮定し、それに対して薬剤の量を調整していくこのモデルは、ホスピスケアの現場ではごく一般的なものであり、スタッフが実際に医療用麻薬の使用量を最適化していく際の指針として用いられているものである。だが、このモデルを採用することは、その前提として織り込まれている痛みと医療用麻薬の相対的な関係を黙認することになる点に注意しなければならない。見方を切り替えるためには、患者と医療者の間で取り交わされる相互作用の中で、共有可能な実体性を持って取り沙汰されているものは何か、ということに注目するべきである。それは、痛みという無形の知覚そのものではなく、その場に居合わせる誰もが見る、触れる、手渡すことが可能な物象性を備え、特定の単位によって計量することのできる医療用麻薬なのである。

　最悪の激痛から無痛まで、無限のグラデーションをなす痛みという知覚は、あくまでも主観的なものである。痛みが患者と医療者の間で問題化され、ホスピスケアというシステムの作動に差異をもたらす実効性を伴う「アクター」〔Callon 1986；ラトゥール 1999〕になるためには、医療用麻薬へと転写される必要がある。痛みの存在と強度を決定するのは、その痛みに対して処方される医療用麻薬の量であり、あるいはすでに処方されている医療用麻薬に対する心身の反応――それは続くフェイズでの医療用麻薬の量を決定する――に他ならない。この観点に立てば、痛みが医療用麻薬の最適な量を要求するのではなく、医療用麻薬がそこに痛みを出現させるのである。ホスピスのスタッフは、「無数の頭を持つ龍」と直接格闘することを求められているわけではない。それは、すでに処方されている医療用麻薬の量――受け入れ訪問時にはそれはしばしばゼロということになるが

——に対する患者の評価なのであり、その対応は医療用麻薬の増量という形で遂行される。臨床部長の提示したモデル自体も、医療用麻薬が介在することで構築され、運営されているものであることは言うまでもない。

　規格化された製品である医療用麻薬は、それ自体がラトゥール〔1999〕の言う「銘刻器」(inscription device)、すなわち科学のテクストに論拠となる指数を提供する道具としての性質を帯びることになる。緩和医療の専門誌において、医療用麻薬の分量は、しばしば当該論文の根拠や争点を構築するために不可欠な要素となる。医療者の症例報告である患者の痛みのレベルを示すのは、その患者が痛みをどのような形容詞や比喩を用いて表現するか、ということではなく、どの種類の医療用麻薬をどの程度の頻度で使用しているか、もしくはそれらを最も基本的な医療用麻薬であるモルヒネに換算した場合の1日量なのである。例えば、特定のマッサージの施行に伴い、医療用麻薬の使用量に減少傾向が認められた場合には、この手技は患者の感じている痛みを軽減させる効果があったと考えられる。あるいはまた、医療用麻薬として新しい組成の薬剤や剤形が発表された場合、その効能は、どのように痛みを訴える患者に対して有効か、という形ではなく、既存の製剤との効果の比較や、一定時間中に血中に放出されるモルヒネ様物質の量によって端的に表わされることになるのである。

　直近の例が暗示するように、医療用麻薬による媒介作用は、単に痛みの知覚とそれを取り巻くケアの現場における種々の行為をつなぐだけではない。患者と医療者の対面的空間は、医療用麻薬を介することで、より広いホスピスケアの実践共同体や、医学的な論争の場へと結びつけられてゆく。同時に、医療用麻薬の開発、販売、流通、制限に関係している様々な産業、手続き、法的システム、あるいは麻薬一般に関するまなざしや語りといったものが、直接間接を問わず、ケアの現場へと流れ込んでくるチャンネルが自動的に開かれることになる。医療用麻薬がもたらしたこのような結合は、個々のケアの現場における工夫の他の現場への迅速な伝播、科学的論争を通じた関連手技の妥当性を主張する力の強化、製薬企業を含む強固な

経済的基盤を持った産業との結託[3]などを通じて、ホスピスケア下で形作られていく死の文脈をますます揺るぎないものにして行くだろう[4]。

　以上述べてきたように、医療用麻薬は、その薬理学的特性に加えて、患者の自己効力感の回復、医療者に対する適切な役割の付与、痛みという知覚の実体化、臨床の現場を様々な社会空間に結びつける媒介作用によって、死の文脈に一定の方向性を与えるとともに、その文脈の安定した維持を約束する強力な装置として機能している。この結果、米国のホスピスケア下では、痛みから解放された患者が、自宅のベッド上で、家族や親しい友人に囲まれながら談笑し、やがて樹木が枯れるようにして自然な最期を迎える、という形の死が達成されつつある。ホスピスのスタッフは、かつてのリーダーたちが「平和と尊厳」というスローガンによって象徴していたこのような死の文脈を、常に漸近するべきではあるがたどり着くことのない観念的な理想としてではなく、何らかの異常事態が発生しない限り業務のルーティンとして目にし続ける日常として受け止めるようになっている。

　だが、このことは決して彼／女らが波風のほとんど立たない退屈な日々を送っていることを意味するわけではない。本節で明らかにした通り、医療用麻薬という技術を実践の中枢に据えることによって、ホスピスという社会空間で観察される相互作用がかつては考えられなかったほどの安定性を得ている。しかし、この導入が、麻薬という薬物一般に付与されている膨大な偏見やスティグマをケアの現場に引き寄せることを意味することもまた事実なのである。医療用麻薬と分かち難く結びつけられた「誤解」や「迷信」がもたらす摩擦は、ホスピスの実践共同体が外部に接する境界付

3　この端的な例としては、次節で示すモルヒネに関するQ&Aをまとめた冊子〔Twycross & Lack 1991〕が製薬会社ロクサン・ラボラトリーズ（Roxane Laboratories）の協賛によって作成されていたことを挙げておこう。

4　ただし、このような結合は、一面でホスピスケアの現場に本来外在的であった種々のアクターがアクセスすることを可能にし、文脈に変質や動揺をもたらす可能性を示唆するものである。この懸念については次節で検討する。

近で最も顕著に観察することができる。

　ホスピスという実践共同体にとっての境界——それは患者と家族にほかならない。ホスピスというプログラムが対象とするのは、自然に病気が進行した場合、6か月以内に死亡する、すなわちサービスの対象から外れることになる患者である。実際の平均利用日数はこのような制度上の想定に比べてもはるかに短い[5]。ホスピスのスタッフが日々ケアを提供している患者のほとんどは、「新しい患者」なのである。

　理念上はその中心に位置する患者と家族が、現実には実践共同体の境界付近に偏って存在している、という齟齬は、ホスピスというサービスとその提供下で構築されていく死の文脈が極めて危うい状態に晒され続けることを予感させるものである。なぜならば、ほとんどの患者と家族は、医療用麻薬の恩恵に直接与ることのない大多数の市民の間で共有されている麻薬に関する攻撃的な言説を社会通念として身につけた上で、ホスピスという実践共同体の周縁部にたどりつくからである。そして、医療用麻薬を日常的に使用する共同体にとって潜在的な脅威と見なすよりほかないこのような患者や家族には、単なる建前以上のケアの場における主導権が認められている。今日の米国におけるホスピスは、消費者である患者や家族によって選択されることで初めて開始される医療サービスなのである。今や病院という閉鎖的空間に囚われてさえいない彼／女らは、その気になればいつでもホスピスの訪問スタッフを自宅から締め出すことができる。

　死の文脈における相互作用に一定の方向性を付与し、その安定的な再生産を支える医療用麻薬は、その実践共同体の周縁部において、まだ完全には成員としてのアイデンティティを獲得していない参入したての患者や家族の目に格好の攻撃の対象として映ることになる。患者と家族の理念上の位置づけとサービス対象者の流動性の高さを考慮すれば、この事実がホス

---

[5]　米国ホスピス全体における2006年度の利用日数の平均は59.8日、中央値は20.6日である〔National Hospice and Palliative Care Organization 2008：5〕。

ピスの存続にとって致命的ともいってよい重大性を持つことが推察される。ホスピスは、境界付近におけるこの脆弱性をいかにして克服しているのだろうか。次節では、サービスの利用を開始してまだ日の浅い患者や家族との相互作用のパターンに特に注意しながら、一見問題に見えるこのような側面すら、文脈の補強に対して有利に働くことがありうることを示してみよう。

4-2 負の側面が安定に資する可能性

　モルヒネの残量は前回訪問時とほぼ同じでした。痛みはない、と彼は言いました。しかし彼の顔色は青白く、疲れて見えました。彼の妻は「彼は薬を飲むのがいやなのです」と言いました。そこで私は、今彼を疲れさせているものが痛みであること、モルヒネを使うことがなぜ必要なのかを彼らに話しました。「どうしてだめなの？」すると、彼は言いました。彼はベトナムで戦友がモルヒネを打たれ、そのまま死んでいくのを見たのです。〔ソンダース＆ベインズ 1990〕

　ソンダースは医学的な論争の場における手続きを遵守しながら、症例を積み重ね、ついには固有の領土を持つ自治区を医学界に確保することに成功した。しかしその論争の顛末は、特殊な関心を持つごく一部の専門家の耳目を通り抜けていったに過ぎない。ホスピスケアの先駆者たちが臨床的な知見の蓄積を通じて論駁した医療用麻薬の毒性に対する危惧、依存性に対する懸念、効果に対する不信は、医療者の間でさえいまだ根深く残っているものであり、いわんや医療者以外の一般市民の間ではまず支配的な見識とみて差支えないものである。もちろん、全米ホスピス緩和ケア協会をはじめ、ホスピスケアを擁護する立場からは、リーフレットからウェブサイトに及ぶ多様な媒体を通じた「正しい」情報の発信が続けられてきた。

しかし、大部分の人にとって、死や終末期をめぐる話題は、やがてそれが真に自分や家族の人生に関わる問題として眼前に立ち現われてくるまで、関心の対象にはならないのである。ホスピスケアの実践共同体の中心部とその外界では、医療用麻薬の有効性や安全性に対する態度がほぼ正反対であると同時に、情報の濃度と接触機会の点でも明瞭な差が認められることに留意しておきたい。この結果、米国ホスピスの実践共同体の境界および周縁部では、医学誌上では40年前に一応の決着を見たはずの論争が、現在もなおケアの円滑な提供を阻む大小の摩擦に姿を変えて日々生じ続けているのである。

　医療用麻薬のミニレクチャーに際して、インディペンデンス・ホスピスの臨床部長は30頁足らずの小冊子をプレゼントしてくれた。ソンダースの盟友であるロバート・G・トワイクロス（Robert G. Twycross）と、同じく直系の弟子に当たるシルビア・A・ラック（Sylvia A. Lack）の手によるこの小冊子〔Twycross & Lack 1991〕には、モルヒネの使用に際して患者や家族が抱きがちな疑問が56項目にわたって列挙されている（表4-1を参照）。これらの疑問は、現代ホスピス運動の担い手たちによる医学的論争の場における勝利や継続的な情報発信の努力にもかかわらず、いかに医療用麻薬に対する不信が社会に根深く残っているか、ということを如実に物語るものである。本節冒頭の訪問看護師の報告にも表れているように、医療用麻薬は死のイメージと結びつけられており（例：2）、しばしばそれ自体が死を直接引き寄せる作用を持っているかのように捉えられている（例：3、53、54）。また、その効果については疑問視されている一方で（例：4、7）、その依存性や副作用については複数の観点から不安が寄せられている（例：9、25）。言うまでもなく、医療用麻薬に対するこのような市民一般の態度はホスピスケアの円滑な実施を妨げるものであり、実際にサービスの継続が困難になる状況に至ることがないわけでもない。

　しかし、患者や家族が持ち込んでくるこのような数々の疑念は、逆説的に、彼／女らをより深くホスピスケアの実践へと引き込むきっかけを提供

表 4-1 モルヒネに関する 56 の疑問

モルヒネに関する共通の疑問
1. モルヒネとはいかなる物で、どのように働く？
2. モルヒネ？ それは私が道の終端にいるということ？
3. モルヒネはことのスピードを上げるのではないか——自分を早く死なせる？
4. モルヒネは痛みを完全に取りさることができる？
5. 今モルヒネを使ってしまったら、痛みがもっとひどくなったときにさらに強いものは私に残されている？
6. 本当に耐えられない状態になるまで、モルヒネには手を出さない方がよいのでは？
7. 痛みをコントロールするために、使用量をどんどん増やさなければならない？
8. モルヒネはいつまで飲むことができる？ 効果はいつかは消え去ってしまう？
9. 中毒になる？
10. モルヒネの液剤とモルヒネの錠剤の違いは何？

モルヒネを伴う治療の開始
11. モルヒネを始めたところです、それについて私が知っておくべき大切なこととは？
12. 私が必要なモルヒネを、あなたはどうやって決める？
13. 最初に処方された量が私の痛みを完全に取ることができなかったらどうなる？
14. なぜ 4 時間毎に？ 痛みが戻り始めたときにあわせてモルヒネを飲む、というならもっとわかるんだけれども？
15. 薬を飲む時間が遅れてしまったらどうすべき？
16. いつになったら痛みがまったく無くなる？
17. 夜はどうする？ 午前 2 時に目覚まし時計をセットしなければならない？
18. 寝るときは薬の使用量を 2 倍にする？ それはちょっと危険では？
19. なぜそんなにしばしば飲まなければならない？ もっと強い混合薬をもらって、回数を減らすことはできない？
20. モルヒネと一緒に他の痛み止めを使う必要はない？
21. もしモルヒネが私の痛みを取らなかったら、私の身には何が起こる？
22. 食事との兼ね合いでモルヒネを取ることについて何か問題はある？
23. モルヒネの液剤の味を良くするために何か入れることができるものはある？
24. モルヒネを飲んでいる時に車を運転することはできる？

好ましくない作用をくぐり抜ける
25. モルヒネには好ましくない作用がたくさんある？
26. 吐き気や嘔吐を打ち消すための薬が必要？
27. 吐き気止めの薬はずっと飲み続けなければならない？
28. モルヒネのせいで眠たくなる？

29. 眠気を感じたり、ぼうっとしたりするのは続く？
30. 混乱する？
31. めまいがする？
32. 便秘については？
33. モルヒネを始めてからたくさん汗をかくようになった。関係はある？
34. モルヒネに対するアレルギーがあったらどうなる？

モルヒネに関するさらなる疑問

35. 現在の処方量のモルヒネで痛みはすばらしく取り除かれていますが、週に1、2回、突発的な痛みが戻ってきます。何かできることはありますか？
36. なぜモルヒネ？痛みに対するものかと思っていましたが、私の問題は息苦しさです。
37. 経口モルヒネは本当に効果がある？
38. 注射ではなく、さらに口からモルヒネを取るということが必要なのか？
39. 注射の方が効果がある？
40. 注射が必要になることは決してない？
41. 脊椎の近くにモルヒネを注射するというのはどういうこと？
42. 注射を始めてしまってから、経口投与にうまく切り替えることはできる？
43. モルヒネは座薬でも使える？
44. なぜ他の人よりも多くのモルヒネを必要とする人がいる？
45. 病院ではなぜモルヒネについてこれほどまでやきもきするのか？登録看護師がたった一人しか配置されていない時には、隣の病棟からもう一人やってくるまで、しばしばひどく長い間待たされる羽目になる。

親族や近しい友人からの疑問

46. これはモルヒネです、と瓶に書いてある？
47. モルヒネは鍵をかけてしまっておく必要がある？
48. モルヒネの瓶を他の薬と一緒に保管して構わない？
49. モルヒネを別の薬と混ぜてしまって構わない？
50. 痛みが出るようになってから、彼は食欲がすっかり無くなってしまった。モルヒネは彼がもっと食べられるように助けてくれる？
51. モルヒネを飲みながら赤ちゃんの世話をすることはできる？
52. モルヒネを飲みながら法的書類に署名することはできる？
53. 患者が処方されている量よりももっとたくさん使いたい、と言い張ったときはどうすればいい？彼は死んでしまう？
54. 自殺するためにモルヒネを使うという危険性はない？
55. もし痛みがなく、患者が次の服用を拒否したとき、飲むように強く言うべき？
56. 患者の意識がないときは、モルヒネは止めてしまうべき？

（出典）〔Twycross & Lack 1991〕。〈編者註〉表の題名は編者による。

することにつながっている。トワイクロスとラックの小冊子はQ&A形式になっている。つまり、56項目の疑問すべてに対して医学的に見て妥当性のある回答が付記されているのである。例えば、「2. モルヒネ？　それは私が道の終端にいるということ？」に対する回答は次のようなものである。

> 多くの患者が大手術、出産、心臓発作の前後にモルヒネを必要とする。このような状況では、モルヒネの使用はその人が死につつあることを明らかに意味しない。がんでモルヒネを使う理由をしっかりと理解することが重要である。モルヒネは、コデインや同種の薬物に反応しなくなった痛みをコントロールするために使われる。道の終端だけではなく、病気の様々に異なるステージで使われる。
> 　がん患者の中にはモルヒネを全く必要としない人もいる。多くは継続する痛みによって、週、月、年の単位で必要とする。2、3週ないしは2、3日だけ必要とする人もいる――ことによると非常に病気が重く、死が迫っている時に。〔Twycross & Lack 1991：2〕

この回答において、モルヒネは危機的状況からの生還や命が生み出される事象に結びつけられ、根深く埋め込まれた死の印象を中和されている。同時に、モルヒネが痛みと第一義的に関係していることが強調されることによって、死は論点から外されてしまう。その上で指摘しておかなければならないことは、この回答はモルヒネの使用者が死の間際にいる可能性を否定してはいない、という点である。

一方、麻薬一般に対する懸念を最も直截的に表明している「9. 中毒になる？」という問いに対しては、次のような回答が用意されている。

> この質問で多くの人々が意味するのは「たとえ痛みを軽減するためにモルヒネがもはや不要になったとしても、虜になってしまい、モ

ルヒネを止めることができなくなるのではないか?」ということである。答は決定的に「いいえ!」である。長年にわたり、我われは幾千人ものがん患者をモルヒネによって治療してきた。我われは「中毒」(addiction)を理由に治療を中断したことは1度もない。とはいえ、大多数の患者はモルヒネの服用を突然、完全に中断するべきではない。もし痛みを軽減するためのモルヒネがもはや必要なくなったのであれば、医師の監督のもと使用量を徐々に減らしていくべきである。

　使用量の漸減の理由は、数週間にわたって定期的にモルヒネを服用した人は「身体的依存」(physical dependence)を形成するからである。これは中毒とは異なるが、モルヒネが突然、完全に止められた場合、退薬症状が発生するであろうことを意味する……（中略）……退薬症状を予防するために必要な分量は、それまで痛みを軽減するために使っていたモルヒネのたった4分の1になる。このことは、例えば、痛みを感じる神経を注射によって死滅させるのに成功した場合には、なんら混乱をきたすことなくモルヒネの使用量をかなり、即座に減らすことができることを——その後はよりゆっくりと減らし続けることができることを——意味する。〔Twycross & Lack 1991：4-5〕

　この説明における「我われ」という代名詞は、直接には2人の著者を指示するものであるが、同時に彼／女らを含む専門家の共同体が存在するという事実、またそのような共同体と読者として想定されている一般市民との間にモルヒネに関する決定的な知識と経験の蓄積の差が横たわっているという事実を暗示するものである。専門家としての「我われ」にとって「中毒」という言葉は曖昧に過ぎるが、彼／女らは「多くの人々」がそれによって何を意味しようとしているかを経験的に知っている。彼／女らが「中毒」を「身体的依存」と言い換えたとき、たとえモルヒネを使用した

としても精神は自由であり続ける、という含意がそこに注意深く込められることになる。たとえ徐々にではあっても、モルヒネの使用を開始する以前の状態に自分の意思で戻ることができる、ということを、患者はこの回答によって保証される。戻るための扉を開いておくことが、患者が先に進む意思を逆説的に補強するのである。

ここで注意しなければならないのは、この小冊子が『経口モルヒネ——患者、家族および友人に向けた情報』というタイトルに反して、ホスピスのスタッフによってまず読まれる、ということである[6]。一組の患者と家族が新たにホスピスのサービスを受けることを選択したとき、彼／女らの口から発せられるであろう疑問をまとめた模範解答つきの予想問題集は、すでにスタッフの手の内にあるのである。その予想の範囲は、医療用麻薬とどのように向き合うべきか、という観念論に止まらず、食事、睡眠、法的書類の作成、車の運転、育児との兼ね合いを含めて、薬物を取り込んだ生活をどのように構築していくか、という患者・家族の具体的な日常にまで及んでいる[7]。

ここで、本節冒頭で触れた、ホスピスの擁護者と一般市民の間にある医療用麻薬に関する情報への接触機会の相違が別の意味を帯びてくることに留意したい。情報濃度の非対称性は、潜在的な患者や家族がホスピスケアの空間から一定の距離を保っている間は、医療用麻薬に関する「正しい」理解を促すための接点を創出できない、という意味で、ホスピスの擁護者にとって不利に働くように思われる。しかし、ひとたび患者と家族がホスピスの実践共同体の境界内に巻き込まれてからは、この差はスタッフの側

---

[6] インディペンデンス・ホスピスで臨床部長がこの小冊子を私に手渡したのは偶然ではない。この小冊子を隅々まで読むことは、彼女が新人スタッフに提供する研修プログラムの一部として組み込まれている。

[7] 表4-1に挙げられているQ&Aのうち、食事に関する質問は22、50、睡眠に関するものは17、18、28、29、法的書類の作成に関するものは52、車の運転に関するものは24、育児に関するものは51、にある。

に明らかに有利に働くことになるだろう。すなわち、患者や家族が麻薬について知っている情報はごく限られたものであり、彼／女らが世間一般で真とされている言説に近づこうとすればするほど、その非難はスタッフにとって手の内の読める、扱いやすいものにならざるを得ないのである。

もちろん、想定問答集が掌中にあるという事実だけで、ホスピスのスタッフが患者や家族の説得に常に成功し続けると断言することはできない。しかし、説得が成功する可能性は不可逆的に高まる見込みが大きいと考えられる。それは第1に、ホスピスに新たに参入する患者や家族がまさに初めてその状況に出会うのに対して、スタッフは日々の業務の中で多種多様な患者・家族と出会い、質問を投げかけられ、それに応じるために多数の説得のバリエーションを開発し、洗練していかなければならないからである。そして第2に、1組の患者と家族がほとんどの場合孤立したユニットであるのに対して、ホスピスは集合的にケアを提供するサービス機関として、個々のスタッフが得た経験知をプログラム全体に蓄えることが可能だからである。

例を示そう。突発的な痛みを経験する頻度が増え、「救援投与」（rescue dose）を使う間隔が短くなった患者とその家族に対して、インディペンデンス・ホスピスの訪問看護師サムは次のように説明した。

> あなたはもう少しモルヒネを増やす必要があります。それは痛みが増してきたからであって、知っての通り、モルヒネが効かなくなってきたというわけではありません。モルヒネを増やしたときに、あなたは眠たいと感じるかもしれません。実際にうたた寝をしてしまうこともあるでしょう、今のようにベッドに横になっていたら……（中略）……それはモルヒネがあなたをリラックスさせて、あなたの体のすべての機能をゆっくりさせるからです。モルヒネは痛みが伝わっていく神経をゆっくりさせるので、あなたが感じる痛みは軽くなります。また、胃の機能をゆっくりさせるので、消化する力が

減り、嘔吐を起こしやすくなります。腸の運動をゆっくりさせるので、便秘になりやすくなります。同じ理由で、あなたはこれから眠たくなるかもしれません。

　以上の説明の後、訪問看護師は、モルヒネ増量時の傾眠は通常2、3日で解消する一過性のものであること、もし解消せず、日常生活に差し障りが出てしまうような場合には、覚醒作用のある薬物を対症療法として処方できることを説明した。モルヒネの除痛効果と、その副作用とされている便秘、嘔吐、傾眠は、薬理学的にはそれぞれ異なる機序によって説明されるものである[8]。その意味で、ここで展開されているサムの説明は正確なものであるとは言えない。それにもかかわらず、この説明には聞き手の直観に訴えかける説得力があり、同時に「リラックス」、「ゆっくり」という言葉に結びついた平穏なイメージを喚起するものとなっている。当然ながら、訪問看護師はその時点で向き合っている患者や家族の年齢やリテラシーを考慮した上で、最適な説明のパターンを選択していると推察するべきであろう。

　個々のスタッフが目前の患者や家族に合わせた説明を柔軟に展開する技術を向上させていく一方で、説明のバリエーションがホスピスのプログラ

---

[8] たとえばモルヒネの除痛効果は、モルヒネ様物質と選択的に結合する特定の受容体と結合し、そこに連なる神経を興奮させることによって発現するものであり、痛みの信号が伝わる速度を変化させるものではない。吐き気や嘔吐はモルヒネが持つ嘔吐中枢への刺激作用によって生じると考えられているが、発現機序には自律神経系が複雑に関与するものと推定されている。便秘はモルヒネが腸管の輪状筋を収縮させて蠕動を低下させるとともに肛門括約筋の緊張を高める作用によって発現するものであり、局所的な発現機構に限って言えば「リラックス」というサムの説明とは正反対の現象が起きていることになる。眠気はモルヒネが中枢神経に対して抑制的に働くことによって出現する。

ム全体に不可逆的に蓄積されていくことにも注意する必要がある。ベトナム戦争での体験を理由にモルヒネが拒否された本節冒頭の例において、このケースを多職種合同会議に報告した訪問看護師に対してホスピス長が即座に提案したのは、ラベルにモルヒネという表記がない医療用麻薬であるオキシコドンをモルヒネに代えて導入することであった[9]。戦場における応急処置としてモルヒネが使われる光景を理由に医療用麻薬の使用を拒否した患者はインディペンデンス・ホスピスの歴史の中で初めてではなかった。そのような不安の表明に対して、モルヒネという単語が耳目に届かないようにする、という、この薬をタブー視する患者や家族に対して用いられるより一般的な対処法が有効に機能することも、過去においてすでに経験されていたのである。米国ホスピスのスタッフは、このようなフォーマルな会議はもちろん、オフィスの内外で見られる様々なインフォーマルなコミュニケーションの機会を通じて、個々の臨床場面での工夫を共有し、組織の内部に蓄積していくことができる。

　以上の検討によって、1つの示唆が得られるだろう。それは、一見するとホスピスケアという実践の場を根底から揺さぶりかねない医療用麻薬の負の側面が、逆説的に、相互作用の文脈の安定に資する力へと転換される可能性である。

　新たにホスピスのサービスを開始した患者や家族は、ほとんど必ずと言ってよいほど医療用麻薬の危険性や副作用に対する懸念を表明する。しかし、このような攻撃に対しては、個々のスタッフから組織のレベルにまでおよぶ重層的な対策が周到に準備されているのである。この結果、医療用麻薬という実践の中核に疑念をぶつけられるというホスピスにとっての

9　モルヒネと比した場合、オキシコドンはほぼ同様の効果が期待できる上、副作用が発現しにくいという点でむしろモルヒネよりも優れたオピオイドである。しかしながら、薬価がモルヒネよりもやや高いため、調査時点では疼痛出現時の第1選択薬として用いられる頻度はモルヒネに比べて低かった。

危機は、患者や家族が自分たちの知ることのなかった医療用麻薬に関する膨大な知見に圧倒される一方で、スタッフがそれに関する自分たちの熟練の証明のために利用できる機会を同時に創出することになる。

すでに起きてしまった副作用さえ、必ずしもホスピスという実践共同体の維持に対して不利に働くだけとは限らない。モルヒネの増量を提案したサムの説明に立ち戻って頂きたい。彼は嘔吐や便秘という、説明時点ですでに患者が経験し、家族が目の当たりにした副作用を取り込みながら、医療用麻薬に関する自分の説明を補強しているのである。彼の説明は、モルヒネが増量された後、患者が実際に一過性の傾眠状態を経験することによって、一種の予言として完成することになる。患者と家族は、彼の言葉にそれまで以上の信頼を寄せるようになるだろう。

本節では、医療用麻薬の負の側面に対する患者や家族の懸念の存在が、逆説的に終末期ケアの文脈を安定させる機能を果たすことになる可能性を示す傍証として、さらに2つの論点を提供しておきたい。

第1の傍証は、患者や家族が医療用麻薬を劇物と見なす結果、濫用が抑制されるとともに、それを取り扱う医療者への信頼が増大する、という可能性である。前節において、医療用麻薬が患者に付与している自己効力感について述べたが、このような感覚が際限なく増長すれば、過剰服用による医療事故が発生しても何ら不思議はないはずである。しかし、前節の「もし痛みがなく、がんではなく、死につつあるような状況でなければ、彼らは決められた量以上のモルヒネを使おうとするかもしれないけれど」という臨床部長の語りの中でも明らかになっている通り、実際には、医療用麻薬の患者による濫用に関して、ホスピスのスタッフは総じて楽観的である。その背後には、使用に伴って身体的な耐性を形成する医療用麻薬が、一般に考えられるよりもはるかに安全な——すなわち、かなり極端な使い方をしなければ呼吸抑制などの致命的な有害事象を起こしにくい——物質である、という薬理学的な特性が関与している。だが、恐らくもう1つの重要な理由となっているのは、「53. 患者が処方されている量よりももっ

とたくさん使いたい、と言い張ったときはどうすればいい？彼を殺してしまう？」という質問に端的に表れている医療用麻薬に対する患者や家族の不安が、濫用を抑制する不可視のブレーキとして機能しているからである。この質問に対するトワイクロスとラックの回答は次のようなものである。

> 患者に思うままにさせると、多すぎる量を服用するよりも、むしろ少なすぎる量を服用するようになりがちである。悲惨な痛みを軽減するためには、より多くのモルヒネが必要になることを鑑みれば、要求を拒む理由はない。言うまでもなく、2倍ないしは3倍の量が要求された時には、ある程度の抵抗を示さなければならないだろう。
> 「今から2倍の量をあげて、それからX先生に電話して処方された量では痛みを抑えられないことを知らせます。彼がもっとあげなさい、あるいは2倍の量を1時間後かそこらで繰り返し使いなさい、と言えば、それでいい。私たちには、さらなる指示が必要だと考えているだけです」
> 患者が多すぎる量のモルヒネを服用した場合、就寝時の2倍量（質問18を見よ）と同じように働く、というのが最もありうることである。患者は数時間眠り、運が良ければ、リフレッシュして痛みから解放された状態で目覚めるだろう[10]。〔Twycross & Lack 1991：21〕

---

[10] なお、引用中の「患者は数時間眠り、運が良ければ、リフレッシュして痛みから解放された状態で目覚めるだろう」（The patient will sleep for several hours and, with luck, will wake refreshed and free of pain）という文における「運が良ければ」という句は、質問18の内容から考えても、単に目覚めること（死亡しないこと）についてではなく、リフレッシュして痛みから解放された状態で目覚めること全体を修飾していると解釈するのが穏当であると思われる。

ここでは、たとえ患者の求めに応じて2倍ないしは3倍量の投与が実施されたとしても、「ある程度の抵抗」として、医療者にその事実を知らせて指示を仰ぐだけでよいとされているほどモルヒネが安全な薬物だと考えられていること、また患者による医療用麻薬の活用は、しばしば過剰ではなく過少になることが、医療者の側から見た一般的な認識であることを確認しておきたい。

　在宅ケアを基本とする米国ホスピスのスタッフにとって、医療用麻薬の過剰使用と過少使用のどちらがより致命的な問題に発展しうるかと言えば、それは前者である。患者宅を訪問した看護師のルーティンの1つは、医療用麻薬の残量をチェックする作業である。もし仮に患者が予定されているよりも少ない量しか使っていなければ、彼/女らはファイルされた前回訪問時の記録と比較することによって、その場で問題を看破し、しかるべき対処を行うことができる。この場合、患者は、場合によっては痛みを訴え、医療用麻薬の効果に対して疑念を表明するかもしれない。しかしそうであっても、訪問看護師が説得に成功し、医療用麻薬の使用量が是正されれば、ホスピスケアの継続を困難にするような大事に至ることはないだろう。一方、過剰使用によって仮に呼吸抑制などの重篤な有害作用が生じた場合には、医療用麻薬の減量または中止、気道の確保、酸素吸入などの処置を速やかに実施しなければならない。仮にこのような緊急対応が頻繁に求められるような状況が生じれば、限られたスタッフの効率的なスケジューリングによって維持されている米国ホスピスの運営はたちまち窮地に追い込まれてしまうに違いない。

　さらに付言しておきたいのは、患者と家族が医療用麻薬に一定の危険性を認め続けることが、それを正しく操作できるホスピスのスタッフの権威を相対的に高めていく可能性である。患者宅では、机や戸棚の奥まった場所に、2重3重に包装したうえで医療用麻薬が保管されていることは珍しいことではない。訪問看護師の求めに応じてその包みを取り出した家族は、それぞれの剤形について残量をチェックする彼/女の作業を不安げに見守

り、問題ない、と告げられることで初めて安堵の表情を浮かべるのである。あるケースでは、掌に収まるほどの医療用麻薬の湿布を訪問看護師が貼り替える間、家族は患者のベッドルームからわざわざ外に出て、敷居の位置から神妙な面持ちでその手つきを見つめていた。医療用麻薬の効能を肌身で実感している患者と家族は、だからこそ、この不思議な人工物に畏れを抱くようになるのかもしれない。このような状況の中で、ホスピスのスタッフには、いわば医療用麻薬という恩寵と災厄のいずれをももたらしうる両義性を備えた聖物〔デュルケム 1975〕を、正しい作法に則って安全に扱うことのできる特権的な司祭にも似た地位が与えられることになる。

　医療用麻薬の負の側面に対する患者や家族の懸念の存在が、逆説的に終末期ケアの文脈を安定させる機能を果たしうる可能性を示唆する第2の傍証として、その「誤解」や「迷信」を日々訂正し続ける過程が、米国ホスピスのスタッフの帰属意識を不断に強化し続けていることについて言及しておこう。第3章で述べた通り、看護師をはじめとするホスピスのスタッフは、ほぼ例外なく、ホスピス以外の何らかの医療・福祉サービスの提供機関で一定の経験を積んでから職場を移ってきた者たちである。インディペンデンス・ホスピスの場合、新たに迎え入れられたスタッフは、臨床部長を中心とするベテランスタッフによる研修をまず受けることになる。教科書やビデオ教材の視聴、先任スタッフの訪問への随行などを含むこのような初期研修の受講期間は職種や経歴によっても異なるが、訪問看護師の場合は半年が1つの目安となる。初期研修が終了すると、彼／女らは監督を受けながら単独での訪問を始め、1年ほどでようやく独り立ちすることになる。

　だが、いかに充実した座学を受け、先任看護師の訪問に随行していたとしても、実際に自分1人で医療用麻薬に関する事実上の決定を行うことは容易なことではない。ホスピスにおける医療用麻薬の活用法は、他の医療サービスの文脈とは質的にも量的にもまったく異質なものである。インディペンデンス・ホスピスの訪問看護師クリスティは、彼女が病院からホ

スピスに移って間もないころを振り返りながら、次のようにインタビューに答えた。

> 私たちのモルヒネの使い方は、他の場所とは完全に異なっている……（中略）……（先輩看護師の）訪問に随行したとき、彼女がそれまでの処方量を 1.5 倍、2 倍、と増やしていくのを見て、信じられなかった。今は自分もそうしているし、新人に教えてさえいる。モルヒネは、いわば特別な薬だけれども、他の見方をすれば薬ということでしかない。患者が痛みを抱えていて、自分がそれを止める正しい方法を知っているのであれば、私はそれを実行する。なぜなら私たちは違いを生むことができると知っているから。

第 3 章で触れた通り、スタッフがホスピスを職場として選択するに至る理由やその動機の強さは必ずしも一様ではない。しかし、共通していることは、彼／女らは日々の臨床の場において、患者や家族からの疑問に答えるという形で、医療用麻薬とそれを核とする彼／女らの実践の正当性を説得的に語り続けなければならない状況に置かれている、ということである。社会的通念の中で医療用麻薬が危険な物質と見なされれば見なされるほど、彼／女らが説得を行わなければならない機会は増え、彼らが越えなければならない論理的な障害は高くなっていく。ホスピスのスタッフの日々の実践は、彼／女らの日課としての医療用麻薬に対する信仰告白の場となりうるのである。

4–3　見えないことによる拘束

4-1 では、医療用麻薬という人工物がホスピスケアの下で作り出される死の文脈の安定にどのような形で寄与しているかを論じた。今日の米国ホスピスにおいて、医療用麻薬は、その薬理学的特性によって、終末期ケア

をめぐる相互作用の場に平穏な雰囲気をもたらす以上の様々な影響を与えている。それは患者に自己効力感を与えるとともに、医療者が死の文脈の中に正当的な位置を回復することを助ける。医療用麻薬の物象性は、痛みという主観的な知覚に対して、アクターとしてケアの場で力を行使するために不可欠な実体性を付与する。さらに、規格化された医療用麻薬が持つ媒介性は、終末期ケアの親密な対面的空間を、時間的空間的に際限なく広がる無数の臨床の現場、医学的な論争空間、種々の産業やシステムへと連結していく。このような重層的な庇護を通じて、医療用麻薬は、その活用法が十分に確立されていなかった当時とは比較にならないほどの安定性を終末期ケアの文脈に付与している。

　しかし、医療用麻薬を基盤技術とすることは、麻薬全般に対して向けられた偏見やスティグマを合わせて引き受けるということを意味する。社会的通念として存在する医療用麻薬への嫌悪や不信は、患者と家族を媒体として、ホスピスという実践共同体に絶えず流入してくることになる。4-2では、しかし、医療用麻薬のこのような負の側面もまた、終末期ケアの文脈の維持に対する純粋な脅威とはなりえず、逆説的にその安定に貢献している側面があることを示唆した。患者や家族が医療用麻薬に関する否定的な見解を表明するとき、彼／女らにはこれらの薬剤に関する専門家の知見の膨大な蓄積の深淵を覗き込む機会が、また医療者にはそのような知見に関する熟練を証明することのできるチャンスが、それぞれ付与されることになる。患者と家族の目に、医療用麻薬が常に善をなすものではなく、悪をももたらしうる両義的な存在として映ることは、ホスピスのスタッフが終末期ケアにおける主導権を握り続けやすい状況を作り出している。「誤解」や「迷信」を啓くために医療用麻薬の効能を語る彼／女らの言葉は、自らの行いに対する信仰告白になり、ホスピスという実践共同体の凝集性を高めることにつながっていく。

　4-2の最後の引用で、クリスティは「私たちは違いを生むことができると知っている」と語っている。彼女は医療用麻薬に関して言及している。

しかし彼女が念頭に置いているのは、彼女を含めたホスピスのスタッフが、適切な医療用麻薬の活用によって、他の状況であれば苦痛を感じ続けたであろう人々を救うことができる、という「違い」であろうことは容易に推察される。本章で取り沙汰してきた、医療用麻薬という人工物がその定式化された用法とともに死の文脈の中に持ち込まれたことによって生じる「違い」は、あるいは仮初めの客に過ぎない人類学者のまなざしにしか映らないものかもしれない。それは、このような視角の取り方自体が、ある意味ではホスピスの教理そのものに背くからである。

　現代ホスピス運動は、本来人間に奉仕するべき医療技術が自律的な価値体系を伴って発展した結果、過剰な延命に代表される人間性の疎外が引き起こされたことに対する一部の医療者の反発にその源を得ている。運動の主導者たちにとって、医療用麻薬は、痛みから解放された患者が、家族や他の援助者たちとともに、コミュニタス的空間を作り上げるための便宜的な手段にほかならず、それ以上のものであってはならないのである。

　パリでメサドン代替療法を実施している診療所を調査したエミリー・ゴマール（Emilie Gomart）が展開した、人工物とその使用者の主従関係の克服に関する議論〔Gomart 2004〕を視野の隅に入れながら、ここではむしろ次のように語るべきなのかもしれない。医療用麻薬が死の文脈にもたらしている様々な差異は、その文脈の中にいる人々にとって、単に見えないだけではなく、見えないことそれ自体が重要な意味を持つのである、と。医療用麻薬は、あくまでも単なる道具として、ホスピスケアの文脈の中に置かれていなければならない。それを取り巻く医療者、患者、家族は、自由な意思に基づいてこの薬物を拒絶し、部分的に受け入れる、という交渉を繰り返していくが、だからこそ彼／女らは、この過程の各瞬間に構築されている状況を自分自身の選択の結果として引き受けなければならないのである。死の文脈が構築されていく方向を定め、その安定を強力に支持する医療用麻薬の力は、まさにこのような内部者による「自由選択」の結果として発現されていくのである。

死の文脈を規定する医療用麻薬の見えない力は、目前の状況に対して取るべき行動が明らかになっていながら、それについて覚えざるをえない違和感ないしは後ろめたさとして時折内部者に感得されるのかもしれない。ある患者宅から別の患者宅へと向かうドライブの中で、インディペンデンス・ホスピスの訪問看護師サムにホスピスで行われる「鎮静」（sedation）と安楽死の違いについて質問したことがある。彼は次のように答えた。

　　　それはいい質問だ。さて……これは僕の意見であって、他のスタッフの答え方は異なるかもしれない。例えばエヴァンスさん、先ほど訪問した紳士は、ひどい痛みを訴えている。僕はオフィスに帰ってシェリルと相談して、恐らくさらに多くの薬物を使うことになるだろう。しかし、彼は非常に高齢で、非常に弱っているから、もしかするとそのままずっと目を覚まさない状態になるかもしれない……（中略）……。理論的なことはわからないが、僕たちは痛みを取るために薬物を使うし、その前には患者と家族に説明する。「これから薬物の量を増やします。もしかするとずっと眠り続けるかもしれません。それでいいですか？」

　サムは自分たちがしていることと、安楽死として知られていることの間に、治療が何を目的としているか、という行為に対する説明以上の差がないかもしれないことを知っている。それでいながら、彼にできることは、臨床部長と相談し、ダブルチェックを得ることによって、これから彼が行おうとしていることが標準的な疼痛緩和として妥当なものなのかどうかを確認するということだけなのである。
　本章で行った分析は基本的に調査時点における共時的なものとなっているが、歴史を振り返った場合、技術的な要因が現代ホスピス運動の展開を少なからず条件づけてきたことについて、議論の余地はほぼないはずである。ソンダースが定式化したブロンプトン・カクテルの４時間毎の経口

投与が、天啓の所産ではなく、彼女が研修医として日々を重ねた伝統的なホスピスの中で秘めやかに伝えられてきたわざを洗練したものであったという事実は象徴的である。ソンダースの技法が、すでに存在していた技術を取り込むことで成立し、やがて徐放性剤と速放性剤を組み合わせた今日の疼痛管理の技術を成立させるための不可欠な要素として取り込まれていく過程には、技術革新の方向性をある範囲内に収めるように作用するある種の自律性が認められる。だが、ここで急いで付言せねばならないのは、単純な技術決定論もまた、今日の米国における死のあり様を語りきることはできない、ということである。脳死をめぐって日米両社会に生じた反応の差を論じたマーガレット・ロック（Margaret Lock）の考察〔Lock 1996, ロック 2004〕は、技術革新の影響を固有の社会背景の中で発現する相対的なものとして解析することの重要性を示唆している。

　次章では、教育という新しい軸を議論に導入し、ホスピスの実践共同体の外部に広がっている社会経済的な条件が、現実のケアにどのような要請をもたらしているかを分析する。終末期ケアの対面的交渉をより広い社会空間に結びつけて行く医療用麻薬の媒介性は、次章の考察の中でも遺憾なく示されるはずである。

第 5 章

教育という解決
ホスピスケアにおける教えと学び[1]

---

1 〈編者註〉残された断片から読み取った結果、本章の目的は、前章の医療用麻薬の分析から浮上したホスピスの内部と外部との連携を、より全般的なレベルで考察することであった。1980年代以降、米国のホスピス運動の将来を制約する金銭的負担を減らすため、患者（またその家族）の自立を可能にする「学習」の重要性が強調されてきた。こうした学習過程の役割を明らかにすることで、原著者は、米国のホスピス運動における「経済」と「教育」の関係を示すことを計画していたと予測できる。残念ながら、遺稿は非常に断片的であるため、原著者の試みを再現することは困難である。したがって本章は、遺稿に従い、緩和ケアにおける「教育」の記述については『米国ホスピスのすべて』の第6章の関連部分から再構成した。なお、参考文献や脚注を補って、本章の学問的な文脈を示すよう心がけた。[M.G.]

第2章、第3章では、米国ホスピスのケアが、政府の方針や経済的制約によって、大きく影響されて来たことを述べた。ホスピスには、コストを抑え、在宅中心のケアを提供する以外、生き残る道がなかったのである。
　しかし、もし、米国ホスピスが、ただ政府の医療政策に迎合するだけで、ケアを受ける患者と家族、ケアを勧める医療者の満足を、全くないがしろにしてきたならば、今度はケアの市場から支持を失い、激しい米国のヘルスケア・システム間の競争の中で、社会的に淘汰されてしまったはずである[2]。
　米国ホスピスは、苦境を踏み台にして、「教育」(education) を鍵とする、新しいケアの指針を発見したのである。我われは、その一端を、第3章、第4章で眺めて来た。
　米国ホスピスにおける教育とは、患者と家族の視野を拡大し、実り多い別離の可能性を拓くためのアプローチの総称である。そのためには、専門家と一般市民のケアの力・知識の差を、いかに縮めていくかが課題となる。教育による支えが上手く働けば、患者と家族は、自分の力でケアを営む力を回復し、充実した最期の時を共有することができる。この自立は、同時に、ホスピスの経済的困窮の解決にも繋がるのである。

---

[2] 1982年にホスピス給付が米国の公的医療保障制度の中に組み込まれた背景には、1978年から行われた全米ホスピス調査の中で、ホスピスが従来の病院医療よりも低コストで遜色のないケアを提供できることを実証したことがある。米国ホスピスはこれによって念願の安定した財源を確保したのであるが、同時にごく限られた予算の中で競争力のあるケアを提供することを宿命づけられることになった。地域やケアの状況にもよるが、2006年現在、ホスピスが患者1人に対して1日ケアをすることで得られる補償は120ドルである。この金額は包括払いであり、ホスピスは、スタッフに対する人件費から薬剤に至るまで、ケアに要するほぼすべての費用をそこから捻出しなければならない。

5-1　教えと学びの関係

　米国ホスピスの教育は、わが国の、いわゆる死の準備教育とは根本的に異なるものである。後者は、ケース・スタディや「伝統文化」から死生観を抽出し、その吟味を通じて、参加者の内的な成長を期待する試みである。一方、このような、心の内面、スピリチュアリティに関する部分は、米国ホスピスの教育が、むしろ最後まで触れない部分である。触れないことで、尊重するのである。

　米国ホスピスの教育は、哲学的なものではなく、実践的なものである。漠然とした観念論ではなく、小さな目標の設定と、具体的な達成の、積み重ねである〔Munley 1983；Bradshaw 1996〕。本節では、その教育理念を簡潔にまとめておく。

①コミュニケーションとしての親子の教育

　哲学的な死の準備教育には、個人の発達に対する誤解がある。図5-1は、教育と学習の関係を示す図である。個人の発達は、全く何もない環境で行われる内発的な活動ではない。子供と親の関係を考えればすぐ分かることである[3]。

---

[3]　以下の議論は、発達心理学の権威であるレフ・ヴィゴツキー（Lev Vygotsky）の「発達の最近接領域」（ZPD: Zone of Proximal Development）に関する議論を下地に置いている〔1979〕。ZPDとは、学習する個人を取り巻く、ある種の可能態の領域である。ZPDの概念は、①何かができる／できないという能力の問題は、決して個人の内部で完結する主題ではなく、外部の環境との関数として把握されるべきである、②学習とは、社会的で協同作業的な過程である、という2つの重要な示唆をもたらす。この概念を導入することにより、たとえば緩和ケアの専門家達の戦略に対しては、必要なZPDを小規模・短期的に設定するためのコミュニケーション上の戦術を、その都度状況に応じて取り出すことができ、累積や専門家間の伝達も可能な一種の技術として、多数の引き出しに収納するような形で蓄積してゆく、というモデ

図 5-1　教育・学習の位置

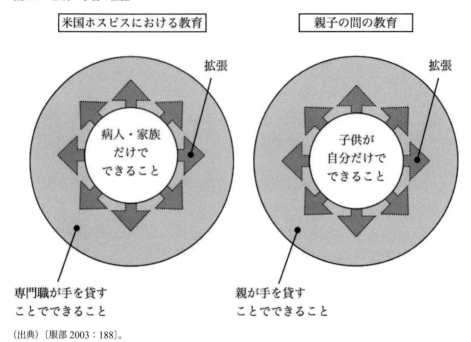

（出典）〔服部 2003：188〕。

　子供は、1人きりで成長するのではない。そこには必ず親（またはそれに準ずる介助者）がいる。子供の周りには、子供が自分自身の力だけではできないが、親が介在することで可能になる行為の領域、いわば「可能性の領域」がある〔ヴィゴツキー 1979〕。子供は、この可能性の領域で、親とやりとりを繰り返すことを通じて成長するのである。たとえば、言葉を話すようになる時には、同じことを辛抱強く繰り返し、言葉遊びに付き合って

ルを立てることが可能になる。ZPD 概念については〔福島 1995b：17-19；1997：123-124〕を参照。ZPD は、本来子供の認知的発達についての議論であるが、終末期における学習を描写するための新たな展望を拓く可能性を重視し、本章ではこれを敢えて大胆に応用している。

くれる親がいる。歩き始める時には、安全を確保し、少し離れて、笑いながら手を叩いてくれる親がいる。自転車に乗れるようになる時には、後ろで手を添えてくれる親を信用することで、はじめてペダルをこぎだすことができる。子供の発達は、個人の内側から自然に生じるのではなく、可能性の領域での、社会的な相互作用の結果として生じるのである。

　ホスピスにおける教育は、一言で表せば、この親の役割である。主役である患者と家族を支え、「患者と家族だけでできること」の周りに、「専門家が手を貸すことでできること」という、可能性の領域を広げるのである。

②具体的な目標を作り達成する
　患者と家族が、スタッフの知識と経験を上手く活用し、「できること」の範囲を拡大できれば、その周りに広がる可能性の領域もまた、さらに拡大する。受け入れ訪問の時には、ケアの自信など全くなかった患者と家族が、
　「私たちもできるだけのことはするから、ちょっとの間だけでも試してみましょう」
というスタッフの声に支えられて、在宅ケアを開始する。訪問を繰り返し受ける中で、ケアの受け方・やり方が、少しずつ身についてゆく。「死」という、何か曖昧で、大きく、理解できない対象は、
　「夜、眠れるようになろう」
　「服を着替えさせることができるようになろう」
という、具体的で、小さな目標に置き換わっていく。具体的で、小さな目標があれば、患者と家族は、そこまでたどりつくことに意味を見つけ、共に歩き始めることができる。この繰り返しが、実り多い別離をもたらす。これが、米国ホスピスの教育の土台となる考え方なのである。

③別れを自分のものとして受け止める
　20年前、インディペンデンス・ホスピスの創設に携わったベテラン看

護師の1人は、次のように語ってくれた。

> 病院のように、専門のスタッフに囲まれた場所では、(患者と家族は)何をどうやって良いか、見当さえつかない。自分の家で、ケアの主役になって看取ることは、家族が患者の死を自分のものとして受け止め、自分なりの意味を見つけることに繋がる。私はそれが、別離から立ち直ることにも役立つと信じています。私たちは、家族が患者を助ける、その作業を助けるのです。そのためにホスピスを作りました。

5-2　米国ホスピスにおける教育の性格

　本節では、米国ホスピスの教育を、8つの観点から浮き上がらせてみる。教育というアプローチは、米国ホスピスの考え方の中心にあり、ケアの随所にちりばめられているのである。

①情報を共有する

　病気の現状の説明と、近い将来起きうることの予測は、患者と家族の視野を開く基本である。大切なことは、これらの情報を伝える時に、必ず具体的な対策があることを保証すること、もしくは、誰もが通る自然な過程だということを理解してもらうことである。

　未知の道を歩み出そうとする患者と家族に、スタッフは、ごく大まかな地図を渡すことができる。その裏づけは、ありがたい教説や哲学ではなく、多くの別離を支えてきた、専門家としての実践的な知識・経験である。患者と家族は、地図を見ながら、目指すべき点を具体的にイメージし、歩みを進める。

②選択を支える

　情報の共有と対になるのが、意志決定の支援である。患者と家族が進む道には、多くの分岐点がある。しかし、初めて道をたどる患者と家族には、ほんの入口が見えるだけである。スタッフは、分岐点の存在と、それぞれの選択の意味を、予め伝えることで、患者と家族の選択を支える。

　1つの例が、蘇生不要（DNR: Do Not Resuscitate、蘇生措置拒否）の依頼書である。患者が危篤を迎えた時、少しでも長く時間を共有していたい、という自然な願いが、家族に救急車を呼ばせる。しかし、多くの人々は、命を救うために行われる残酷なまでの措置や、全身衰弱のケースでの回復見込みの少なさを知らない。事前にこの事実を知り、患者と家族が話し合いの場を持っていれば、選択は違ったかも知れないのである。

　手助けを受けることで、初めてできる選択もある。受け入れ時、患者と家族の多くは、在宅でケアを続けられるとは考えていない。半信半疑の患者・家族が、それでも在宅ケアを始めるのは、「少しだけ試してみましょう」というスタッフの強い励ましがあるからである。患者と家族は、ホスピスというセーフティネットの上で、自宅で過ごす日々を少しずつ重ねる中で、ケアの力そのものを身につけていく。その積み重ねの先に、当初は考えてもいなかった、家での看取りが見えてくる。

　分岐点を目の前にした患者と家族を放り出すのは、自己決定論の悪用である。それぞれの道の行き先を知り、信頼できる手助けが約束されれば、選択は全く異なったものになりうることを忘れてはならない。

③安全な場を確保する

　患者と家族が、自分らしい別離の姿を摸索することができるように、行動の自由と、安全性が保証された環境を確保することも、教育の大切な一面である。

　疼痛コントロールは、1つの例である。限界を越えた激しい痛みは、意志を挫き、その人の人格そのものを覆い隠す。痛みを和らげることは、体

と心の活動の自由を回復することにも繋がるのである。患者は、物理的・社会的な行動範囲を広げ、意志決定や家族とのコミュニケーションの中で、能動的な役割を果たすことができるようになる。

　スタッフは、患者と家族のニーズをできるだけ早く汲み上げ、ケアの継続自体を断念させるような問題が起きないようにする。大切なのは、患者・家族が、自分の状況をコントロールする力を持つことである。十分な安全性の保証があれば、暮らし慣れた自分の家は、ケアを受ける／与えるための、最良の場となるはずである。

　また、カウンセリングも、ホスピスが提供する安全な場の1つである。そこでは、情報の厳密な秘匿が約束されている。状況を理解し、湧き上がる感情を、自然なものだ、と肯定できるスタッフがいる。

　ある女性は、ホスピス・オブ・ワンダーのソーシャルワーカーに、自分の母のケアを行うことが辛くて仕方がない、と涙を流して訴えた。女性とソーシャルワーカーは、どうしてそんな気持ちになるのか、時間をかけて、話し合いを重ねた。やがて女性は、結婚を巡る、ある1つの仕打ちが、とげのように心に刺さっていることに気づいた。その出来事がきっかけとなって、少しずつ互いの心がすれ違っていったのである。

　安全が保証された場で行われる対話は、鏡のような役割を果たす。患者や家族は、その中から、自分自身が気づかなかった、自分の問題を、自分の力で見つけることができる。

④新しい語りを提供する

　先の例で、女性が自分の心に刺さるとげに気づいた時、ソーシャルワーカーは、女性の手を取って、静かにこう言った。

　「そのことは、そのままでいい。解決しないでいいのよ。あなたは、その上で、良いケアを続けることができるわね」

　死別は動かし難い現実である。終末期の患者と家族が抱える悩みには、ホスピスの支援があっても、解決できないものが数多くある。家族の中に

長い時間をかけて蓄積され、死の接近をきっかけに表面化したような根深い問題は、その典型である。

　このような苦悩が、患者と家族を打ちのめし、立ち止まらせようとする時、スタッフは、問題となっている状況に対して、別の角度から光を当てることを試みる。問題そのものを解決するのではなく、問題の受け入れ易さを変えることを目指すのである。

　離別を嘆き、悲しみの中で動けなくなった患者には、その辛さが絆の深さの裏返しであること、死の時期がいかに適切かということを、考えてもらう。患者が食事を取らなくなったことに心を痛める家族には、食事を取らないことが、どれだけ体の負担を軽減するか、納得してもらえるまで説明する。次第に無口になる患者に戸惑う家族には、今は活動のエネルギーが、心の内側に向かっているのよ、という解釈を提供する。

　患者と家族が別離の道を進む時に、問題にぶつかることは、むしろ自然なことである。本当の問題は、そこで立ちすくんでしまうことである。ホスピスが提供する、状況の新しい語りは、立ち止まりかけた足を、もう一度動かす勇気を支えるのである。

⑤何度でも繰り返す

　同じことを、何度でも、必要なだけ繰り返すことも、非常に重要な特徴である。米国ホスピスの教育の大きな目標は、医療者と一般市民の知識差を、可能な限り縮めることである。知識差の短縮は、しかし、その差を認識することから始まる。丁寧な反復作業は、この差をはっきりと自覚することによって、初めて可能となる。

　ホスピス・オブ・ワンダーのソーシャルワーカーは、仕事内容のインタヴューを次のようにまとめた。

　「今まで言ったのは、私の訪問ケアの3分の1の作業ね。あとの3分の2の作業は、それまで言ってきたこと、してきたことを、何度も何度も何度も、根気よく繰り返すことよ」

スタッフにとって、どんなに簡単なこと、明らかなことでも、1度の説明で、全てが思い通りに伝わることは、まずない。もちろん、患者・家族は、スタッフの説明を、熱心に聞いている。問題は、ケアの専門家であるスタッフと、始めてケアの現実に直面する患者・家族との間に、決定的な知識の開きがあることである。また、その場で話として説明を受けることと、その知識を生活の中で実践することは、全く別の問題である。

　もちろん、ホスピスは、ファイルや小冊子の形でも、知識を患者・家族に提供する。しかし、どんなに分かり易く、短くまとめられた資料であっても、患者・家族はなかなか手に取る気にはならない。資料配布は、あくまで反復的説明の補助に過ぎない。

　説明を受けた患者と家族は、自分の解釈で、ケアを実施してみる。当然、その中で、分からないこと、足りない部分が出てくる。患者・家族は、それをスタッフに訴える。スタッフの側も、能動的に問題を見つけ、改めて説明し直す。この繰り返しの過程で、何が分からないのか、何が問題になっているのかが、次第に見えて来るのである。

　説明は、1度きりの指示ではない。それは、ある長さを持った時間の中で、患者・家族とスタッフが声を交換し合う、一連のコミュニケーションのプロセスなのである。

⑥組織的に実施する

　このような教育は、スタッフ個人の力では実施できない。プログラム全体で、教育の概念と意義の共通理解を持ち、組織的に努力することが必要になってくる。スタッフは、会議や日常的なコミュニケーションの中で、「教育」という言葉をはっきりと口にする。プログラムを管理する立場にあるスタッフも、継続的な講習会の中に、教育に関する議論を積極的に取り入れる。

　これに加え、スタッフの側も、自分の専門領域の知識だけでなく、オピオイドの性質や死の接近を報せる徴候など、基礎的な知識を、ある程度全

員で共有し、必要に応じて説明を補い合うことが大切になる。特に、在宅ケアの場合、その時訪問しているスタッフが、その場で答えることが、大きな意味を持つ。患者と家族の側からすれば、複数のスタッフに、同じ見解を確認できれば、はるかに大きな安心感を得ることができるのである。

⑦信頼と適切な距離のバランスを取る

　以上の活動を通じて何より大切なのは、スタッフが、患者・家族との間に、しっかりとした信頼関係を結ぶことである。先の親と子供の関係には、無条件の信頼が前提として存在する。ホスピスケアにおいて、スタッフを信じることは、患者と家族にとり、文字通り、命を預けることである。ホスピスの教育では、親子の関係と同じくらい、強固な信頼関係が必要になる。この信頼は、誠実にケアを実践する中で、時間をかけて、少しずつ築かれるものである。

　その一方、適切な距離を保つこともまた、非常に重要である。親が過度に干渉し過ぎれば、子供の発達は逆に妨げられる。ホスピスの教育でも、各スタッフが、専門家としての境界を意識し、患者・家族の生活に、過剰な手出しをしないことが、基本的な方針となっている。関与を必要最低限に抑えることが、患者と家族が、自分の力で道を歩み、自分らしい別離の形を見つけることに繋がって行くのである。

⑧教える側も学ぶ

　誤解してはいけないのは、何度でも繰り返すことと、考えを押しつけることは、全く異なるということだ。

　どんなに整然とした理論、素晴らしい思いつきであっても、相手の側に受け入れのための素地や状況が整っていなければ、本当の意味で届きはしない。

　ホスピスにおける教育は、学校的なトップダウン式のものではない。
　それは、患者・家族と同じ高さに立って行う双方向的なコミュニケー

ションである。そこでは、教えと学びが、常に不可分に結びついている。

　スタッフは、発信しながら、受信する。言わば、教えながら学ぶのである。

　何かを伝えようとすれば、必ず反応が返ってくる。それを敏感に受け止めて、患者・家族の信念や立場を汲み取り、目標や支援のスタイルを順次修正し続ける。

　専門職として最良の選択と信じる提案が拒否されても、単なる感情的な拒絶反応ではなく、十分な理由があってなされたのであれば、その意志を尊重する。

　「その人らしさ」と、ホスピスのマニュアルに載っている主張がぶつかった時、修正されるのは後者だ。尊厳、平穏という、ホスピスケアの大きな目標さえ、例外ではない。

　大切なことは、理想的な別れのかたちを追求することではなく、そこに至る道を、患者・家族が十分に納得できるものにすることだ。

　そのためには、ケアをオーダー・メイドのものにする、教える側の学びの姿勢が大切なのである。

5-3　ホスピスケアの2つの方向性

　教育への着眼は、ホスピスケアにおいて、何を優先し、どのような形でケアを提供するか、という点に関わる、2つの基本的方向性を考えることに繋がる。この点を議論することは、わが国のホスピスケアの未来を考える上でも、大きな意味があるはずである。

　第1のものは、できるだけ高度なケアを提供するために、専門家が、自分の持つケアの技術、知識をどんどん革新し、磨いていく方向性である。仮にこの方向性を、「向上モデル」と呼ぶことにしよう（表5-1）。

　向上モデルに適したケアの提供形態は、専門施設での入居型のケアである。高度なケアを提供するためには、人、技術、情報、施設、器機、薬剤

表 5-1　ホスピスをめぐる 2 つのモデル

	向上モデル	教育モデル
目　的	より高度で、確実なケアの提供	ケアにおける患者と家族の自立
基本方針	専門職が、自分の持つケアの知識・技術を可能な限り高める。	専門職と一般市民の間にある、知識・技術の差を、可能な限り縮める。
QOL に関する目標	可能な限り高める	満足させる
ケアを受ける立場にとっての魅力	安　心　感	自　　由
適したケアの空間	専門施設 ・医療資源の集中 ・ケアの環境を専門職が管理	自　　宅 ・生活に関するコントロールの維持 ・専門職との主客関係
経　済　性	大きな問題 ・患者と家族の生活そのものを提供 ・医療資源へのアクセスが容易	優れている ・患者と家族の自活の持続 ・過剰な医療的介入を抑制
従来型医療との関係	より連続的 → 病院型医療のシステムを活用可能	より革新的 → 意識と医療システムを改革する必要

(出典)〔服部 2003：200〕。

　など、関連する医療資源が集中的に配置されていることが望ましい。また、ケアの環境を、専門家の側から設定・管理できる点でも、有利である。
　向上モデルに基づくホスピスケアは、従来の病院医療との相似性が高い。このことは、病院医療のシステムを連続的に活用できることを意味する。
　大部分の専門家の立場からすれば、技術・知識の洗練という価値観と、慣れ親しんできた活動環境を維持できる向上モデルは、最も自然なケアの方針である。一方、在宅でのケアと看取りに不安を持つ、多くの患者・家族にとっても、高度な技術と知識に支えられた施設ケアは、魅力的に感じられるはずである。
　これに対し、米国ホスピスが取らざるをえなかった、第 2 の方向性は、専門家と一般市民の間にあるケアの力・知識の差を縮めることを最大の目標とする。こちらの方向性を、中心となる概念から取って、「教育モデル」と呼ぶことにしよう。
　専門家は、患者と家族が、自分の力で受ける／与えることができるケアの範囲を拡大することを目指し、教育という形で支援する。患者と家族が、

ケアを理解し、その中に自分をしっかりと巻き込んでいくことは、実り多いコミュニケーションの可能性を拓き、死別後の悲嘆過程にも良い影響を与えうる。ホスピスの側も、生活そのものの提供や、過剰な医療的介入を省き、ケアのコストを抑制することができる〔Walter 1994〕。

　教育モデルに適したケアの提供形態は、在宅ケアである。入院ケアは、高度な技術や管理の行き届いたケアを提供できる利点がある反面、患者と家族には、生活環境の変化という新しい負担が加わる。暮らし慣れた自宅でケアを行うことは、患者・家族が、自分の生活をコントロールする力を保つ点でも、大きな意義を持つ。

　2つの方向性には、それぞれ長所がある。双方を同時に追求できれば理想的であるが、完全な両立は、現実には困難である。専門家が、高度な知識や技術を追求すればするほど、一般市民との距離は、必然的に開くからである〔Abel 1986〕。

　専門家の知識と技術は、特別な機関で長い時間をかけて教育を受け、さらに多年の実践を重ねて得られたものである。1つ1つの言動の背景には、その専門家集団が共有する、たくさんの暗黙の前提が存在している〔福島 2005；James & Field 1992〕。

　逆に言えば、集団の外にいる者が、その意味を理解することは、本来極めて難しいのである。したがって、専門家が持つ知識・技術を、一般市民と共有することを目指す歩み寄りは、それ自体、相応の時間とエネルギーをかけた、意図的・組織的な努力を必要とする試みとなる。その例が、米国ホスピスの教育に他ならない。専門家が、職人的なひたむきさを持って行う知識・技術の追求が、歩み寄り方向と、ほぼ正反対を向いていることは、明らかであろう。

　患者と家族は、器機や薬剤の名前、それらの正しい使い方を、なかなか覚えない。当り前のことを、当り前として理解しない。同じことを、何度も何度も、繰り返し聞いてくる。しかし、これは、一般市民の、最も自然な反応なのである。見方によっては、老婆にも、若い貴婦人にも見える有

名な絵があるが、多くの医療者は、医療者の視点を手に入れた時に、一般市民の視点を見失ってしまうのである。その結果、「何が分からないのか、分からない」という状況が生じるのである。

　一方では、高度な知識・技術を持つ専門家が、高度な設備下でケアを行うことは、患者・家族が、自分の手でケアを行う力と自信を奪うことにも繋がる。患者は、自分の体のことを、自分が分からないやり方で解釈される。専門器機に取り囲まれ、管理された環境は、家族がケアに手を出すことを難しくする。このような状況は、力と自信を無くした患者・家族が、ますます専門家・専門施設に頼り切りになる、悪循環を招く。

　向上モデルと教育モデルには、根本で対立がある。現実には、一方を基本的な方針と位置付けた上で、他方にも可能な限り配慮する、という折衷案が妥当な線になるだろう。

5-4　日本のホスピスケアを巡って

　それでは、わが国の将来のホスピスケアを考える時に、どちらのモデルを基本方針とするべきであろうか。この問題は、もちろん簡単に答を出せるようなものではない。しかし、医療費の問題を契機として、在宅ケア中心に移行した、米国ホスピスの歴史は、参考にすべき先例となるだろう〔服部 2008〕。

　向上モデルが目指すケアは、どうしても大きな費用がかかる。医療資源の集中は、技術的に高度なケアを比較的自由に提供できる環境を整え、結果的にコストの増大に結び付く。また、入居型のケアは、ホスピスが、患者と家族の生活そのものを直に支えることを意味する。人生の最期をもてなすべく、それなりの環境を調えようとすれば、設備投資は莫大なものとなる。

　向上モデルを基本方針にするためには、このコストの問題が解消される必要がある。わが国のホスピスケアは、医療補償制度上、現在でも相当に

優遇されているが、それでも多くの施設は、高い差額ベッド料を取らざるをえない状況に置かれている。急速な高齢化に喘ぐ政府医療財政に、これ以上の優遇措置を期待するのは困難である。しかし、差額ベッド料を今以上に高めれば、ホスピスケアは、一握りの裕福な人々だけのものとなってしまうだろう〔Long & Chihara 2000〕。

　一方、教育モデルを基本方針に選べば、何もかも上手く行くかと言えば、そうとも簡単には言い切れない。予想される最大の問題は、従来の考え方や、ケアのシステムそのものを、根本的に変革することにかかるコストである。

　ケアの知識・技術をひたむきに向上させてきた専門家には、考え方を、ほぼ180度回転させる、意識変革が求められる。教育モデル下のケアは、個人レベルのスタッフの質の高さが大前提となる。専門技能はもちろん、ホスピス一般の知識も共有すること、人当りの良いコミュニケーションの技術、訪問先で臨機応変に対処できる判断力など、多くの資質も期待される[4]。組織のレベルでも、教育を中心に据えた、抜本的再編が求められる。その中には、スタッフの質を保つ工夫も含まれなければならない。他にも、医療補償制度の改変や、他の医療・福祉機関との連携など、解決しなけれ

---

[4] 緩和ケアの知識や技術は、それを専門的に追求してきたホスピスの外部にはなかなか浸透していない。厚生労働省が2003年に実施した終末期医療に関する意識調査によると（「終末期医療に関する調査等検討会報告書：今後の終末期医療の在り方について」（厚生労働省、平成16年7月）http://www.mhlw.go.jp/shingi/2004/07/s0723-8d9.html〔〈編者註〉2018年6月24日編者により新しいリンク先へアクセス〕）、疼痛緩和の基礎である「WHO方式癌疼痛治療法」について「内容をよく知っている」、「内容をある程度知っている」と答えた看護職員／医師の割合は、緩和ケア病棟では87.9%／92.3%であったのに対し、それ以外の病院・診療所では実に17.2%／40.6%にとどまる。さらに驚くのは、1998年に実施された前回調査と比べて、看護師・医師ともに同治療法に対する理解度が若干ながら低下しているという残念な事実である。

ばならない多くの課題が、1度に生じることになる。

　そして、この根本的改革は、ホスピスケアの受け手である一般市民にも、大きな意識変革を求める。米国ホスピスの現場でも、受け入れ当初、患者・家族の大部分は、在宅でのケアや別離など、考えてもいない。医療を専門家に頼る傾向が強いわが国でも、「終末期ケアを受ける場所として、どこが適当だと思いますか」とアンケートを取れば、おそらく多くの人々は、病院と答えるだろう。

　しかし、もし、患者・家族が、在宅ケアの可能性を知り、どんなケアを受けたいか・与えたいか、という、具体的なイメージを持てるならば、また、もし、専門家が、患者・家族のケアの力と知識を高める方法を学び、少しずつ経験と実績を蓄えることができるならば、ケアの受け手側の回答にも変化が生じるかもしれない。在宅ケアが充実し、入居型ケアとの補完体制が取れる目処がつけば、折衷モデルはもっとも現実的で、多くの声をしなやかに受け止められる選択肢となるだろう。

第 3 部

実践の特性
死はいかに扱われるか

第 6 章

ホスピスが看るものと見ないもの[1]

---

1 〈編者註〉本章は原著者が完成に近い形で書き残した。ただし、本文中で指定されつつも未挿入の図表がいくつかあったため、それらについては別のところから転載している。なお、冒頭のシュヴァイツァー（Albert Schweitzer）の言葉（James Brabazon〔2000〕*Albert Schweitzer: A Biography (2nd edition)*, Syracuse UP, p.247 によれば、ストラスブールでの説教のために 1914 年 6 月に彼が記したもの）は、もとは英文のままであったが（"Pain is a more terrible lord of mankind than even death itself."）、日本語に訳した。［S.K.］

痛みは死そのものより恐ろしい暴君である（アルベルト・シュヴァイツァー）

6-1　遠景としての死から近景としての死へ[2]

　文化人類学の蓄積は、我われの社会では通常普遍的であると考えられている死という事象が、実際には相対的なものに過ぎず、それぞれの社会に内在する規範に委ねられていることを明らかにしてきた。文化人類学者に可能な死の定義は「生と対になる範疇ないしはこの2つの範疇間の移行」という極めて貧弱なものにしかなりえない。問題はこのような多様性の認識にもかかわらず、死を論ずる文化人類学者の姿勢が大きく次の2つに絞られてきたという事実である。

　第1のものは、第1章で心性派としてまとめた葬儀の慣習を参加者の情動と直接的に結びつける一群の考察である。彼／女らにとって、「死への本能的恐怖／死者への愛着・崇敬」という人類普遍の心性の存在と、伝統的社会で発見された死にまつわる宗教的実践は、相互に説明しあう根拠となりうるものであった。

　このような自己撞着的な心性派の議論に対峙するもう1つの流れは、死に対する情緒的反応をいったん迂回して、それがもたらす社会的ネットワークの欠損を問題の本質と見なす論者の群である。彼／女らの議論は社会の恒常性に拘泥してはいたもののそれなりに洗練されたものであったが、残念ながらその焦点が死そのものに置かれることはほとんどなかった。そこで語られたものは、アノミーを招きかねない社会的紐帯の綻びを修復する制度の精妙さや、危機さえも自己の再生産に利用する権威のしたたかさだったのである。

---

[2] 〈編者註〉この節は第1章での記述と重複するところがあるが、それほど冗長と思えなかったゆえ、削除を施さない。[S.K.]

死の意味づけが社会の間で、場合によってはそれぞれの社会の内部にあってさえ多様であるにもかかわらず、それについての文化人類学者の議論の筋道が大別してわずか2通りに限定される、という事態は奇妙に映る。この不均衡の背後には、フィールドデータに依拠して死が相対的であることを繰り返し主張してきた文化人類学者自身が、死は恐怖であり、社会的秩序への攻撃であり、何らかの正常化が図られるべき逸脱である、という、我われの社会の通念を客体化し、そこから逃れるという試みに実は成功していなかった、という事実が透けて見えるのである。

　また、2つの姿勢のいずれを取った場合にも、文化人類学者は、葬儀ないしはそれに準ずる伝統的・慣習的実践を媒介として、死を間接的に観察してきた、という点にも留意する必要がある。死の文化人類学をレヴューしたパルジとアブラモヴィッチ〔Palgi & Abramovitch 1984〕が、一連の考察を概観して「『冷たさと距離感』を覚えずにはいられない」と評した状況が生じたのは、このようなアプローチによって多くの研究が規範的な手続きや教条を採集するものにとどまってしまったことの帰結であると言えよう。

　しかしながら、何らかの媒介を取る、という研究手法そのものへの批判は、死の文化人類学にとって生産的な提言とは成り難いはずである。内堀と山下〔1986〕も指摘する通り、死はいわば経験することを拒否する経験だからである。

　　我々が語りうるのは厳密にいえば他者の死のみであり、せいぜいのところ他者の死に投影された自己の来たるべき死の予期が特定文化においてどのような現象形態をとるかということにすぎない。このことは死の人類学の現在における限界であるが、しかし一面では我々がここで扱いうることが「死」と呼ばれるものの実相でもあるのだ。……（略）……死という現象は、……（略）……社会と文化のなかで拡がりをもつ一定の意味の場であり、現実にある個体が

「死ぬこと」は、ひとたびこの意味の場が形成されているところでは、くりかえしくりかえし生起する同一の現象にほかならないからである。〔内堀・山下 1986：17-18〕

　内堀と山下が「不可逆の、一回的な、とりかえしのつかないものとしての個人の死」を、「死の現象を理解するうえでの出発点にはなりにくい」として研究対象から切り捨てたことは、当時の学的・社会的状況を鑑みればごく誠実な態度だと言えよう。なぜならば、社会に拡散しがちな一度きりの個人の死は、地域や制度を一定の範囲で切り取ることで対象を厚く記述するフィールドワークの技法に馴染みにくいからである。しかしながら、このような個人の死にまさに関心の焦点を当て、それを集約的に扱うシステム、すなわち、ホスピスに代表される終末期ケアの実践の場が誕生することで、状況は大きく変わったと見なさなければならない。
　制度であるホスピスを研究する以上、文化人類学は確かになお一種の媒介を利用しながら間接的に死を見つめることになる。しかし、ここで気づくべきは、文化人類学が死を見つめる作業に問題をもたらしていたのは、媒介を取ることそれ自体ではなく、選択した媒介の性質だった、ということである。従来の死の文化人類学が媒介として選択した慣習的実践や民俗的語りは、死者の固有性からほぼ完全に独立している。ブロックとパリー〔Bloch & Parry eds. 1982〕に倣って言えば、このような断絶によって維持される形式の不変性こそが、死を克服する儀礼の本質に他ならないのである。近年の我われの社会の葬儀研究が、実践の背景にある伝統的な心性へと遡及することを諦め、場を仕切り、形式を維持する葬儀屋の民族誌となりつつあること〔Suzuki 2000〕もまた、媒介の選択がもたらしたごく自然な成り行きであるし、一面ではそれこそが今日の我われの死の実相なのである。
　これに対して、本書が媒介として選択するホスピスの実践は、内堀と山下が切り捨てた個人の死に可能な限り肉薄することを目指すシステムが育

んだものである。柔軟性に富み、奥行きを持ったこのシステムには、多様な死をできるだけ安全に処理するための様々な工夫が蓄えられてきた。

いわば遠景として死を論じてきた文化人類学者は、終末期ケアの現場に身を投ずることによって、文字通り目前に迫るものとして死を見つめざるをえない立場に置かれた人々に寄り添い、その肩越しに彼／女らの視線を追うことになる。いささか論点を先取りすることになるが、この体験は、文化人類学者が暗黙の前提としていた我われの社会の死の通念を揺るがし、死の文化人類学の再構築を要求するものになるだろう。

本章以下3章が構成する第3部では、ホスピスが培った知識・技術と現場における実践に注目し、そこに埋め込まれた死生観を読み取ることを目指す。本章ではその手始めとして、ホスピスのスタッフが何を問題と見なし、何を問題から外すのかを検討することを通じて、死に対して向けられた彼／女らのまなざしの特性を描写してみたい。

6-2　全人的苦悩

ホスピス運動の指導者が一貫して主張し続けてきた「全人ケア」(total care) は、「疾病を診るのではなく、1人の人間としての全性を備えた存在としての患者をこそ看るべきである」というテーゼを核とするイデオロギーである。医学モデルに限定された「従来の終末期医療」像との対比を直接的に強化するこのイデオロギーは、ホスピス運動がアイデンティティを確立し、実体的な制度へと結実して行く過程で重要な役割を果たしてきた。

ホスピス運動における全人ケアが特徴的なのは、終末期の患者が抱える苦悩をまず4つの要素に分解し、その包括概念として「全人的苦悩」(total pain) を指定した上で、それに対して専門家がなすべき対処が定式化されている点である。この全人的苦悩のモデルは、ホスピスの専門家が何を問題と見ているかを端的に示唆するものであり、終末期ケアに埋め込まれた

死へのまなざしを考えるための恰好の糸口となる。

　迫る死を契機として現れ、全人ケアを要求する苦悩に対する洞察の原型は、ホスピス運動の創始者であるソンダースの最初期の論文の中にすでに表れている。

　　　ある患者は私が彼女の痛みについて尋ねたとき概ね次のように答えた。彼女の回答にはこのような状況にあって私たちがケアしようとしている4つの主たるニーズが表れていた。彼女は言った。「さて先生、痛みは背中から始まったけど、今では私のすべてが駄目になっちゃったように思います」。彼女は身に起こった様々な症状や不幸を説明した後でこう続けた。「私にはすばらしい主人と息子がいますが、彼らには仕事がありますし、離れて暮らして、お金だって使わなくてはなりませんでした。薬をちょうだい、注射をうって、と叫びだしそうになりました、そうすべきではない、と分かっていても。あらゆる物事が私に立ち向かってきて、誰もそれを分かってくれないように感じました」。彼女は次の一言までに少し時間を取った。「でも、もう1度、安心できるというのは、何てすばらしいんでしょう」。さらに問うまでもなく、彼女は自分の身体面ならびに精神面での苦しみ、社会的な問題、そして安心を希求する霊的なニーズについて語ったのである。〔Saunders 1964：viii〕

ソンダースがこのような認識を持つに至った経緯には、医療ソーシャルワーカー、看護師を経て医師となったという彼女の特異な経歴と、カソリックからプロテスタントに改宗しながらも終始強固に保持されたキリスト教の信仰が深く関与している。

　ソンダースが上の引用で「4つのニーズ」と呼び原案を示した、「身体的苦悩」(physical pain)、「心理的苦悩」(mental pain)、「社会的苦悩」(social pain)、「霊的苦悩」(spiritual pain) という全人的苦悩の4分法と、

図 6-1　全人的苦悩モデル

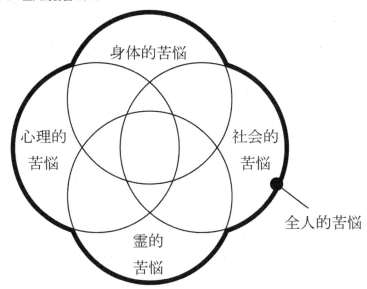

その反転としての全人ケア・モデルは、今日の教科書的文献では図 6-1 のように図式化されている[3]。

6-2-1　身体的苦悩

　身体的苦悩は文字通り身体に直接的に感じる苦痛や不快な問題であり、その代表は疼痛である。疼痛はホスピスのスタッフが第 1 に関心を払う対象となっている。

　たとえば、終末期ケアの主たる対象となるがん性疼痛は、体性痛、内臓痛、神経因性疼痛に大別される。体性痛は、限定的な部位に持続する疼痛

---

[3] 本章における全人的苦悩モデルおよび身体的苦悩、心理的苦悩、社会的苦悩、霊的苦悩の概説については、フィールドワークを実施したプログラムの内部資料に加えて、〔Doyle et al. eds. 2004；Ferrell & Coyle eds. 2001；恒藤 1999〕を参照した。

であり、うずく痛み、刺しこむ痛みと表現される。代表は骨転移の痛みであり、腫瘍が骨に浸潤した部位に痛みが見られ、叩打痛が病変に一致し、体動によって痛みが増悪する。内臓痛は腫瘍による臓器の圧迫などによって生じる、部位が明確でない痛みであり、締めつけられる痛み、鈍い痛み、深い痛みと表現される。肝がんや膵がんに伴うことが多く、圧痛が見られる。神経因性疼痛は末梢神経や中枢神経の損傷によってもたらされる痛みである。焼けるような痛み、刺すような痛み、電気のような痛みと表現され、感覚の鈍磨や異常を伴うこともある。

　このようながん性疼痛は、ソンダースによるブロンプトン・カクテル[4]の定時的経口投与を皮切りとして、終末期ケアの領域で最も早くから研究が進んだ領域であり、現在ではWHO方式がん疼痛治療法[5]を初めとする疼痛緩和処置が適切に施されれば、そのほとんどは消失ないしは軽減するとされている。筆者のフィールドワークの経験から述べても、がん性疼痛

---

[4] ブロンプトン・カクテル（Brompton Cocktail）は、モルヒネ、ヘロイン、コカインなどを、水やワインに混ぜた水薬である。ブロンプトン・カクテルの4時間毎の経口投与が、患者の肉体的苦痛を軽減するだけでなく、苦痛に対する不安などの精神症状をも改善することを示したことは、終末期ケアの創始期における重要な技術革新であった。ソンダースによって医療界に広められたこの技術は、しかしながら、セント・ルカ療養所ですでに1935年の段階で実施されていたことが知られている〔Saunders 1998：vii〕。

[5] WHOは1986年に『がんの痛みからの解放』の中で、「WHO方式がん疼痛治療法」を示し、除痛薬の用法を定式化した。その骨子は、①経口的に、②時刻を決めて規則正しく、③除痛ラダーにそって効力の順に、④患者ごとの個別的な量で、⑤そのうえで細かい配慮を、という5点にまとめられる。この治療法を正しく理解して使用すれば、70％から90％のがんの患者から、痛みを取り除くことができるといわれ、現在では、がんに限らず、広くホスピス・緩和ケア全般に応用されている。なお、③の「WHO 3段階除痛ラダー」（WHO Pain Relief Ladder）は、除痛のための薬の使い方を平易に図式化したモデルである（図6-2を参照）。詳細については〔World Health Organization 1986〕を参照。

図 6-2　WHO 三段階除痛ラダー

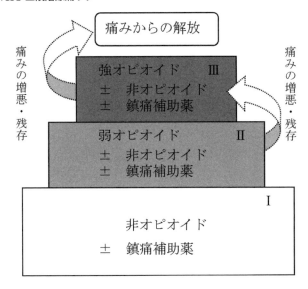

が深刻な問題になるのは、疼痛緩和処置の中心に位置づけられるモルヒネの使用を患者が拒否しているケースが大半を占めた。

　今日では終末期ケアの専門家にとっての技術的課題の焦点は、疼痛以外の不快な身体的症状に移っている。その例としては、全身倦怠感、消化器系症状（悪心・嘔吐、腸閉塞、便秘、下痢、腹水、嚥下困難）、呼吸器系症状（呼吸困難、咳、胸水、死前喘鳴）、泌尿器系症状（排尿困難・尿閉、尿失禁）、神経症状（転移性脳腫瘍、脊髄圧迫、痴呆）、内分泌異常（高カルシウム血症）などを挙げることができる。これらの症状は基本的には疾病の進行に伴って現れるものであるが、モルヒネに代表されるオピオイド製剤[6]が引き起

---

[6] 「オピオイド」（opioid）は、モルヒネ、オキシコドン、フェンタニルその他の天然薬品ないし合成薬品で、中枢神経系および末梢神経系にあるモルヒネ受容体に作用してモルヒネ様作用を及ぼす薬品の総称である。緩和ケアに関する記述の中では、「麻薬」（narcotics）という呼称は、歴史的な会議の名

こす便秘、悪心・嘔吐、眠気など、何らかの処置の副作用として発生するものもある。これらの不快な症状をコントロールするための技術は、「症状マネジメント」(symptom management) と総称される。

6-2-2　心理的苦悩

　心理的苦悩は、不安、いらだち、孤独感、恐怖、抑うつ、混乱、怒りなど、情動に関する問題を包含する範疇である。終末期ケアの過程では、患者の多くは、症状が悪化するにつれて、環境、地位、役割、所有物、愛情の対象、身体的コントロール、自己イメージなどを次々と失っていく。心理的苦悩はこのような喪失体験がもたらすストレスが引き金となって生じる精神的・情緒的な逸脱と考えられている。その射程は漠然とした広がりを持つ「こころ」の問題ではなく、精神医学に準じた心理的な病理学と呼ぶべきものである。

　たとえば不安は、①しかるべき理由や状況があるかどうか、②相手に分かるような言葉で表現できるかどうか、③周囲がその人の身になって追体験できるかどうか、④我慢できるかどうか、⑤持続するかどうか、⑥いったん消えれば簡単には再現しないかどうか、といった特徴を基準として、正常範囲内にある不安と病的な不安とに区分される。不安の症状は精神症状と身体症状に大別される。精神症状は、緊張感、易疲労性、焦燥、苦悶、興奮、不穏、離人感、入眠困難・中途覚醒などの睡眠障害などであり、「落ち着かない」、「リラックスできない」、「何となく恐ろしい」、「じっとしていられない」、「誰かが一緒でないと安心できない」、といった

称を示す場合などの例外を除き、使用されない。これは、麻薬という言葉が、法律的な意味で用いられた場合、薬理学的には麻薬でないもの、例えば大麻やコカインなども含めて「麻薬」と総称しており、この用語法の差による誤解を避けるため、とされている〔World Health Organization 1990：18-23〕。〈編者註〉「麻薬」の語法上の問題については本書第4章を参照のこと。[W.H.]

心情として自覚される。身体症状としては、心血管症状（動悸、頻脈、収縮期血圧の上昇、紅潮など）、呼吸器症状（ため息、あくび、息苦しさなど）、消化器症状（口渇、喉の詰まる感じ、胸やけ、過食、食欲不振、悪心、腹痛、下痢など）、泌尿器症状（頻尿、尿意切迫、排尿困難、性機能障害など）、神経症状（頭痛、めまい、耳鳴り、動揺感、発汗、冷汗、熱感、振戦、瞳孔拡大など）、筋骨格症状（疼痛、歯ぎしり、筋肉の緊張など）が挙げられる。以上に加えて、不安は身体的疼痛を感じる閾値を下げることが知られている。

　心理的苦悩への援助の基本は十分に時間をとって患者の言葉を傾聴することであるが、薬物療法も積極的に取られる。米国の終末期ケアの現場で主として用いられるのはアティバン®（ロラゼパム）に代表されるベンゾジアゼピン系抗不安薬である。同薬は、情動と密接に関係する海馬や扁桃核などの大脳辺縁系と視床に対して選択的な抑制作用を持ち、高次の精神機能に影響を与えずに不安や緊張を改善する効果を発揮するため、「その人らしさ」を尊重するホスピスケアのイデオロギーとの整合性に優れている。

6-2-3　社会的苦悩

　社会的苦悩は終末期ケアの過程で自立生活を営む上で支障となる問題群であり、経済的問題、生活上の問題、社会関係上の問題、死後の事柄の問題が該当する。

　経済的問題は、ケアの費用を支出すると同時に収入を制限されることが多い終末期の患者とその家族にとって、非常に深刻な課題となる。すでに述べた通り、米国では患者がメディケアなどの医療保険の被保険者となっていれば、基本的に無料でホスピスケアを受けることができる。しかし、米国のホスピスケアは患者の居宅における提供を原則としており、患者がもしホスピスが必要性を認める以上の日数を病院やナーシングホームで過ごそうとする場合、ホスピスケアとして提供される以外の施設サービス（部屋代や食事代）は、全額患者の負担となる。特に深刻な問題となるのは、単身で生活していた患者や、身寄りのない患者である。筆者の調査地

の場合、ナーシングホームやケア付き老人ホーム（assisted living residence）などの施設に完全に入居した患者は、毎月3000～5000ドル程度を自己負担していた。また、仮に在宅で過ごす場合にも、ホスピスのスタッフは24時間つきっきりでケアを提供できるわけではない。そこで、不安を感じたり、家族の生活上の利便を図ったりするために、自費で看護師やホームヘルパーを雇うことは珍しくないのである。

　生活上の問題は、患者と家族がその人らしい生活を送ることを困難にする様々な障害である。死期が迫るに連れて、患者は食事、排泄、着脱衣、入浴、移動、寝起きなどいわゆる日常生活動作（ADL: Activities of Daily Living）が全般的に困難になって行くのが普通である。このような変化がもたらす介護負担による家庭内での軋轢、離職による収入とアイデンティティの喪失、死の接近を機とする未解決の人間関係上の問題の浮上など、社会関係上の問題も深刻である。さらに終末期ケアに特有の課題として、葬儀や遺産の分配など、死後の事柄の問題もケアの射程に含まれる。

　社会的苦悩に対する援助としては、社会資源や代替手段の情報を提供する情報支援、社会福祉制度の導入や自助具の提供による道具的支援、積極的な傾聴と共感的な関わりによる情緒的支援、患者や家族による主体的な問題解決を促す動機支援を挙げることができる。

6-2-4　霊的苦悩

　最後に挙げる霊的苦悩は、以上の3側面に比べ、具体的な想起や定義がかなり難しい領域である。霊的苦悩および霊的苦悩と密接に関連する概念である「スピリチュアリティ」（spirituality）を一般的に定義することの困難は、わが国だけでなく、英米でもたびたび指摘されている。興味深いのは、わが国の教科書的文献が主として文化的背景や言語の違いによって概念理解の困難を説明することが多いのに対し、欧米の文献では宗教との

関係性ないしは境界設定に論議の争点が置かれている点である[7]。

　ここでは、教科書的文献で支配的と見なせる主張を便宜的に取り上げておく。すなわち、スピリチュアリティを宗教を包含する概念として捉える主張であり、その姿勢は「霊的信念（spiritual beliefs）は宗教やその神聖なる実践の中で表現されることもあるが、人は宗教とは完全に無関係で、宗教的実践の中では表現されることも探求されることもない霊的特質（spiritual dimension）を、彼あるいは彼女の人生の内に持つことができ、また現にしばしば持っているのである」というドイル〔Doyle 1992〕の言葉に集約される。

　実際の現場に即して述べれば、人生や苦難の存在意義に関する哲学的な問題[8]、魂や天国といった超自然的な観念に関する問いかけ、さらには日常生活上の感情の揺らぎに至るまで、患者自身の世界観や信条に対する侵害ないし動揺全般を包括して霊的苦悩と表現されることが多い。具体例としては、生きる意味・目的・価値の喪失（「早く死にたい、楽にしてほしい」、「何のために生きているのか」、「人の世話になってまで生きていたくない」）、苦難の意味（「なぜこんなに苦しまなければならないのか」、「なぜ他の誰でもなく自分が病気になったのか」）、死後の世界（「死んだらどこにいくのか」、「死んで無になるのが怖い」）、後悔・罪責感（「やり残したことを片づけたい」、「自分の人生は間違っていた」）などを挙げることができる。

　「スピリチュアル・ケア」（spiritual care）は、カウンセリングに代表され

7　スペックの記述〔Speck 1998〕を参照。問題が解決しない背景には、現代の終末期ケアにおけるスピリチュアル・ケアをキリスト教に明確に由来する宗教的な指導・カウンセリング（pastoral care）と同一視しようとする流れが、宗教性を捨象し、より普遍的な新しい概念としてスピリチュアル・ケアを定式化しようとする流れに抵抗しながら並存している状況がある。〈編者註〉スピリチュアリティについては第3章の3-4でも議論されている。［S.K.］

8　このような観点を強調する立場から、霊的苦悩は「実存的苦悩」（existential pain）と表現されることもある〔恒藤1999〕。

る関わりを通じて、このような問題群の緩和を目指す試みのことである。ただし、霊的苦悩は患者自身の気づきや納得によってしか解決しないケースが大部分を占め、援助者の役割はそのための環境を整えるという間接的なものになることが多い。また、スピリチュアル・ケアの専門家に少なくない宗教者が自分の宗教的背景に基づいた信念を患者の了解を得ずに強いることは、「霊的虐待」（spiritual abuse）として厳しく戒められている。

　以上４つの苦悩を見てきた上で強調しておきたいのは、全人的苦悩のモデルが、単に「終末期の患者が抱える苦悩には４つの種別がある」ということ以上の含蓄を示唆していることである。注目すべきは図 6-1 の４つの円の重なりである。以上の説明の中でもすでに明らかになった通り、全人的苦悩を構成する４つの苦悩は、直接的に結びつく部分や互いに重複する部分を持っている。このような連続性は、いずれかの苦悩が増強した際に、関係する苦悩も増強される、というフィードバックの存在を暗示しているのである。

　例えば、激しい疼痛を経験した患者は、痛みが一度引いた後も、再度痛みが襲ってくるのではないか、ということを往々にして予期する。ところが、このような予期がもたらす心理的な不安は、それ自体が神経を過敏な状態にして刺激を感じる閾値を下げ、結果的に身体的な疼痛を感じやすくなるという悪循環を招く。従来頓服で使用されていたモルヒネ製剤の定時的服用の定式化は終末期ケアの改革初期に患者の QOL を飛躍的に向上させる契機となった技術革新であったが、単に疼痛を軽減しただけでなく、痛みが襲ってくる、という不安を取り除くことで、このようなフィードバックを断ち切ったことに大きな意義があったのである。

　筆者自身、苦悩の連関を示唆する事例には、フィールドワークの中でも数多く出会った。貼剤と経口剤で大量のオピオイドを摂取し、何とか痛みを抑えていたある患者のもとを訪れた看護師は、患者がいつになく快活なので安心したのも束の間、わき腹のオピオイドの貼剤が張り替えられてないことに気づいて真っ青になった。しかし、患者の方は至って穏やかな表

情を浮かべ、しきりに会話を進めようとする。とりあえず安心した看護師がそれとなく患者と世間話を進める内に、彼女の娘が孫息子を連れてイリノイ州から里帰りをするという電話があったことが分かった。この患者はそれ以後ほとんど疼痛を訴えることがなくなり、オピオイドの使用量を劇的に減らすことに成功したのである。

　近代の医療専門職は、本来的に膨大な不確実性を有する人間存在と対峙するに際し、その関与の対象を疾病に限定することによって初めて職責を果たしている、と考察したのはタルコット・パーソンズ〔1974〕である。彼の言に従うのであれば、終末期の患者が抱える苦悩にたとえ4つの種別が指摘できたとしても、それだけでは医療専門職が社会的分業の中で担う機能を拡張しなければならない根拠とはなりえない。裏を返せば、ホスピス運動が近代医療の成立過程をむしろ逆転させるような流れを作り出した直接の契機は、まさにこのような相互依存性の認識なのであり、文字通り全的な視点から対処しなければ苦悩を効果的に軽減することはできない、という発想に他ならないのである。

　全人的苦悩のモデルと、その反転像としての全人ケアの理念の直接の所産は、包括的な「多職種チームアプローチ」(Interdisciplinary Team Approach) である。米国ホスピスで働くスタッフの職分についてはすでに第3章で述べたので繰り返さないが、以上の議論との関連で述べれば、主として身体的苦悩、心理的苦悩に対処する狭義の医療専門職（看護師・医師）に加えて、身体的苦悩の緩和を補助する介護助士（以下、HHA）、社会的苦悩に対処するソーシャルワーカー（以下、SW）やボランティア、霊的苦悩に対処するスピリチュアル・ケア・コーディネーター（以下、SCC）や遺族ケア・コーディネーター（以下、BCC）、さらには栄養士、薬剤師、理学療法士、作業療法士、言語療法士、音楽療法士といった様々な専門家が、ケアに関わることを正当化され、法律や保険制度の中に具体的な位置づけを獲得していったのである。

　次節では、多職種チームアプローチの象徴である「多職種チーム会議」

(Interdisciplinary Team Meeting)に焦点を当て、終末期ケアを実践するスタッフの目の高さから彼／女らが死を見つめるまなざしを追跡する[9]。だがその前に、文化人類学が蓄積した知見との対比を踏まえながら、全人的苦悩モデルの有する特徴を以下の3点に整理しておきたい。

①微視的性格

これまで見てきた通り、ソンダースが素朴な理念として想起した全人的苦悩のモデルは、いまや膨大な知識とそれに不可分に結びついた技術が敷き詰められた、極めて緻密なネットワークを構成するに至っている[10]。その背景には、多職種チームアプローチに代表される専門分化が進捗したことに加えて、ホスピスが制度として確立される過程で、ケアの現場における実践からの知識・技術の産出と、産出された知識・技術の実践への投入というフィードバックが成立したことの影響を認めることができるだろう。この過程の詳細な議論は後に譲るが、ここではこのような終末期ケアの現場における死へのまなざしと、死をいわば遠景として捉え、生物的な本能や社会的紐帯の破損というごく大まかな道具立てによってしかその問題性を語りえなかった文化人類学者のそれとの間に、明らかな拡大率の較差があることを指摘するに止める。

②苦悩の位置づけ

微視的性格に関連してもう1つ指摘しておく必要があるのは、全人的

---

9 〈編者註〉多職種チーム会議については第3章でも大きく扱われており、本章の内容と重複はあるが、削除や修正を加えていない。[S.K.]

10 1つの例として挙げれば、現在終末期ケアの領域で最も権威ある教科書的文献とされる『オクスフォード緩和医療テキストブック』(*Oxford Textbook of Palliative Medicine*)〔Doyle et al. eds. 2004〕は、主として医学的な側面に重点を置いたものであるにもかかわらず、2段組で1244頁に及ぶ浩瀚な書物となっている。

苦悩のモデルでは、ケアの対象とすべき様々な苦悩を、自然な死の過程に付随して見出されるものである、と指摘することを通じて、逆説的にこれらの問題を死の過程の本質とは切り離して捉えていることである。この点だけからすると、医学モデルを批判する形で誕生し、関与の対象を拡張しながら発達を続けてきた今日の終末期ケアのまなざしは、生物医学的な正常／逸脱の二分法自体は批判を向けた母体から受け継ぎ、むしろ領域を拡大しながら再生産しているとさえ言えるのである。

　このような態度は、苦悩を死の本質と捉え続けてきた文化人類学者の態度とは完全に異なるものであり、その議論の根底を揺さぶるものである。文化人類学者が一括りに死の本質として考えてきた現象がどのように腑分けされ、介入すべき苦悩をそぎ落とした形で現れる「自然な死」が終末期ケアの現場でどのように立ち現れてくるかについては、次章以降で検討する。

③死の説明装置の位置づけ

　これまでの死の文化人類学が主に記述してきた対象は、宗教や権威によって定式化される、死を世界観の中に位置づけるための体系だった文化的説明装置であった。これに対して、その患者固有のスピリチュアリティの尊重を建前とする今日の終末期ケアの現場では、このような説明装置がいわばむきだしの状態で観察されることはほとんどない。ホスピス運動は、宗教に代わるものとしてスピリチュアリティという概念を選択した時点で、正統的なドグマに必ずしも合致しない個人的な説明モデルが成立しうることを認めたのであり、相対的に強い立場を占めがちなスタッフが自らの価値観を表出することは、霊的虐待という語に象徴される摩擦を引き起こしかねないからである。

　しかしながら、このことは終末期ケアの実践に死の説明装置が関与ないしは存在しないことを示唆するわけでは決してない。フィールドワーカーに直接的な質問をぶつけられたスタッフは、個人的な信条という括弧をつ

けた上ではあるが、自分の信念を語ることを躊躇しない。それ以上に重要なのは、スタッフが価値中立的なものであると考える実践の中に、曖昧ながらも終末期ケアの文脈を緩やかに水路づける価値観が埋め込まれていることである。

6-3　実践に映り込むスタッフのまなざし

　本節では、ホスピスのスタッフにとって何が重要で何が重要でないか、特に、何を問題と見なし、一般的には問題と見なすべきはずの何を問題と見なさないか、ということ例を挙げながら説明する。ケアを提供するために必要な情報をスタッフ間で共有するために定期的に開かれる多職種チーム会議は、このような議論に恰好の場面を提供する。ただし、守秘義務を考慮し、議論に影響を与えないと考えられる範囲で、事例の細部を改めたり、複数の事例を組み合わせたりしていることを最初にお断りしておく。

　以下で取り上げるのはホスピス・オブ・ワンダーの多職種チーム会議である（再び写真3-2参照）。ホスピス・オブ・ワンダーでは4つあるチームがそれぞれ決まった曜日、決まった時間に会議を持つ。チームは全体をコーディネートする看護師の名前で呼ばれる。多職種チーム会議に参加するのは、原則として看護師、医師、ボランティア・コーディネーター（以下、VC）、SCC、SW、BCCであるが、ケースや当日の訪問スケジュールによってはHHA、栄養士、薬剤師がこれに加わることもある。どのチームにどのスタッフが所属するかはほぼ決まっているが、VCとBCCはホスピス全体で1人しかいないため、すべてのチームで兼務している。また、チームリーダー（以下、TL）は4つのチーム全体のリーダーであり、すべての多職種チーム会議に参加する。1度の会議で検討されるのは、そのチームが担当しているケースの半数であり、その翌週には残りの半数が検討される。従って、各ケースは2週間に1度の割合で検討されることになるが、これは多職種チームによる毎月2回のケアプランの改訂を求め

るメディケアの要請に応じたものである。各ケースの検討はTLの司会のもとVC、SCC、SW、看護師の順番に前回の会議以降に行った訪問や電話相談を通じての気づきを報告する形で進行するが、随時質問や議論がはさまれる。

事例6-1　VCの多職種チーム会議での報告

TL：　オーケー、ファイルが見つかった。次の患者はミスター・ウィリアム・ディクソン。ボランティアは？このジェントルマンは何か問題が？

VC：　ボランティアは行ってる、ノートを読みます。
「最初の訪問ということで、ディクソン氏の孫娘カレンは、彼が新しい人間といるのに居心地が悪くならないようにするために、私たちがシェアした時間のほとんどを割いた。ディクソン氏と過ごした時間はすばらしいものだった。彼は明朗快活で、まったく眠くはないようだった。彼は手伝いは何もいらない、と言ったが、実際には椅子からベッドに移動する際に私は肩を貸した。帰りがけに、彼はとても親切に『いつでも戻ってきてかまわないよ』と声をかけてくれた。カレンは『今は大丈夫だけど、痴呆がもっと進むと自分だけでケアを続けられるかどうか心配』と言っている」
以上です。

　掃除、洗濯、炊事、買物などの手伝いを通じて患者と家族の日常生活を補助するボランティアは、財政的に厳しい米国ホスピスにあって貴重な戦力となっている。ボランティアが訪問後に提出するノートは、多職種チーム会議に参加するVCによって読み上げられる。ただし、ボランティアを希望しない患者・家族も多く、そのようなケースではVCは一言「断

られました」(declined) と報告する。

　この事例では、ウィリアムをナーシングホームに入居させることを希望する息子夫妻が施設の下見に出かける間、痴呆が進みつつある彼と娘が2人きりになることを心配した SW が、息子夫妻と相談の上で、VC に派遣を依頼している。冒頭の TL の問いかけは、問題を見つけて介入する、というホスピスの基本的な姿勢を象徴するものである。患者や家族と同じ市民の目線で状況を見ることができるボランティアのノートは、ケアを進める上で貴重な材料として利用される。

事例 6-2　SCC の多職種チーム会議での報告

SCC　：　私はミセス・ラヴァッサを2回訪問しました。先週の訪問は私にとって2度目の訪問でした。リンダはとても愉快な女性です。彼女はとても強い信仰を持ってます。彼女には独身の息子さんがいて、彼女は彼にとても強い関心を持ってるんですが、それは不信心な彼が地獄に落ちて焼かれるために、天国で再会できないということを強く、非常に強く心配しているからです。私は話したんです、つまり、彼女の神について。『神を愛してますか？』。彼女は『イエス』と答えました。それで私は、『じゃあ』、こう言ったと思いますが、『神を信頼してますか？』。彼女は『イエス？』と答えました。私は言いました、『じゃあ、神はあなたの家族のためのプランを持っているって信用しないと』。それで彼女は、多少は受容的になったようでしたが、まだ気に病んでいるようでした。彼女は神との結びつきを感じられませんでした。彼女は迷い、ひどく混乱していました。それで私たちは祈り、聖書を読みましたが、それはとてもよい援助になったようで、その後彼女はすっかり解き放たれたよう

に見えました。……（略）……これは家族にとっての問題だと私は思いますが、おばあちゃんが繰り返し、繰り返し、繰り返し、説教するんだそうです。今のところ彼／女らは、とてもじょうずに、彼女のさせたいようにさせています。

TL ： それは何より。

　SCCの報告は、家庭内の力学の変化など、それだけを取り出すとあたかもSWの報告のように聞こえることがある。その一方で、「彼女はバプテスト教会に通っている」、「彼は現在はどこの教会にも属していないが、以前地元のカソリック教会に通っていたことがあり、ファーザー・ボブ（ホスピスでSCCを務めている神父）に神父との取次ぎを依頼した」、「彼は信仰をもたないが、とてもスピリチュアルな人物だ」といったような、ごく簡単な報告で済ませられることも多い。また、ボランティアと同様に、患者や家族の方から断られるケースもしばしばある。

　この事例のようにSCCがスピリチュアル・ケアの中核的実践についてまとまった報告をするのは比較的珍しい。神や信仰に関する宗教的なやりとりは、家族との軋轢を受け入れるための枠組の再編を促す世俗的な助言として取ることもできるだろう。ただし、この事例の場合、患者は提供された説明モデルの受け入れを保留し、SCCもそのような患者の態度を尊重したようである。その代わりに、SCCは、「神」との結びつきが感じられなくなり、アイデンティティが揺らいだ患者に対し、ともに祈り、聖書を読む、というルーティンを回復させることによって、その平静さを取り戻させている。

　また、この事例で特に興味深いのは、深い信仰心を持ち、明確な死の説明装置を持つ人が、むしろ強い霊的苦悩にさいなまれる可能性がある、という逆説である。これは、死の説明装置の存在を死の克服と同一視してきた文化人類学者の盲点を突くものである。

事例6-3　SWの多職種チーム会議での報告

SW：　家族は『ブルー・ブック』を全部読んで、死の接近を知らせる徴がほとんど全部現れているのを理解してるけど、知っての通り、ジョンはまだ生きてる。彼はもう2週間も何も口にしてないのに。

TL：　確かホームヘルパーを紹介したんじゃなかった？

SW：　その通り。彼女はとても困惑してるし、家族も経済的なことを心配してる。スケジュールを調整して、半額を私たちが払って、半額を彼/女らに払ってもらう、というのはどうか、次回の訪問で提案してみようと思ってる。

SWの報告を中心とするこの短い事例は、ホスピスのスタッフにとって、患者が生物として死亡することは、必ずしも絶対的な重みを持つわけではないことを示唆している。

ホスピス・オブ・ワンダーのスタッフが親しみを込めて『ブルー・ブック』("Blue Book")と呼ぶカーンズの小冊子〔Karnes 1986〕は、死に際して生じる様々な心身の変化を時系列に沿ってまとめたものである[11]。

このケースでは、患者の身体的徴候から、死が目前に迫っていることが予想されたため、家族の介護負担を考慮して、ホスピスが併設機関である在宅介護サービスに所属するホームヘルパーを斡旋した。その契約に際して家族は、時間が限られたことを前提に、サービスを全額自己負担することを承諾したのである。しかし実際には、スタッフや家族の予想をはるかに超えて患者が生き延びてしまった。もちろん、この事実そのものは喜ぶべきものであるが、長期生存から新しい問題が生じたこともまた事実なの

---

[11]　〈編者註〉『ブルー・ブック』については次章（7-2）での説明を参照。この小冊子は原著者によって日本語に訳されている（書誌については〔Karnes 1986〕および服部〔2002〕のところを見よ）[S.K.]。

である。実際に、この事例の場面では、たとえ一時的ではあるにせよ、患者が生物学的に死ぬということよりも、家族の経済的負担や、短期的な仕事としてスケジュールに無理をして組み込んだホームヘルパーの不満の方が、より重大な問題として前面に出されている。

事例6-4　看護師の多職種チーム会議での報告：その①

TL：　　　看護は1、2、3[12]。

看護師：　痛みはコントロールされてる。ロバートはタイレノール®(Tylenol)の液剤を1日3回飲んでる。彼はオキファスト®(Oxyfast)モルヒネを呼吸障害を抑えるために使ってるけど、私は骨や関節の痛みをもうちょっと和らげるために、10ミリを1日3、4回取るべきだと思う。そうそうドクター、オキファスト®とデュラゲシク(Duragesic, フェンタニルの商標名)の処方箋は必要ないかしら、忘れないうちに言わせて。

彼の皮膚の問題は悪化してる。彼が言うには、椅子に体を起こしてたから実際には診れなかったんだけど、右のお尻にひりひりした痛みのような圧迫感がある、と言ってた。彼はどうやら左側が弱い側らしくて、問題のほとんどは体の左側に起きてる。左足の親指、ほんとにひどかったけど、ジェーンと私が、褥瘡ケアの看護師だけど、行ってみたら、つま先分離器（toe separator）を持ってってから、ずっとよくなってたみたい。

＜この後、しばらくの間、現在家庭の事情で不規則な勤務状況に

---

[12] 〈編者註〉この言葉の意味は編者にはわからなかったが、原著者の記述に従っている。他の部分から判断するに原著者は書き起こしを忠実に日本語に訳している。[S.K.]

なっているジェーンのスケジューリングについて相談があった後、どうやって効果的な徐圧を図るかが議論された。徐圧に著効のあるエアマットレスを導入する可能性も検討されたが、経済的観点から見送られることになった。ホスピスに対して保険団体が支払う補償金の額は、サービスや物品が実際にどれだけ提供されたかとは無関係に決まるため、レンタル料金が高額なエアマットレスはいわば「最後の手段」となるのが常である。結局、この時点では、体位交換の指導を徹底するとともに、褥瘡が生ずる可能性があるひじ、肩、臀部、踵などに時間をかえながらクッションを当てて徐圧する方針が採択された。＞

TL　：　オーケー。クッションで調整するやり方はいいんじゃない。扱い易いし、その場でやって見せることもできるし。

看護師　：　新しいことは、彼は以前と同じようには流動食を取れなくなったこと。彼は最初は5缶を寝てる間に1時間に100ccの速さで飲んでた。何が起こったかというと、先週彼が起きたとき、流動食が彼の口からあふれて、チューブも外れてしまってた。彼らはチューブの扱いには慣れてたから、すぐに口に戻したんだけど。それからは、午後に1缶を、彼のお手伝いさんに手伝ってもらって、1時間に100ccの速さで流して、寝てる間は4缶を75で入れてて、しばらくはこれでうまく行ってた。「雨も降らない、湿気もない、息苦しさもないのに、ひどい週末だ」って彼は言ってた。昨日の訪問では、彼は1日に4缶しか栄養を取れなくなってた。

TL　：　ということは……

看護師　：　ということは、彼は栄養を受けつけなくなりつつあるということ。皮膚の調子もそれからおかしくなってる。私の見立てでは、ロバートは衰弱し始めてる。彼の尊厳を

　　　　どうやって支えていくか、彼にどうやってケアの意思決
　　　　定をさせるか、いま考えてるところ。皮膚をきれいに、
　　　　快適に保つためにできることが多分あると思うけど、彼
　　　　は希望してない、だから、オーケー。

　すべての患者に関わり、チーム全体のリーダーの役割も果たす看護師の報告は、ほぼ例外なく、最も長く、最も豊かな内容を持つことになる。
　冒頭のTLの発言は、彼女が管理する「多職種チーム・ケアプラン」(Interdisciplinary Plan of Care) のフェイスシート（写真6-1、表6-1）に記載された7つのニーズに対応しており、直前の多職種チーム会議までに、安楽、心肺機能、栄養摂取／排泄のニーズが確認されたことを意味する。
　この事例では看護師が何を問題と見るか／見ないか、という問題意識の一端が端的に表れている。特に興味深いのは、体循環の低下や皮膚の弱化に起因する褥瘡と、身体的活動の減少や消化器系の衰弱に起因する経口摂取の減少は、いずれも終末期の患者に典型的な症状であるにもかかわらず、前者は積極的なケアの対象となり、後者はいわば自然な変化として報告あるいは説明するに止められている点である。すなわち、両者はいずれも患者や家族にとって不快な、受け入れがたい現象であるにもかかわらず、専門家のある意味では恣意的な基準によって、介入の形式や程度は大きく異なっているのである。また、事例の末尾の看護師の言葉が示すように、たとえ専門家の観点からすれば何らかの介入の可能性があったとしても、患者がそれを希望しない限り、状況に満足していると見なして、実施しない、という、一種の判断過程における分業が成立していることにも注目しておきたい。以上のテーマは、第7章および第8章の中心的な論点となる。
　さらに、事例の中では簡単に記載するにとどめたが、経済的効率がスタッフがケアの方針を決定する際の重要な因子となることにも留意すべきである。

写真 6-1「多職種チーム・ケアプラン」のフェイスシート

Interdisciplinary Plan of Care

Patient Name _____ ID # _____ SOC Date _____

Recertification Dates: _____

Interdisciplinary team members will meet biweekly to review and revise the Plan of Care.
Frequency of review will increase if change in level of care or needs of patient and family require more frequent review.

Interdisciplinary Team Members Involved in Plan of Care	Frequency of services	Other IDT Members / Discipline	Frequency of services
Date Initiated		Date Initiated	
_____ Medical Director	_____ wk / mo	_____ _____	_____ wk / mo
_____ RN	_____ wk / mo	_____ _____	_____ wk / mo
_____ Social Worker	_____ wk / mo	_____ _____	_____ wk / mo
_____ Cert. Home Health Aide	_____ wk / mo	_____ _____	_____ wk / mo
_____ Spiritual Care Coord.	_____ wk / mo	_____ _____	_____ wk / mo
_____ Volunteer Coord.	_____ wk / mo	_____ _____	_____ wk / mo
_____ Dietary Counselor	_____ wk / mo		
_____ Bereavement Coord.	_____ wk / mo		
_____ R Ph	_____ wk / mo		

Needs Identified:
- ☐ 1) Comfort
- ☐ 2) Cardiopulmonary
- ☐ 3) Nutrition / Elimination
- ☐ 4) Communication / Understanding
- ☐ 5) Adjustment / Acceptance
- ☐ 6) Dignity / Respect
- ☐ 7) Community Resource / Advance Planning

6922-013 R 9/01 (M)D

表 6-1　多職種チーム・ケアプランのフェイスシート

多職種チーム・ケアプラン

患者氏名 _____　証明書更新日 _____　ID番号 _____　標準治療日 _____

多職種チームのメンバーは、隔週で、ミーティングを行い、ケアプランを見直し、手直しすること。患者や家族のケアのレベルで変更が生じて見直しの必要性が増える場合、見直しの頻度は増えることになる。

ケアプランに関わる多職種チームのメンバー	開始日	実施頻度	それ以外のメンバー/実施内容	開始日	実施頻度
医師	____	___週/月	____	____	___週/月
有資格看護師	____	___週/月	____	____	___週/月
ソーシャルワーカー	____	___週/月	____	____	___週/月
介護助士	____	___週/月	____	____	___週/月
スピリチュアル・ケア・コーディネーター	____	___週/月	____	____	___週/月
ボランティア・コーディネーター	____	___週/月	____	____	___週/月
食事コーディネーター	____	___週/月	____	____	___週/月
遺族コーディネーター	____	___週/月			
有資格薬剤師	____	___週/月			

確認されるニーズ：
☐ 1) 安楽
☐ 2) 心肺機能
☐ 3) 栄養摂取/排泄
☐ 4) コミュニケーション/理解
☐ 5) 順応/受容
☐ 6) 威厳/敬意
☐ 7) コミュニティ資源/ケア計画の取り決め

〈編者注〉写真6-1に基づき訳出した。SOCはstandard of care、RNはregistered（試験に合格して資格を得た）nurseの略。[H.W.]

第6章　ホスピスが看るものと見ないもの

事例6-5　看護師の多職種チーム会議での報告：その②

看護師　：　私の番ね？今回は彼の近況をちょっとお伝えするだけ。アランのがんは実際とても進行したステージだけど、クリスティン（SW）が言った通り、彼は運転するの。2回危ない目にあったんだけど、絶対に奥さんにハンドルを握らせようとはしない。彼のベッドルームは道路側にあるんだけど「車の音がうるさい」といって、耳栓をしてる。奥さんの話では、話しかけても分からないし、耳栓をつけていることを忘れて、そのまま車に乗ることもあるみたい。看護面で一番問題なのは、彼が第2次世界大戦に行って、戦場に行って、そこで死にそうな兵士にモルヒネが使われるのを見たこと。それで、私は彼にロクサノール（Roxanol®）を使わせることができてないの。

TL　：　痛みはどのくらい？

看護師　：　彼は痛みを否定していますが、ベッドの上で体の向きを変えようとする時に、明らかに顔をしかめます。すごく明らかに。多分、腫瘍が腰の骨を圧迫しているか、あるいはもう骨まで食い込んでいるんじゃないかと思います。私には限界が近いように見えます。

医師　：　デュラゲシクは試したかい？

看護師　：　まだです、アルバーン先生。次回の訪問の時に、水曜日ですが、使ってみないかどうか聞いてみます。

　この事例も看護師の発言を中心とするものであるが、直前の事例とは問題の性質を異にすることに着目したい。すなわち、ここで問題となっている耳栓の使用とモルヒネの拒否は、現象自体に問題があるというよりも、ホスピスのスタッフが持つ職業的な価値観がぶつかりあうことで生じているのである。

耳栓の問題は、耳栓をすることを容認する「患者の自由を尊重する」という価値観と、「患者の安全を確保する」という価値観および「家族の不満や不安を解消する」という価値観が衝突することで発生している。5-2で触れた通り、ここでもまた、「その人らしさ」の尊重は野放しの解放ではなく、周囲の環境の中で相対的に制限されるものなのである。この事例では、暫定的に経過を観察することにとどまったが、看護師の報告では運転の危険やコミュニケーション上の支障に強調が置かれており、さらに事態が逼迫すれば、これらを材料として将来的に患者と交渉する可能性があることを予感させる。

　モルヒネの問題では、「患者自身の信念やスピリチュアリティに敬意を払う」という価値観と、「患者の安楽を保障する」という価値観が衝突している。第4章で記したように、オピオイドの中でも特にモルヒネについては、疼痛緩和技術で占める重要な位置づけと、社会に浸透した否定的なイメージの相克が顕著である。モルヒネに関する否定的な「神話」に対しては、ホスピスのスタッフは「真実」を提示して説得することを試みる。しかし、そのような説得は常に成功するわけではなく、特にこの事例のように、個人的な体験に基づく信念と結合しているような場合には、解消困難な問題を招くことが多い。この事例では、モルヒネ以外のオピオイドを使用することで、問題自体を迂回する戦略が選択されている。

<u>事例6-6　BCCによる多職種チーム会議での検討</u>

BCC　：　ミセス・マーガレット・カーライル。9月12日に死去。甥サミュエル。他に情報があれば。

SW　：　彼女の甥は、私はサミーと話したんだけど、メグは心構えができていたように見えました、彼女は死ぬ1か月前までとっても自立してたんだけど。でも、知っての通り、ここ3、4年で、彼女は友達の80％を失くしてたから、彼女はほとんど……

BCC ： 友達を失くしたのは亡くなったから？それともただ彼女から離れていった？
TL ： ノー、だって彼女は 80……
SW ： 彼女は 83 歳。ノー、彼女はとっても社交的だった。それが 1 度に次々と友達を亡くしてしまったから……。でもサミーは準備できていたと思う、私は。
SCC ： 私と話したときも同じ印象だった。
BCC ： オーケー、それはよかった、ありがとう。

　多職種チーム会議では、すべてのケース検討に先立ち、前回の開催時から 1 週間のあいだに死亡した患者の名前が BCC によって読み上げられ、看取りの前後にそのケースに関わったスタッフがその印象を報告する、という話し合いの時間が持たれる。この間、それぞれの遺族の代表に送るカードがテーブルを回り、スタッフが一言ずつ追悼の言葉を書き入れていく。このカードは、患者の死亡から 2 週間後を目処に発送される。
　最後に紹介した事例は、この分かち合いからの引用である。注意を促したいのは、ここでも問題にされているのは、患者が死亡した、という事実そのものではなく、患者が死ぬ直前にきわめて多くの友達を亡くした、という逸脱的条件だという点である。
　ホスピスのスタッフにとって、患者が亡くなることは当然の前提である。患者の死亡直後に遺族が激しく動揺することも想定の範囲内であり、このことはカードの発送を敢えて 2 週間待つことに現れている。彼／女らが問題とするのは、社会復帰を妨げたり、自殺企図に結びついたりするような、「異常な悲嘆」なのである。この事例のように、患者や遺族がそれほど遠くない過去に、質的または量的に逸脱していると見なすべき身近な人々の死に直面した、という事実は、異常な悲嘆を招きやすい危険因子の 1 つと考えられている。その他の条件としては、患者や家族が死をどの程度受容していたか、死亡時期の予測が実際の死とどの程度符合していたか

などを挙げることができる。

6-4　スタッフの関心の所在

　次章以降に議論を引き継ぐために、以上の6つの事例を眺めることで得た洞察をごく短くまとめておきたい。

　ホスピスのスタッフが関心を払う対象は、生物的な機能停止という現象それ自体ではなく、その前後を含めた過程において発生し、彼／女らが有する一定の価値観に従って選択的に捉えられた逸脱的な問題状況である。しかし、同時にまた彼／女らは、終末期ケアの専門家として、彼／女ら自身が自らに課している役割に対しても関心を払っている。このことを端的に裏付けるものとして、ある看護師の訪問ケアに随行した際に得た個人的なインタビューを引用する。

> 服部　：　この仕事をやっていて大変な時はありますか？（Are there any hard moments in your job?）
>
> 看護師：　えーと、そうね、この仕事には大変な「面」はある。（Like, well, yeah, there are hard aspects in this job.）比較的大変な面としては、多分、症状がうまく管理できなかったり、誰かが呼吸困難になったりひどい痛みを感じたりする時。でも、実際に人が死ぬのは、必ずしもそんなに酷いことにはならない。家族は悲嘆に暮れるかもしれない、でも彼／女らはそうやって適応している。患者は、もう、もがいたり、問題を抱えたりしてない。だから、亡くなる時に患者さんの側にいることは、私の仕事の中で多分一番楽な部分。

この看護師が口にした、一種の悟りとも見なすことができる認識を、ホス

ピスという日常的に死に対峙する職域の特異性に帰属させることは容易である。しかし、この認識は 2 つの理由から、ホスピスケアを受けている一般市民としての患者や家族から完全に切り離されたとは言い難い。

　第 1 の理由は、従来の硬直的な終末期医療に対する反発の中から生まれたホスピスの実践が、患者と家族の希望や訴えに非常に柔軟に寄り添いながら発達したということである。特に米国ホスピスの場合、自由市場となっているヘルスケア・システムの厳しい競争の中で生き残るために、市民のニーズと実際のケアの内容の整合性を評価し、実践の改革が継続的に図られているのである[13]。このことを考慮すれば、ホスピスのスタッフが問題と認める事柄の多くは、現代社会の終末期の文脈において死にゆく人々とそれを周囲で見守る人々によって、確かに感得されてきたニーズの典型と考えることができるのである。ただし、すでに指摘した通り、ホスピスのスタッフが感得する問題の中には、このような事柄をケアすることを通じて彼／女らが体得した職業的な価値観同士が衝突することによって生じる問題も含まれていることには当然留意しなければならない。

　第 2 のより端的な理由は、ホスピスで実践される患者・家族教育によって、直接的に、死へのまなざしが伝播される可能性である。ホスピスのスタッフの死へのまなざしの鍵となるのは「自然」という概念であるが、当然ながらこの概念は「何もせずに野放しにする」ということではなく、むしろその対極に位置するものである。そして、次章につなげる重要な論点は、患者・家族教育における死へのまなざしの伝播は、ドグマの単純な強制ではなく、終末期ケアの過程で提供される、様々なわざや物と不可分の

13 　反復的にサービスを評価し、組織構造を見直すことは、1978 年に全米ホスピス協会が発足した時点で作成した 17 か条の規範の 1 つにすでに数えられている。表 6-2 は、ホスピス・オブ・ワンダーで使用されていた遺族に対する満足度調査の調査票である。同ホスピスでは、この調査の集計をもとに月ごと、四半期ごとの QI（Quality Improvement）会議を開催し、運営方針やスタッフ教育の修正を図っていた。

関係を持つことであり、別の見方をすれば、このような技術的な側面にホスピス運動が育んできた死へのまなざしが埋め込まれていることなのである。

表 6-2　ホスピス・オブ・ワンダーで使用されていた満足度調査票

満足度調査

介護者の方へ

ホスピス B は全ての患者の介護者に質の高いケアを提供できるよう努力しています。更なるサービス向上のため、全ての介護者の方に満足度調査へのご協力をお願いしております。

私どものプログラムに関するご意見をいただけましたら幸甚です。

以下の質問にご回答の上、同封の封筒にてご返送ください。

あなたが受けたサービスをどのように評価するか、あてはまるものにチェックマークを入れてください。

	大変すばらしい	良い	普通	良くない
看護師	☐	☐	☐	☐
ソーシャルワーカー	☐	☐	☐	☐
ボランティア	☐	☐	☐	☐
ホームヘルスエイド	☐	☐	☐	☐
医療器機	☐	☐	☐	☐
スピリチュアルケア	☐	☐	☐	☐
病院ないしナーシングホーム	☐	☐	☐	☐

私どものプログラムを通して、どのような経験をしたか、最もよくあてはまる回答を丸印で囲んでください。

1. ホスピスサービスのうち、特に人にも薦めたいケアについて、どの程度満足しましたか。

とても満足した	満足した	どちらでもない	不満足だった	とても不満足だった
5	4	3	2	1

2. ホスピスプログラムを利用中、サービス説明や説明の得られやすさについてどの程満足しましたか。

とても満足した	満足した	どちらでもない	不満足だった	とても不満足だった
5	4	3	4	5

3.「事前指示書」（緊急時の蘇生ケア拒否）についてあなたが受けた情報にどの程度満足しましたか。

とても満足した	満足した	どちらでもない	不満足だった	とても不満足だった
5	4	3	4	5

4. ホスピスサービスの利用開始後の患者の痛みのコントロールについてどの程度満足しましたか。

とても満足した	満足した	どちらでもない	不満足だった	とても不満足だった
5	4	3	4	5

5. ホスピスサービスの利用開始後の、患者の痛み以外の症状コントロールについてどの程度満足しましたか。

とても満足した	満足した	どちらでもない	不満足だった	とても不満足だった
5	4	3	4	5

（裏に続く）

第 7 章

終末期ケアが構築する時間[1]

---

[1] 〈編者註〉本章のうち 7-1 から 7-3 はほぼ原著者の原稿の通りである。7-4 については、ほとんど残っていなかった。しかし明らかに構成上必要であり、またそれまでの記述からある程度予測がつくものであったため、原著者の書き残した断片から再構成した。[S.K.]

7-1　死と時間

　前章では死に対するホスピスのスタッフのまなざしを考察することを通じて、終末期ケアの対象領域の広がりを確認した。本章で論じるのは、この過程が占める時間の広がりの特性である。ここでも注目したいのは、死へのまなざしと同様に、終末期ケアを流れる時間が、その過程に集約的に対処するシステムがもたらした知識と技術の蓄積によって、特徴的な分節化を果たしている、という事実である。本章の目的は、このような知識と技術のネットワークが、患者―家族―専門家の間でとりかわされる反復的な相互作用を水路づけていく仕組みを明らかにすることである。

　時間という切り口はこれまでの死の文化人類学にとっても重要な論点であった。その代表例としては、第1章で記述したように、フレイザー〔1951-52〕の王殺しに関する考察、エルツ〔1980〕の二次埋葬に関する考察、ブロックとパリー〔Bloch & Parry eds. 1982〕の権威の自己再生に関する考察を挙げることができるだろう。しかしながら、これらの葬儀研究[2]の時間論をそのままの形で終末期ケアというフィールドに転用することは、2つの理由から困難である。第1の理由は、今日の産業社会では、以上の議論を成立させるための前提となっていた一枚岩的な社会ないしは支配的な権威を単純には想定できないからである。この点については、終末期ケアにおける主導権の分有と参与者間の駆け引きを考察する次章に詳論を譲りたい。

　第2の理由としては、終末期ケアの文脈が、これまでの葬儀論が前提としたように、儀礼の開始から終了までの展開がほぼ確実に予測されるのと違って、手続きが無分岐に連鎖することの方がまれである、という事実である。終末期ケアの根本に存在する「その人らしさ」というイデオロ

---

[2]　〈編者註〉葬儀研究の学説史的位置づけについては、第1章を再度参照のこと。[S.K.]

ギーは、それ自体が無限の変化の可能性を内在させた、いわばメタなイデオロギーである。肉体の衰微が露呈する前に王を弑すること、死者の霊が祖霊集団と無事に合流すること、適切な葬儀を行うことで生命力を当該集団内部に保つことといった、従来の葬儀論が想定してきた社会を単位とする具体的な「良き死」に相当する基準を、今日の終末期ケアに認めることは困難である。そこで評価されるのは、「その人らしい死」という、多様な背景や個性を持った患者個人の意向を中心にして仮定されるある種の可能性の束に過ぎない。さらに問題を複雑にするのは、終末期ケアの文脈では往々にして心身の状態や社会的関係が不安定になるために、患者自身の判断や、それに準ずるものと位置づけられている家族や専門家の推察そのものが揺らぎがちになるという事実である。

このように、確かに葬儀研究の時間論は現代の終末期ケアの文脈に単純に流用することが困難なのであるが、そこには死が統御される際に何が問題になるのか、という議論の骨子の次元で貴重な示唆が隠されている。すなわち、一定の手続きに則って死者を処理する、という儀礼の実践そのものが、死の予測不可能性を隠蔽し、結果的には克服させる機能を果たしている、という論点である〔Bloch & Parry eds. 1982：12-14〕。生物としての個体の死は、人間の支配を拒絶し、無差別かつ突発的に襲いかかってくるものであるが、形式を維持しながら反復される実践のサイクルへの取り込みを通じて、あたかも本来想定の範囲にあった事柄であるかのように読み変え、統御することが可能となる。

死の文化人類学の遺産に紛れ込んだ「予測不可能性をいかに飼い慣らすか」という議論は、現代の終末期ケアの議論にも応用できる可能性を秘めている。なぜならば、いささか皮肉なことではあるが、研究者が民族誌の中で社会や権威によって超克させているのは、彼／女らが対象社会に映しこんだ我われにとっての死の問題性に他ならないからである。

以下では、終末期ケアの文脈に施された時間の流れを統御する様々な工夫について、長い予測と短い予測、自然な過程を支える技術、ルーティン

の再編による時間の構築、という3つの視座から考察する。

7-2　長い予測と短い予測

　終末期ケアの文脈の特性を考える上でまず意識しなければならないのは、それぞれの死に行く患者ないしはその家族にとって、未経験の、先の見通しのまったく立てようがない非日常的な状況こそが、ホスピスのスタッフにとって、業務として反復的に携わる、慣れ親しんだ日常に他ならない、という非対称性である。

　上述の通り、「その人らしさ」に基づく現代の終末期ケアにおいては、それぞれのケースがどのような過程をたどり、どのような帰結に至るか、ということについて、断定的な予測を立てることはほとんど不可能である。しかしながら、終末期ケアの専門家は、個別のケースにおいて発見した徴候を、それまでに蓄積した知識や経験と照合することを通じて、そこに限定的な見通しへと結びつくある種のパターンを読み取ることができる。彼らはまた、実際のケアの現場において、そのようなパターンを想起する引き金となる手がかりを積極的に探しているのである。

> 事例 7-1　看護師の訪問ケア
> 　事前に電話で連絡を取っていたインディペンデンス・ホスピスの看護師シェリルは、ガレージにミニバンを停めると、そのまま裏口に向かった。日よけも兼ねて植えられている半ダースのりんごの木は、ピンポン玉ほどの青い実を鈴なりに結んでいるが、手入れを受けている様子は見あたらない。シェリルは網戸を開け、ハロー、と言いながらドアをノックした。しかし、それは形式的なもので、返事がないことはわかっている。
> 　末期の COPD（Chronic Obstructive Pulmonary Disease、慢性閉塞性肺疾患）と診断され、半年前に主治医からこの「症状を取ることを専

門に行うプログラム」に紹介されたガリーは、最近眠っている時間が目だって長くなっていた。患者の夫人となるローズは、どうしても必要がない限り、夫のベッドルームを出ようとしない。洗濯物やゴミはできるだけ溜め込んで、ガリーが深い眠りに入ったのを見計らって一気に処分する。「目を覚ました時に側にいないと、ひどく怯えるんです。ほかの誰かではだめなんです」と彼女は言う。食事はベッドルームまでコードを引っ張ってきた電話からケータリングサービスを呼ぶ。ベッドサイドに置いた簡単なソファーで、そのまま眠ることも多い。

　暗いダイニングを抜けると、ベッドルームの戸口から午後の光が洩れていた。シェリルは開きっぱなしのドアを芝居がかった仕草で大げさにノックをして、部屋に入る。指示した通り、電動式ベッドの上でセミファウラー位[3]と呼ばれる軽く上体を起こした体位を保ちながら心地良さそうに眠っているガリーを見たシェリルは、具合はどう、と、ローズに声をかけた。

　「彼は起きていても、いつもうとうとしています。でも最近は、以前ほど痰がからむことが少なくなったみたい」

　シェリルの質問は、おそらくローズ自身の体調を気遣ったものであったように私には見えたが、彼女はそう答えたのを皮切りに、ガリーの近況を事細かに語り始めた。その気配に気づいて、ガリーがうっすらと目をあけた。

　「あらごめんなさい、女の子のおしゃべり！」と、すぐにそれに気づいたシェリルが冗談めかす。

　鼻孔に簡素なチューブ式の酸素吸入装置をかけたガリーの顔からは、表情の変化はほとんど読み取れない。彼の口は終始軽く緩んでいたが、そこから言葉が発せられることは、この訪問中ついに1

3　〈編者註〉上半身を約15度から30度起こしている状態のこと。[S.K.]

度もなかった。
　「熱を計っていいかしら」と言ったシェリルは、使い捨ての体温計の封を切ってガリーの脇の下に当てると、そのままベッドに腰を下ろした。ベッドのスペースはたっぷりと余っている。
　「持っててあげる。これはちょっと重いから」
　体温計を支えるシェリルは、実際には胸の上下動を確認し、呼吸の回数を数えている。
　「どのくらい食べてるの、ガリー」と、胸に目を止めたまま、シェリルが聞いた。
　「彼は2日間何も食べてない。彼はときどきクランベリージュースを少し飲んでいるだけ」
　ローズが答える。シェリルは脈を取り、続けて血圧を測った。
　「横になっているせいもあると思うけど、少し血圧が落ちてるね」
　バイタルサインを看護ノートに記入したシェリルは、訪問の間ずっと首にかけている聴診器を掌にしばらく握って温めると、ガリーのパジャマをはだけて胸の音を聴いた。
　「そうね、肺の音はきれい、だけどちょっと体温が高い。胸に汗をかいてるから、ときどき拭いてあげてちょうだい。OK、じゃあ私の手を握ってみて」
　差しだした両手をガリーが握ろうとしないので、シェリルは同じ言葉を繰り返した。ガリーは目を動かすだけだ。シェリルの方から手を取り、そのまましばらくガリーの顔を見つめた。
　最後に彼女は足元にかかっていた毛布をめくった。露になったガリーの足は、踵からくるぶしにかけて、うっすらと青緑色がかっている。シェリルは両手で包むようにして踵を持ち上げた後、ゆっくりと下ろし、再び毛布をかけた。ベッドを離れた彼女は、書き物机に向かって看護ノートの続きに簡単なメモを取った後、顔を上げてローズを見た。

「私の見立てでは、彼は間違いなく衰弱している。おそらく2、3週間でしょう（I can see him definitely weaker. It would be two or three weeks）」

シェリルは少し間を取って、ローズの反応を待った。あるいは私がそこにいたからかもしれないが、彼女は動じた様子を一切見せなかった。

「解熱剤を出すから、もし熱が引かなかったり、100.5度［華氏。摂氏では約38度］を越えたりしたときは、すぐにホスピスに電話をかけて。彼の体は乾き始めているけど、それは悪いことではなく、自然な過程。彼の体は活動を終えつつある。痰が止んだのもそのためだけど、これからしばらくすると、肺や喉に液体が沁み出てくるから、またノイズは出ると思う。半日以上排尿がなかったときも、すぐにホスピスに電話をかけて。何があっても、911［日本で110番、119番に相当する緊急通報番号］に電話をしちゃだめ」

車に戻り、次の訪問先に移動するまでの間、私はシェリルに彼女が何に関心を払ったか、それを手がかりにどのようにして所見を下したのかについて説明を求めた。シェリルはガリーの病状から始めて今日の様子に至るまで、所見を下した理由をきちんと順序立てて話してくれた。彼女は次のように会話を結んだ。

「それで、彼が『はっきりと、亡くなりつつある』と思うに至ったというわけ（That's why I've got to think he's *actively dying*）」

終末期ケアの専門家によって生みだされる予測の特性を考えるために、ここで便宜的に、「長い予測」と「短い予測」という2つの概念を導入しよう。

長い予測は、死に至る一連の過程の中で、患者がその時点でどこに位置するか、という認識に関する判断である。スタッフやシステムが蓄えた知識や経験が裏付ける長い予測は、後述する短い予測に比べると、相対的に

蓋然性が低いものであるが、その感得と伝達は、終末期ケアの文脈における相互作用に確実に質的な変化をもたらすことになる。

　長い予測の概念を説明するために、1つの典型として挙げることができるのは、『ブルー・ブック』（Blue Book）の愛称で事例 6-3 に登場したカーンズの小冊子『旅立ち』（*Gone from My Sight*）〔Karnes 1986〕である[4]。この小冊子は、死に至るまでの一連の過程が時系列に沿ってごく平易な言葉で説明されている。表 7-1 はこの小冊子の巻末に収められている一覧表であり、もともと簡潔な内容をさらに短くまとめたものである。一見してすぐに分かることは、死に至るまでに残された時間が、患者に生じる特定の徴候と結びつけられているということである。これらの徴候は、必ず生じるとは限らないが、誰にでも起こりうる、という意味で、一定の一般性を持つと考えられている。特に興味深いのは、食事量や水分摂取量の減少、血圧・脈拍・体温・発汗・呼吸などの異常、皮膚の色の変化、失禁などの身体に現れる徴候だけでなく、周囲への関心の減退、コミュニケーションの減少、混乱、興奮といった情動や社会関係に生じる変化についても、死の接近を知らせる手がかりとして挙げられていることである。

　ホスピスのスタッフが日々の訪問ケアの中で見出すこれらの徴候は、実際には、いずれか単独で死期の目安となることはほとんどない。長い予測に結びつくのは、いくつかの徴候が時間の経過の中である配列をなす、あるいは重層的に発生する、という場合が大勢を占める。事例 7-1 の場合、前提としてあるのは睡眠の増大傾向である。しかし、睡眠時間は一時的な

---

[4] 同様の情報はホスピス・オブ・ワンダーでも提供されている。ホスピス・オブ・ワンダーの場合、表 7-1 のようなリストを作成し、患者宅に常置されるファイルの中に入れている。〈編者註〉精緻に考えるなら、ホスピス・オブ・ワンダーが患者宅のファイルに入れているのは、あくまで「表 7-1 のようなリスト」であり、カーンズの小冊子から抜き出された表 7-1 とは細部が異なる可能性がある。おそらく、その細部はここでは無視して問題ないだろう。〔H.W.〕

表 7-1 死の兆候のまとめ

(1) 死の 3 か月から 1 か月前の兆候
　　　この世界から身を引く
　　　内なる世界へ向かっていく
　　　眠っている時間が長くなっていく
　　　会話が少なくなる
　　　食事量が減る

(2) 死の 2 週間から 1 週間前の兆候
　　　見当ちがい
　　　　混乱する
　　　　実在しない人と話をする
　　　　寝具を引っ張る
　　　　興奮する

　　　からだの変化
　　　　血圧が下がる
　　　　心拍数が増えたり減ったりする
　　　　体温が上がったり下がったりする
　　　　汗を多くかく
　　　　皮膚の色が青くなったり青白くなったりする
　　　　呼吸が不規則になる
　　　　痰が増える
　　　　眠っているが、呼びかけに反応する
　　　　からだがだるくて重いと訴える
　　　　食事をせず、水分をわずかにとるのみとなる

(3) 死の数日から数時間前の兆候
　　　元気が出てくる
　　　死の 2 週間から 1 週間前の兆候がより強くなる
　　　じっとしていられない状態になったり、まったく動かなくなったりする
　　　呼吸のリズムが不規則になったり、止まったり、再開したりする
　　　痰がさらに増える
　　　目がとろんとしたり、半開きの状態になったり、涙が出たりする
　　　手、足、ひざが紫色になり、斑点がみられる
　　　血圧がさらに下がり、脈が弱くなり、触れにくくなる
　　　尿が減少する
　　　尿や大便を漏らす

(4) 死の数分前の兆候
　　　"水からあげられた魚"のような呼吸になる
　　　まったく反応がなくなる

(出典)〔Karnes 1986：12-13〕。〈編者註〉原著者の翻訳〔服部 2002：10-11〕から一部、訂正した〔H.W.〕。

ホルモンバランスの乱れや薬の副作用によっても増えることがあるため、それだけでは、信頼できる手がかりにはならない。傾眠が死期の徴候である可能性が高まったのは、状況が持続しており、「起きていても、いつもうとうとしてい」るという進捗を生じたためである。看護師は、患者の身体的状況が新たな局面を迎えつつあるという可能性を念頭に置きながら、体温、呼吸、脈拍、血圧というバイタルサインを計測した。これらの数字は、相互に参照されながら、患者の年齢、性別、体重、これまでの病気の経過などを背景として検討されることによって、推測を支持する特別な意味を持つようになる。

　また、人工的な栄養・水分の点滴を基本的には行わない米国のホスピスケアの現場では、患者が口からどの程度の食べ物や水分を取っているか、という要因が、端的な余命の目安となる。まったく食べ物を取らなくなった時点から約2週間、まったく水分を取らなくなった時点から約1週間で患者は死亡するのが常である。

　このケースでは、以上の要因に加えて、意識の混濁、随意的な運動能力の低下、循環機能の衰弱を示す発汗や皮膚の色の変化といった補足的な情報を獲得することによって、看護師は患者の余命が週の単位であることをほぼ確信することができたのである。

　ホスピスのスタッフにとって、長い予測が以後の終末期ケアの方針を左右する基礎的な情報となることは言うまでもない。一般に、死期が近づくほど、必要な処置は質量ともに拡大することに加えて、状況が変化する速度そのものも増すからである。この事実はまた、長い予測が、個々のスタッフのレベルを越えて、プログラム全体の運営にも影響を与えることを示唆している。厳しい経済的環境に置かれ、動員できる資源が慢性的に不足している米国のホスピスでは、余命がより短いと推定される患者により多くの人・物を配分するという最適化を図ると同時に、スタッフの「バーンアウト」（燃えつき症候群）を予防するために、重篤な患者が特定のスタッフに集中しないよう配慮する必要があるからである。

しかしながら、より注目したいのは、長い予測は、患者と家族を介する形でも、終末期ケアの文脈に決定的な影響を及ぼしている、という事実である。それというのも、この概念が、終末期ケアに埋め込まれた死生観を象徴する「自然な死」と深く関わっているからである。

今日の終末期ケアにおいて、「自然な死」という言葉には、緩やかに結びつく2つの像が重ねあわされている。

像の1つは、あるべき姿の実現を妨げる様々な苦悩を付帯的な逸脱として排除することによって現れると考えられている「正常な死」という認識である。安らぎ、平穏、尊厳といった言葉に親和的なこの意味での「自然な死」は、痛みや問題が野放しにされた「野生の死」ではなく、むしろその対極に位置する、注意深く選択され、洗練された技術によって支えられた「飼い慣らされた死」にほかならない。このような死の演出を可能にする、一定の範囲の容認可能な死に方に向けて、個々のケースの軌道を引き寄せる力を持つ技術のネットワークについては、本章の後半で考察しよう。

長い予測と関係する「自然な死」のもう1つの像は、誰に対しても分け隔てなく訪れる、本質的には避けることも抗うこともできない、「当然の死」という認識である。

以下に挙げるインディペンデンス・ホスピスの看護師のコメントは、終末期ケアの専門家が有する「自然な死」の像の二重性と両者の緩やかな結びつきを示している。訪問ケアを終えてオフィスに帰る車の中で、「ホスピスで働くようになった動機は何ですか?」という私の質問に対して、彼女は次のように答えた。

> 私は以前、子どもを看る職場にいました。でも、そのころの仕事と今の仕事はそんなに大きくは違っていません、誰かをその人の人生を生きることができるようにしたり、彼らが必要だと思うことをしたり、自立できるようにしたりするという限りにおいて。私はホ

スピスの看護師として、それをまだ続けてます……（略）……私は、できるから、この仕事をしてます。それから、私は思うんだけど、死ぬことは生きることの一部で、知っての通り、私はいつも告白するんだけど、それは何もかも含んでいるから、死ぬことには、生まれることや、日々の生活を送ることと同じだけの正当性（validity）がある。だから彼らは、それまでと変わりなく、できるだけ自立しているべきだし、彼らなりに静かで平和に過ごすべきでしょう？私はそれを良いことだと考えています。

（インディペンデンス・ホスピスの訪問看護師とのインタビュー）

　長い予測が終末期ケアの文脈に直接的な影響を及ぼすのは、この認識がホスピスのスタッフによって感得され、患者と家族に伝達される際に、その背景に存在する、「当然の死」という前提を共有することを暗黙の内に求められるからである。
　インディペンデンス・ホスピスでは『ブルー・ブック』を患者の受け入れの是非を審査する初回訪問の際に渡すパケットの中に取り入れている。インディペンデンス・ホスピスのスタッフからこの小冊子に対する批判を聞いたことはないが、なかでも小冊子の熱烈な支持者であるチームリーダーは、その効能を説明するために次のようにコメントした。

　　この冊子のいいところは、シンプルで、字が大きいところ、見てごらん、だって私たちが世話をするのは年配の方が多いから。患者も家族も、めちゃくちゃで、疲れ果てていて、そんなに厚い教科書が読めるわけないでしょう？こんなにシンプルなのに、読まない人だっている。……（略）……オンコールの当番になったとき、電話を取ると、家族が狂ったようになって、彼の足が紫になった、彼がいない人に話しかけている、などなどと叫ぶでしょう？それで私は言うの、「OK、あなたのパケットを持ってきなさい。その中の『ブ

ルー・ブック』を開いてみなさい」って。そうすると彼らは言うの、「あらまあ！目の前で起きていることがみんな書いてあるじゃないですか」って。

（インディペンデンス・ホスピスのチームリーダーとのインタビュー）

　ごく短い冊子ではあるが、活字となって流通している出版物の中に、自分の眼前でまさに展開されている状況を発見することがもたらす説得力は絶大なものがある。この小冊子の中で死の接近を知らせるものとして挙げられている徴候のほとんどは、それを初めて目にする者にとって、極めて異常な事態に見える。しかし、逆説的ながら、その徴候が奇異なものであればあるほど、それを見事に予言した専門家への信頼は高まっていく。その時、患者と家族は、自分たちが他の大多数の人々が経験する通常の道程から外れていないことを知って安堵するとともに、その先にある死という現実を否応なく意識させられるのである。

　患者と家族が、死が、ある程度の幅を持つとはいえ、将来の特定の時期に、不可避のものとして訪れる、という認識を持つことは、終末期ケアの文脈で実施される様々なルーティンを意味づける枠組が根本的に再編されることを意味する。死の予期が確実になることによって、生命をひたむきに延長する、という価値が初めて相対化され、そこに至るまでの過程をどのように満足して過ごすか、という価値と秤にかけられる可能性が生ずるからである。しかし、この点は本章の最終節で論ずることにして、ここでは先に、終末期ケアの専門家が措定するもう１つの予測である「短い予測」について簡単に説明しておきたい。

　これまで述べてきた長い予測は、実際のケアの現場では、往々にしてかなりの程度の誤差を生じることになる[5]。最も単純な理由は、患者の心身の

5　例えば、カーンズの小冊子の冒頭の部分には次のような警句が掲げられている。「このパンフレットは、ガイドラインや地図を示しているにすぎません。

強靱さに大きな個人差があることであるが、これに加えて、個々の薬剤や処置と患者の相性の良し悪し、ケアの過程に散在する方針の分岐点においてなされる選択、患者や家族がスタッフの指示に従う忠実度などの要因が複合的に働くからである。

　短い予測は、相対的に近い将来に対する蓋然性の高い予測である。長い予測が、死を基点として逆算され、大まかな目安として機能するのに対して、短い予測は、その時点で得られる手がかりと直接的に結びついた具体的な出来事が、「いつ起きてもおかしくない」状態にあることを示唆するものである。そして、短い予測が特徴的なのは、予想される事態に対処するための実践的な活動の方針にしばしば結びつけられながら提示される、という点である。

　短い予測の例を事例 7-1 の中から指摘しよう。この事例で看護師が関心を払った変化として、熱とそれに伴う発汗を挙げることができる。これらの変化は、長い予測を形成する際に部分的な材料を提供した情報である。しかし、これらの徴候は、いったん長い予測が形成されると、持続することがかなりの確信を伴って推定される、不快な身体的症状へと読み替えられる。これらの症状がもたらす不快感を軽減するため、看護師は、家族に時々汗を拭くように指示を出すとともに、解熱剤を処方している。また、「100.5 度」という具体的な数字を挙げて、家族に行動を起こすべきタイミングの判断基準を提供している。

　看護師はまた、訪問時点では体の水分量が相対的に減少したことによっ

　　どのような地図も、同じ目的地に至るには多くの道があり、同じ町にたどりつくには多くの方法があります。非常に個人差があり、断定できることは何もないということを心にとめながら、このパンフレットを使用してください。このパンフレットにある徴候のすべてがみられたり、一部がみられたり、全然みられなかったりするかもしれません。また、徴候によっては死の数か月前に見られるものから、数分前にみられるものまであります」〔Karnes 1986：3; 服部 2002：3〕。

て軽減されていた痰が、さらに衰弱が進むことによって循環器や粘膜が正常な機能を果たせなくなる結果、肺や気管に水分を浸潤させるために、近い将来いわゆる死前喘鳴[6]として再開する可能性も示唆している。この時に重要な点は、彼女が患者の体が乾いた状態にあることを肯定的に捉え、わが国の高齢者介護の教科書的知識である脱水予防としての水分補給をあえて勧めていない、という点である。患者の体をある程度乾いた状態に保つことは、痰を軽減するだけでなく、腹水の貯留を抑え、排泄介護の手間を省くために、米国ホスピスの現場では容認されているのである。ただし、過度の脱水は混乱や腎機能の低下を招く恐れがあるため、避けなければならない。この予防線となるのが、半日以上排尿がなければホスピスに電話をかける、という指示である。

　さらに、状況が突発的に変化する可能性を見越して、最低限のセーフティネットとしての救急車を呼ばないよう指示が出されている。命を救うためには犠牲を払うことを厭わない救命士の処置は、患者や家族の希望と無関係に実施される。たとえDNR（蘇生処置拒否）の書類がすでに作成されていたとしても、動転した状況の中で、救急車が到着したまさにその瞬間にその書類を提示することができなければ、救命処置は自動的に開始されるのである。

　短い予測もまた、長い予測と同様に、終末期ケアの文脈に投げ込まれることによって、それまでの生活の大部分を占めていたルーティンのほとんどが適切に機能しなくなった患者と家族が新しいルーティンを確立していく作業を助長する。注目すべきは、短い予測がもたらす将来像が、何らかの具体的な行為を要求することが多いという事実である。例えば、事

6　〈編者註〉英語で言う death rattle。咳払いができないほど衰弱したとき、咽頭や気道の内部に唾液などの液体が溜まってきたために、ゴロゴロという音を発すること。「日経BP 患者・家族のためのがん緩和マニュアル」（http://medical.nikkeibp.co.jp/leaf/all/cancernavi/series/manual/201006/100479.html）［S.K.］

例 7-1 の場合、看護師からの直接的な指示として「患者の汗を拭く」という作業が家族の果たすべき役割として与えられている。そしてまた、熱や排尿がある閾値を越えた場合にホスピスに連絡を行うよう言われた家族は、患者の側にただ居る、という「見守り」を、その適切さに確信を持てる新しいルーティンとして実行することができるようになるのである。

一方、このような具体的な予測と手段を提供することは、専門家であるスタッフにとっても、自己のアイデンティティを維持し、患者と家族からの信頼を高める上で重要な意味を持つ。表 7-2 に挙げた「標準医療指示」（Standing Medical Order / Medical Standing Order）は、看護師が訪問先である程度独自の裁量でケアを実施できるように、医師が一部の薬剤や処置の実施を予め許可しておくための書類である。短い予測に伴う看護師の指示は、この書式に基づいて発せられることが多い。一見して分かる通り、「安らぎのためにはさして高度な医療技術、看護技術がいらない」〔グレイザー＆ストラウス 1988：184〕という認識はすでに過去のものである。

かつて有効的なルーティンが欠落した危機的状況として描かれた終末期の時間は、このような短期的な目標の設定と達成の反復によって埋め尽くされることによって、漸進的に積み上げられていくのである。しかし、ここで注意しなければならないのは、このようにして文脈を形成する作業を支えている技術が、決して価値中立的なものではなく、許容される特定の広がりのなかに文脈を引き寄せるような影響を及ぼしているという事実である。

7-3　「自然な」過程を支える技術

事例 7-1 を振り返ってみよう。ホスピスのスタッフであるシェリルは患者であるガリーに語りかけ、その反応を見、またその妻であるローズとのやり取りを通じて、ガリーの身体に起こりつつある変化の手がかりを得ていた。そして彼女は、それが示唆することを念頭に置きながらガリーのバ

表 7-2　標準医療指示の例（抜粋）

便秘　オピオイド不使用： 　　　ドキュセート（軟便化剤）入りセンナ、1-2 錠 1 日 2-4 回、 　　　又は Peri-Colace®、1-2 錠 1 日 2-4 回 　　　オピオイド開始中： 　　　ドキュセート（軟便化剤）入りセンナ、1-8 錠を 1 日 4 回（排便症状により）、 　　　又は Peri-Colace®、1-4 錠 1 日 4 回。72 時間以内に便通ない場合は便塞栓を報告。便塞栓でない場合フリート浣腸、又は SS 浣腸、又はクエン酸マグネシウム 8 オンス（経口）又は ラクツロース（Cephulac）又は ソルビトール 15-30 ml（経口）1 日 2 回又は MOM30 cc（経口）就寝時 　　　軟便： 　　　A）摘便 　　　B）Dulcolax® 坐薬、1 日 4 回（有効な限り） 　　　硬便： 　　　A）油性停留浣腸、又はフリート浣腸 　　　B）摘便（前投薬が必要な場合もあり） 　　　C）SS 浣腸 　　　□ 開始しない

　イタルサインを計測して、その結果を補足的な情報と組み合わせることで、「恐らく 2、3 週」というガリーの死への予測を立てるとともに、ローズに対して幾つかの具体的な指示を行ってもいた。ここからは次のことが明らかになる。つまり、長い予測の先には「自然な死」が想定されていること、そして患者がそれに向かって「自然な」過程を進むために、患者の身をまもなく襲うと予測される諸々の出来事に対してホスピスのスタッフと患者の家族、また状況が許せば患者自身もが反復的に相互作用しながら対処していくことである。

　患者に具体的にどのようなことが起きるのかを知るためには、前節末尾でふれた「標準医療指示」が手がかりになる。そこに書かれる内容にはある程度のばらつきがあるが、筆者の調査先では、「便秘」、「咳」、「下痢」、「口の渇きまたは痛み」、「呼吸困難／呼吸器への分泌物の増加」、「発熱」、「不眠」、「悪心／嘔吐」、「痛み」、「褥瘡」、「発作」、「終末期の身もだえ」、「泌尿器の機能不全」、「痒み」、「胃腸障害」の 15 項目が取り上げられ、それに対する標準的な対処が記載されていた。別の言い方をすればこれらの項目が、筆者の調査先で医療者が繰り返し実際に対処にあたる中

で経験を通して再帰的に選別された、死に向かう患者に典型的な症状なのである。このうち、表 7-2 で示しているのは、身体的疼痛緩和へのごく基本的な対処であり[7]、具体的にはこの指示に沿って、次のような流れで対処が行われていた[8]。まず軽度の疼痛に対しては、NSAID（Non-Steroidal Anti-Inflammatory Drug）と呼ばれる、非オピオイド系の消炎鎮痛剤が用いられる。しかし、NSAID の効果には上限があり、大量に投与すると副作用も顕著になる。そこで痛みが増悪した場合は、NSAID にコデインなどの弱オピオイドを加え、さらに強い痛みの場合にはモルヒネ、オキシコドン、フェンタニルなどの強オピオイドに薬を切り替える。そしてこの段階では、薬の形態も、錠剤から貼剤や舌下で吸収される液剤へと変化させ、身体的機能低下によって服薬が困難になった場合にも対応できるようにする。

　すでにふれたように、ソンダースは臨床データをもとに、モルヒネの適切な利用が除痛効果をもつことを明らかにし、終末期医療でのモルヒネ活用への道を開いた。このことはさらなる臨床データの蓄積とそれに基づく用法の精密化というフィードバックを生み、モルヒネに似た作用を持つ薬品であるオピオイドが相次いで開発された。その結果、現在では、適切な投薬がなされれば、患者が身体的疼痛のためにもがき苦しむということはほとんどなくなっている。加えて、薬の服用も患者自身で行えるようになっており、最期のときまで痛みを自分でコントロールし、自宅で生活を続けることさえ可能になっている。この患者の描く軌道を痛みという点から見れば、それは「痛みのない時」や「軽い痛みのある時」から「強い痛

---

[7] 〈編者註〉表 7-2 は、正確には便秘についての対処であり、内容が一致しないが、変更を加えていない。[S.K.]
[8] ここで示した例はあくまでも筆者がフィールドワークを行ったホスピスでの当時の流れであり、今日の日米の一般的な対処とは必ずしも一致しないことをお断りしておく。

みがある時」のような異なるフェーズが時間軸上にランダムに並んでいるものとして捉え直すことができる。いつ強い痛みが来るのかは、患者によって異なる。しかし、それが近い将来に起きるかどうかはある程度まで予測可能である。加えてこの「標準医療指示」にあるように、強い痛みにどう対処すればよいかは明確であり、そのことによって患者や家族はある程度まで患者の不確実な症状の変化を飼い慣らすことができるのである。

　本節でいう技術はこうした、その都度の状況把握とそれへの対応のセットである。医療者やホスピスのスタッフは患者や家族に対して短い予測をし、それらに対する対処法を伝える。患者や家族はそれに従って、患者の身に起きる出来事に対応する。そうしたやり取りは、ホスピスのスタッフが患者を訪問するたびに反復的に行われる。その結果、患者や家族は次第に対応に習熟し、ルーティン化していく。重要なのは、こうした短い予測と対応のルーティン化が、長期的な患者の生から死への道筋を、ホスピスのスタッフの訪問と訪問の間の時間へと、そしてさらにそれを短期的な予測可能な時間へと分節化すると同時に、ひとつひとつの時間に対応する実践的な行為で「埋め」、患者を襲う事態を特定の広がりのなかにおさまるようにすることである。それによって患者の生は、「自然な死」へと向かう緩やかな軌跡へと再構成され、対処の目的も、治癒や延命ではなく、あくまでもこの「自然な死」を迎えるためのものへと転換されるのである。

7-4　ルーティンの再編が構築する時間

　ここから本章の冒頭に示した、死と時間という問題を見直してみよう。
　近代社会は死を否定する社会だと言われる。死を覆い隠し、見えなくする。そして医学の発達によって、死はできる限り、それがやってこないよう、先送りされるべきものとなった。しかしそのことはかえって、死を生と決定的に対立するものとして捉える見方がなされるようになった。
　つまり通常の医学にとっては、やはり死は危機なのである。なぜ危機か。

生（の延長）に価値を置き、それを可能にすることを目指してひたむきに様々な行動をとるということが不可能になる事態だからである。では誰にとっての危機なのか。それは近代以前の社会のように、社会自体にとっての危機ではない。そうではなく、その個人、周りにとって危機と認識される。

　それゆえ、その危機を乗り越えるには、生の延長に向けて進むことから、不可避のものとして死を認識し、それに向かって進んでいく、というように、諸行為を意味づける枠組が根本的に再編されねばならない。

　本章で見てきたのは、終末期ケアにおいて、それはどのように実現されているのかということであった。ひとことで言えば、それは時間の分解であった。ホスピスのスタッフは患者や家族とのやり取りを通じて、患者の現在の状態を把握し、「自然な死」に至る道筋でどのあたりに位置しているのかを理解する。終末期における余命の予測は困難であるため、長い予測そのものは蓋然性が相対的に低いが、しかしそれはこれから近い将来に起きる、対処すべき事態に対する短い予測を支える。短い予測は、比較的蓋然性が高く、実践的な対応を必要とする。この短い予測によって、患者と、患者を取り巻く家族（およびスタッフ）は、患者の容態に関する短い予測可能性と対応可能性を手に入れるが、短い予測はそれと同時に、その延長線上に、長い予測、つまり、いつとははっきりわからないが、必ず来るものとしての「死」を想定させる。漠然とした不安としての「死」を分解し、ルーティンの統合体として予見できる「死」へのこうした患者の終末期における歩みは、生へのもがきではなく、死というゴールへ向かう「自然な」道筋として意味づけが変化する。

　以上のように、専門職による長期および短期の「予測可能性」の提供を通じて、死は、患者と家族にとって、他と隔絶した絶対的な経験ではなく、他の経験の延長や組み合わせとしての相対的な経験へと読みかえられていく。そして死そのものは、それぞれの小さな問題への実践的な解決の連続の中で、いつのまにか「すりぬけて」しまう。つまり、患者や家族はひと

つひとつの現れる症状に対応していくことで、結果的に、患者が「自然な死」に向かって進んでいくことが可能になり、また同時に、生と死とが対立的なものでなくなるのである。

　そして長い予測と短い予測の組み合わせは、「その人らしさ」を担保するものともなる。その現れ方や順序に個人差があるからである。つまり、人びとの死への道筋はいずれも短い予測のシークエンスであると同時に、その組み合わせには個別性がある。

　現代の終末期ケアでは、個々のケースがたどる経過を予め厳密に計画することはできない。しかし、専門職が実践を通じて蓄えた知識は、現在からある程度先までの未来を、ある程度の幅を持たせながらではあるが、予見することを可能にする。そして、来るべき状況に対するこのような予見をクライアントと共有し、十分な準備体制を整えた上で実際に対処する、という一連の過程を繰り返すことを通じて、終末期における時間の流れはアノミーに陥ることなく統御されていくのである。

　従来の死の文化人類学は、当該集団が死を克服するために用いる社会的・文化的装置としての儀礼に注目してきた。儀礼は、生から死という「移行」をスムーズに行うものと思われているが、それだけではない。リーチの議論〔*cf.* Bloch & Parry eds. 1982：10〕にあるように、儀礼は、時間が来るから儀礼をするのではなく、儀礼を行うことによって「時間を作り出す」のである。そうした社会においては、通常の仕方で時間が流れない「危機」としての死に際して、反復実践を積み重ねることで、流れている時間を循環する時間の中に回収し、危機を乗りきっている。それに対し、ホスピスは、個人にとっての危機である死に臨んで、死に向かう時間を分解し、反復実践のシークエンスとして再構成することで、死は「飼い慣らされ」るだけではなく、「その人らしく、かつ自然な」道程であるという二重の意味を取り戻すのである。

第 8 章

終末期の文脈を形作る力[1]

---

[1] 〈編集註〉本章の後半は、メモ書きに留まっている部分が多かった。そこで、前半部と趣旨の重なる部分の多い原著者の修士論文（特に第4章）、および「ホスピスに見る死の分解」〔服部 2004〕から引用し、加筆するという形をとった。8-1 の前半の記述がすでに本書で登場している内容になっているのもそうした経緯ゆえのことである。[E.T.]

ホスピスとは、終末期ケアの哲学でありその制度でもある。哲学として、ホスピスは20世紀後半の西洋の文化的・社会的価値を映し出す。ホスピスは死にゆく過程をそのまま人々に突きつけ、ライフ・サイクルにおける避けがたい、自然な局面として死の過程を経験させようとする。ホスピスは個人の自律性を重んじるゆえ、少なくともその意味合いでは、医療界に認められるような家長主義や権威主義に批判的である。米国においてホスピスを選ぶということは、施設によるケアや職業的介入と対立するような在宅ケアや家族のサポートを支持することだからである。というのも、施設は相対的に冷たく、没個人であり、専門家は人間の基本的ニーズにしばしば鈍感であると見なされているからである。〔Greer et al. 1986: 9〕

8-1 死と権威に関するこれまでの議論

　米国ホスピスにおける終末期ケアを考察するための第3の軸[2]として本章が扱うのは権威である。権威という言葉の含蓄は曖昧かつ広範であるが、以下の議論では、死をめぐる文脈を形作っていく主導権の所在を指し示し、その過程で執り行われる種々の手続きの正当性を保証するイデオロギーとしてこの概念を位置づけ、考察を進めたい。

　儀礼がどのような力学のもとで組織され、実施されたか、という観点から文化人類学およびその周辺領域における葬儀論をもう一度整理してみると、以下の3つの類型を認めることができる。

　第1の類型は、当該集団において共有されている宗教的な信念の自然

---

[2] 〈編者註〉第1の軸が第6章で扱った「まなざし」であり、第2の軸が第7章の「時間」であり、本章では「権威」が重要な論点となる、ということ。なお、本節の前半のサーベイは本書のこれまでの論述と重なるところがある［H.W.］

な発露として葬儀が実施されると考える立場である。心性派に顕著なこの見解を支持する場合、儀礼の執行を動機づける主体を議論に導入する必要はなくなる。各成員が儀礼の諸過程で果たす役割は、主として親族関係、性差、年齢などに基づいて水平的に分配される。この類型における権威者は、宗教的信念を操作する主体的な行為者としてではなく、宗教的信念に従属し、そこに埋め込まれた世界観を実現するための特別な駒として状況の中に布置される。政治的権威と宗教的権威を束ねる聖なる王が、彼の身体と王国の間に神秘的な絆を想定する世界観の要請によって弑されるというフレイザー〔1951-52〕の王殺しの考察は、この類型における権威と信念の関係性を端的に示している。

　第2の類型は、デュルケム〔1975ab〕、エルツ〔1980〕、ラドクリフ＝ブラウン〔Radcliffe-Brown 1964〕らによって展開された、主体としての擬人的な社会を想定する議論である。彼らの議論において、第1の類型で無条件の前提として論じられた宗教的信念は、自己の恒常性を確実なものとするために社会によって措定された集合表象へと読み替えられる。聖なる存在を創り、それに対する信仰や振舞いを規定することによって、社会は秩序を維持している。このような秩序の機構が維持され、適切な機能を果たしている限り、構成要素である成員の死は、葬儀による適切な意味づけを経て、社会の存続をさらに強化する存在へと再編される。第2の類型における議論の主役はあくまで社会であり、権威は社会の中心からの距離に応じて付与される派生的な要素とみなされている。信念が一様に共有されているにもかかわらず、権威者の死と無名の行き倒れの死がまったく異なる扱いを受けるのは、社会に対する潜在的な危険性の度合いが両者の間でまったく異なるからである。

　ブロックとパリー〔Bloch & Parry eds. 1982〕が先鞭をつけた第3の類型は、社会の擬人性を議論から排除し、儀礼を執り行う主体としての政治的な権威の存在をはっきりと前面に出すものである。第2の類型で前提として位置づけられ、葬儀の施行に確固たる枠組を与えた社会的秩序は、葬

儀を実施した結果としてもたらされるものへと位置づけを改められる。葬儀は、それを取りしきる権威が、個人の限りある命という制約を克服して支配を持続させようとする際に執り行う政治的な企てとして描かれる。そのような葬儀にあっては、故人の個人性が遺体の腐敗や毀損によって徹底的に破壊される段階と、その結果として浄化された形で残る権威が正当に継承されたことを公示する段階という2段階の構造が認められる。一定の手続きを遵守しながら再現されるこのようなパフォーマンスには、死が内包する本質的な危険としての予測不可能性を、予測可能な循環的時間へと調和させる効果があると考えられてきた。

　以上の議論からは、しかし、本書が対象とする今日の終末期ケアの現場における死の文脈の構築を読み解くための手がかりをほとんど見つけることができない。実際にブロックとパリーは自ら提供した図式が、現代の死をとりまく状況の分析には援用し難いことを、次のような言葉で表現している。

　　　現代の西欧文化においては個人に超越的な価値が付与されており、イデオロギー的強調は彼のユニークで繰り返されることのない一代記に置かれる。彼はまた社会に対峙する存在であると考えられているため、その死は社会の持続に挑戦するものとはならない。その上、人間の本質が不変のものと見られている一方で、社会的秩序の存在は同様には受けとめられていないのである。〔Bloch & Parry eds. 1982：15、強調は原文〕

　ブロックとパリーはこのように言及することで、彼らの議論とほとんど前提を共有できない「我われの社会」における死を議論の対象から外し、それ以上踏み込むことを断念している。

　ソンダースの金言としてホスピスのパンフレットなどにしばしば引用される「あなたはあなただからこそ大切だ」（You matter because you are you）

という句は、現代の終末期ケアが、まさにこの言葉にあるような、かけがえのない個人を権威として尊重しながら運営されていることを暗示している。このようなシステムにおいて、一枚岩的に共有された信念や、主体としての社会を想定することが不可能であることは言を俟たない。

ここで1つの疑問が浮上することになる。もし仮に、独立した意志を持つ個人としての患者を権威として認めるのであれば、終末期ケアの文脈は彼／女の意図に従って、まさに「気まま」に構築されていくことになる。その死は固有の、1度きりのものであり、その文脈の形式を過去の慣行や同時代の他者の実践に近づけるための努力を払うことが義務として課されることはない。このような前提の下で患者をケアするホスピスは、患者の望みに応じながら、適宜必要な社会資源を動員し、状況が滞りなく進展していくことを保証しなければならなくなるだろう。しかしながら、現代の米国において、ホスピスは、死に行く人々を集約的に引き受ける役割を期待されている社会的なシステムであり、また事実としてそのようにして作動し続けることによって、今日の制度としての位置づけを確保しているのである。浮上する疑問とは、すなわち、「なぜ今日のホスピスは、死を取りまくシステムとして、かつてないほどの高い自由度を容認しながら、安定した制度として運営され続けることができるのか」というものである。

乱立する権威が何ら拘束を受けることなく「自分らしい死」の形を模索するのであれば、終末期ケアの現場はアノミーに近い混乱状態に陥ることが予測される。しかし、事実はむしろ逆である。フィールドに参入した観察者は、ホスピス運動で特に初期の段階に発せられた「平穏と尊厳の中での死」（death in peace and dignity）というかけ声が、幾分かの美化を含んではいるものの、あながち完全なプロパガンダではないことを認めざるをえないのである。

この疑問を考察するために手がかりをもたらすのが、社会学者ウォルター〔Walter 1994〕の分析である。彼は英米におけるホスピス、葬儀産業、遺族のセルフヘルプグループなどの関係者を対象にインタビューを実施し

表8-1　ウォルターによるモデル

	伝統型	近代型	新-近代型
身体的脈絡	速やかで常習的な死	隠された死	引き伸ばされた死
社会的脈絡	共同体	公的なものと私的なものの対立	私的なものが公的なものとなる
権威	宗教	医療	自己

(出典)〔Walter 1994:47〕。

ながら、表8-1のようなモデルを提示している。

　文化人類学者が民族誌によって分析してきた社会は、このモデルの「伝統型」に相当する。「伝統型」との対比を作る範型として、ブロックとパリーが一足飛びに個人を権威とする状況について言及したのに対し、ウォルターは「近代型」と「新－近代型」という2つの段階を設定している。

　ウォルターは「近代性」を生産と消費が明確に区分された社会構造によって定義している〔Walter 1994：203〕。そのような構造下では、技術、合理的な組織、効率、利潤といった価値を志向する公的領域と、家庭に代表され、意味の創出や感情の表出の場を提供する私的領域とが対峙している。死に関する文脈を形作る権威は、宗教から、医学とそれに準拠する知識や技術を身につけた医療の専門家へと委譲されている。しかし、死に行く患者を引き受けることになった医療システムが本来的に志向する価値は生に他ならない。このため、この委譲は、死が不名誉な敗北として医療システムの中で隠蔽されるという状況を生んだのである。その一方で、死によって引き起こされる情緒的な動揺もまた、私的領域の中に囲い込まれ、公的領域からは見えなくなってしまう。言うまでもなくこのような状況は、現代ホスピス運動が克服することを目指した「死が否定された社会」である。

　終末期ケアの革命を経て到来した今日の状況に相当する「新－近代型」では、権威はかけがえのない自己に置かれることになる。社会の進展に伴うサブシステムの発展によって、どのシステムも独占的な権威として機能するだけの力を持たなくなった。サブシステムの中から1つを選び取る

自己自体が、権威と見なされるような状況が生まれたからである。

ただし、ここで注意を払わなければならないのは、次のことである。ウォルターは、自然の脅威が飼い慣らされ、生産に関する問題がほぼ解決することによって、消費に対する関心が相対的に高まった結果、消費者の意向や個人的な経験が公的な領域に強く反映されるようになった社会構造として「ポストモダニティ」を定義している〔Walter 1994：203〕。にもかかわらず、あえて彼が「ポストモダン型」という類型を提起することを踏み止まっている点である。

ウォルターがこの提案を躊躇したのは、彼がインタビューを通じて明らかにした今日の死に関する実践において、ポストモダニズムが示唆するようなラディカルな個人主義が事実として徹底されていなかったからに他ならない。個人の意思や嗜好を際限なく尊重する「ポストモダンの要素」とは別に彼がそこに発見したのは、クライアントの個別性を尊重しながら専門家が適切な助言を提供することによって事態が方向づけられていく「近代後期の要素」であった。「新－近代型」とは、このような2つの要素が、時には互いに強めあい、時には互いに摩擦を生じながら、場合によっては単一の組織や個人の中に共存するような社会構造に対して与えられた名前なのである。

死をめぐる実践の領域において「近代後期の要素」がポストモダンの要素によって完全に駆逐されなかった理由として、ウォルターは3つの仮説を提示している。第1の理由は、死が1度きりの経験であるため、ポストモダニズムが前提とするような、試行錯誤を通じて自分の趣向に合致するものを求める合理的経済人を想定できないことである。第2の理由としては、外界に対して向けられた表現そのものを重視し、深刻な本質論を避けようとするポストモダンの文化一般の価値観に対して、死という主題を何にも増して深刻な主題としてみなし続けてきた死の復権運動の主導者たちが反発を感じたことである。第3の理由は、自然を飼い慣らしたことがポストモダニズムへの移行の前提条件であるにもかかわらず、死は

人間が自然の脅威を克服できていないことの証明に他ならない、という根本的な矛盾の存在である。

　ウォルターによって提供された「新−近代型」の図式は、本書が扱ってきた米国ホスピスを取り巻く状況と重なりあう点が非常に多い。ただし、伝統／近代／ポストモダンという社会構造の推移を前提として実践の形式を説明していく彼の理論は、あくまでフィールドに密着しながら議論を積み上げていく文化人類学の姿勢とは逆を向いている。また、このような姿勢の相異は、ウォルターが現場に関する考察を相対的に軽視し、インタビューに基づく言説の分析にほぼ全面的に依存していることとも無関係ではないだろう。

　本章の以下の議論では、今日の終末期ケアの現場で権威がどのように配置され、文脈の構築に力動をもたらしているか、ということについて、実際に使用されている「道具」に準拠しながら考えてみたい。

8-2　患者と専門家のケアの主導権をめぐる均衡

　山崎章郎[3]は、わが国のホスピス運動に火をつけた『病院で死ぬということ』〔1996：116〕の中で、彼が船医として南極に向かった時に運命的に出会ったキューブラー＝ロスの次のような言葉を引用している。

> もし患者が、慣れ親しんだ最愛の家で最期を迎えられるならば、患者のための特別なことをあれこれ考える必要はない。家族は彼のことをよく知っているから、鎮静剤の代わりに好きなワインを1杯与えるだろう。自家製スープの香りが食欲をそそり、2匙、3匙は喉を通るかもしれない。このほうが点滴よりずっとうれしいのではないだろうか。〔キューブラー＝ロス 1998：18-19〕

3　〈編者註〉日本ホスピス緩和ケア協会設立代表者および理事（2018年7月時点）。［E.T.］

この句を目にした山崎は「胸の中に満ちてくる熱い感動」を覚え、「それまでは当然と思っていたいくつかの医療行為が、急激に苦い過去となっていくのを感じ」たという。この出会いによって受けた衝撃の大きさを、彼は「その一節を読んだあと、しばらくは先に読み進むことができなかった」と表現している。実際には、キューブラー＝ロスのこの言葉には次のような句が続いている。

> といっても鎮静剤や点滴の必要性を過小評価するつもりはない。私は田舎医者としての経験から、ときには鎮静剤や点滴が救命に役立ち、無視できない場合が多いことは十分承知している。〔キューブラー＝ロス 1998：19〕

　ここでは、患者個人の特殊性を柔軟に尊重しようとする今日の終末期ケアにおける自由の追求が、専門家の技術や知識が一種のセーフティネットとして周囲に張り巡らせてあることを前提として展開されていることが暗示されている。
　一方、山崎があえて言及を控え、キューブラー＝ロスがごく控え目にしか述べなかった終末期ケアの文脈における専門性志向が逆に前面に押し出される場合もある。次の引用はホスピス・オブ・ワンダーが配布しているPR用のパンフレットの一部を抜粋したものである。

> **介護者はあなたのニーズを理解します**
> ホスピスの介護者は、多職種からなる医療専門家チームに属しており、その多くがこのコミュニティに暮らしています。この専門家たちはホスピスケアの領域で長年の経験を積んでおり、患者と家族の行く手に待ち構える難題に立ち向かう手助けをします。私たちのスタッフ全員が患者と家族個々人のニーズを知覚し、患者自身がケアについての決定を行う権利を尊重します。

クライアントの確保をめぐって多様なサービスと競合する米国のホスピスがまずアピールするのは、ケアが経験豊かな医療の専門家によって提供される、という事実である。専門家が、終末期の文脈で将来出会うかもしれない課題の解決やケアに関する意思決定を手助けすることがパンフレットを通じてアピールされているということは、裏を返せばこれらの作業を専門家の手助けなしに成しとげることの困難さを示唆すると同時に、ラディカルな意味での個人主義の追求に対する患者の葛藤と不安を当然のものとしている。

　患者が最高の方針決定権を持つことが建前として公示されているにもかかわらず、現実的には専門家の価値や意向の影響を色濃く受けながら文脈が形成されていくという状況は、ホスピスケアが開始される出会いの場においてすでに発生している。

　「ホスピス給付の選択」（本書129頁、第3章での表3-2を再び参照）は、インディペンデンス・ホスピスの看護師が患者の受け入れ訪問の際に持参する膨大な量の書類の中の1枚である。この書式には2つの署名欄がある。1つは患者ないしはその代理人が署名するための欄である。ただし、この欄を代理人が埋めるのは、痴呆によって患者が判断能力を明らかに喪失している場合や、麻痺によって物理的に手を動かすことができない場合に限られる。この書式は、インディペンデンス・ホスピスから提供される終末期ケアに対して公的保険による補償を受けることを宣言するものであるが、事実上はホスピスを利用するための同意書として位置づけられている。すなわち、この書式によって患者は自分の意志でケアを受けることを宣言し、終末期ケアのシステムが動き始める契機を提供するのである。その意味では、確かに患者は自分自身の終末期の文脈をどのように形作るかを文字通り自分の意思と権利に基づいて決定していると言えるだろう。

　しかし、実際にこの選択が、患者がどの程度死を自分の身に迫り来る現実として意識しながら行われたのか、また、その選択がどの程度彼／女の「自由な」意志の発現としてなされたものであるか、ということについて

は議論の余地がある。

　まず、患者は必ずしも死を念頭に置いてホスピスからの初回訪問を受けるわけではない。その大きな理由は、患者の主治医が、ほぼ例外なく、「痛みや症状を取るための専門的なプログラムを紹介できます」という類の説明によって、ホスピスという選択肢を提案するからである。「ホスピス給付の選択」の冒頭に、ケアの目的として「痛みのコントロール、身体的な症状からの解放、精神的サポート、スピリチュアル・サポート」が掲げられていることは、この事実と呼応している。実際には、ホスピスケアに対する保険給付を受けるためには、患者の主治医とホスピス医の双方が「自然に病状が進行すれば余命が6か月以下である」という診断を下すことが不可欠なのであるが、患者が目にするこの書式においては、死の直接的な表現は、「延命を目的とした、いかなる救命措置も望んでいない」("I do not wish to have any life saving efforts to prolong the dying process")というやや婉曲な言い回しの中で1度出てくるだけである。大半のケースでは、ホスピスでのケアを受ける過程で、何らかの身体的な変化に気づいたり、専門家の長い予測を共有したりすることを通じて、患者と家族はゆっくりと死を現実として意識していくのであり、だからこそ多職種チーム会議の場で遺族ケア・コーディネーターは故人と遺族によって死の到来がどの程度了解されていたかを訪問スタッフに問いただすのである。

　もう1つの問題は、患者は初回訪問に際し、その時点でホスピスが提供するサービスの具体的な内容や制度上の制約について、ほとんど何も知らされていない状態だという点である。ホスピスのスタッフがしばしばもらす悩みの1つは、「教育を受けていない人は、ホスピスの存在を知らない。教育を受けた人は、ホスピスを誤解している」というものである。専ら初回訪問を担当している訪問看護師は、「ホスピス・オブ・ワンダーと書かれた救急車がやって来て、連れて行かれてしまう」と考えている患者も少なからずいて、彼女が自家用兼仕事用のセダンで乗りつけると、身分証明書の提示を求められることがしばしばある、ということを笑い話とし

て語ってくれた。

　このような現実の認知状況とは裏腹に、「ホスピス給付の選択」では、「緩和的」（palliative）という術語、終末期の苦悩を多元的な要素の集積と見なす特有の視座、ホスピスのケアが基本的にはスタッフの訪問を通じて（患者の居宅で）提供されることなどが、あたかも了承済みの前提のようにごく無造作に述べられている。さらに、ホスピスでケアを受けることの医学的な適切さが特定の間隔をおきながら医師によって判定し直されること、ホスピスケアを受ける根拠となった疾病に無関係なサービスを除くすべてのサービスを選択したホスピスを通じて受けることなど、保険の濫用の予防を目的として設定された、いくつかの制度的な制約も提示されている。

　これらの情報は、終末期ケアが実際に具体的な形を取っていく際に、いわば土台を提供する環境の様子について物語るものである。もしも患者が個人的な嗜好を満足させるべく、自分にとって最適なケアのあり方を模索するのであれば、理想的にはこれらの環境に関する拘束条件を熟知しておくべきである。しかしながら、このような情報を理解することは、患者にとって極めて困難な作業となる。このことは、患者自身による選択を建前とし、彼／女を指示する「私」（"I"）を一貫して主語としているこの書式が、この書式の内容を読んで理解し、質疑応答の機会が十分に与えられたことを証明する記述に限って、もう1人の署名人であるホスピスの代理人を意識した「私たち」（"we"）となっていることによって示されている。

　終末期の文脈における主導権をめぐって患者と専門家の間に微妙な均衡が存在することを示すもう1つの例として、表8-2「患者の権利と責任一覧」を検討してみたい。守られるべき患者の権利が25項目にわたって列挙されたこの書類は、インディペンデンス・ホスピスがサービスを提供する期間中に患者の自宅に預けるファイルの中に、緊急時のホスピスの連絡先、利用の条件に続く3枚目の紙として収められている。この書類は、患者が「ホスピスケアサービス開始に先立ち、口頭および書面を通じて十分に説明を受ける権利」［1］、「十分かつ適切なケアを受け、尊厳、礼

表 8-2 患者の権利と責任一覧

インディペンデントホスピス
患者の権利と責任一覧

この権利と責任はもし患者本人が行使できない場合、家族や後見人が負うこともできる。

我われ、インディペンデントホスピス（以下 I.H.）、はあなたの身体的、感情的、霊的ニーズに応えることに注力します。I.H. のスタッフはホスピスケアの対象である患者各位の、以下に掲げる権利を守ります。

1. あなたには、ホスピスケアサービス開始に先立ち、口頭および書面を通じて次のことについて十分に説明を受ける権利があります：
    a. あなたの権利と責任、
    b. ホスピスから提供されるケアと治療、
    c. ホスピスから提供されるケアと治療のうちあなたのウェルビーイング（福利）に影響しうる変更事項、
    d. メディケア、メディケイド、その他 I.H がみとめるその他の医療費支払者の補てんの対象である品目とサービスの範囲、
    e. I.H. が用意するがメディケア、メディケイド、その他の医療費支払者による補てんの対象外である品目やサービスについての変更事項、
    f. あなたが経費負担する品目とサービスの価格変更。
2. あなたには、紹介元から在宅ケア事業者へ、両者の間での十分な調整と一貫性のあるケアを受ける権利があります。
3. あなたには、十分かつ適切なケアを受け、尊厳、礼節、尊重と共に遇される権利があります。
4. あなたには、ご自身の財産について尊敬をもって扱われる権利があります。
5. あなたには、その処置を承諾するか拒絶するかを含めて、医療的なケアに関する決定を行う権利、および、事前指示書を作成する権利があります。I.H. にはあなたに：
    a) あなたの医療ケアに関する決定を行うために必要な情報を提供し、b) ケアによっておこりうる結果について話し合い、c) 事前指示書を作成するために必要な情報を提供す（州法による規定や、IH の実施方針を含む）責任があります。
6. あなたには、懲罰的な処遇を受けることなく、研究、実験、教育的トレーニングに参加することを承諾もしくは拒否する権利があります。
7. あなたには、署名を求められるすべての書式について説明を受ける権利があります。
8. あなたには、あなたに医療的なケアを施すスタッフの名前、肩書、資格について知る権利があります。
9. あなたには、医師による禁忌が無い限り、ご自身の医学的容態、治療の進め方、回復の見通しについての情報を、あなたが理解できる用語で得られる権利があります。
10. あなたには、ご自身の在宅ヘルスケアに関する決定（ケアと治療プランの策定やその変更に関する決定も含む）に参加する権利と責任があります。
11. あなたには、身体的・化学的拘束を含む、精神的・身体的な虐待から自由である権利があります。
12. あなたには、面接、検査、治療の間にご自身のプライバシーを守り、あなたのケアに直接関与しない人の観察を拒否できる権利があります。
13. あなたには、あなたの臨床記録及び、あなたとケアの提供者の間に起きた全てのコミュニケーションを守秘できる権利があります。あなたの記録は、個人のものであれ医療的なものであれ、I.H. スタッフにより秘匿されます。あなたを紹介し

た担当医以外の、当ホスピスの部外者は誰も、あなたの書面による許可なくあなたの記録の写しを与えられることはありません。ただし法ないし第三者支払い契約が求める場合はこの限りではありません。
14. あなたには、ご自身に関する全ての健康記録にアクセスし、記録の一部に疑義を指摘したり、またもしその指摘が適切な場合には記録を訂正させる権利があります。
15. あなたには、サービスに関する当ホスピスの苦情処理方針や手続きに、差別や報復なしにうったえ、苦情や心配を表明する権利があります。
16. 苦情が申し立てられた場合、申し立て人は、申し立てた日から15日以内に書面で調査結果と審判について書面で報告を受けられる権利があります。

> あなたがもし I.H. のホスピスケアを利用中に施設入院した場合には、以下の権利があります。
> 17. あなたの任意の人との私的なコミュニケーション／相談をし、施設にメールが託された場合は受理日のうちに、勝手に開封されることなく、発信／受信ができます。また社会的、宗教的、あるいはコミュニティのグループ活動については、あなたの担当医が臨床記録で医学上の理由で禁忌と指定しない限り、参加する権利があります。
> 18. 独立した個人としての意思決定ができ、考えられる選択肢について知識を得る権利があります。施設はこの権利が行使できるよう、あなたを励まし支援します。
> 19. あなたのケアプランに治療目的として含められていないサービスを、施設都合で受けなくても良い権利、
> 20. 患者のケアと処置に影響を与える、医療施設の規則や規制に関する情報、
> 21. 適切かつ適正なケアを受け、またあなたの病状、治療法の提案や回復の見通しにあなたが理解のできる言葉で情報を提供されるために、あなたも以下のことに責任があります。
> 22. 患者のケアや処置に影響を与える施設規則や規制に従うこと、
> 23. あなた自身が、あなたの期待や行為の、考えられうる展開をよく理解していると周囲に知らしめること、
> 24. 担当医による治療手順に従うこと、
> 25. 他の患者やスタッフ、施設の資産などの権利を尊重すること。

ぜひ、あなたの質問や懸念を、監督看護師やその責任者にお寄せください。もし、臨床部長や施設管理者とお話になりたい場合には、XXX-XXX－XXXXにお電話下されば、面談の機会を調整します。書面で申し立てをされたい場合には、I.H.、-XXXX-XXXX）に電話がご相談ください。

臨床部長ないし管理者に苦情申し立てる場合の宛先は：I.H.（以下住所）です。また、ミシガン州公衆衛生局も、個人が在宅ヘルスケアに関する心配事を申し立てるための毎日24時間、州保健局ホットラインを設置しています。電話番号は：1-800-88X-XXXX（電話番号）。郵便の場合は、ミシガン州保健局か、地方自治体の人権問題調査室、（以下住所）XX にお送りください。

〈編者註〉翻訳は編者による。

節、尊重と共に遇される権利」〔3〕、「その処置を承諾するか拒絶するかを含めて、医療的なケアに関する決定を行う権利、および、事前指示書を作成する権利」〔5〕、「懲罰的な処遇を受けることなく、研究、実験、教育的トレーニングに参加することを承諾もしくは拒否する権利」〔6〕、「署名を求められるすべての書式について説明を受ける権利」〔7〕など、広範な権利を持つことが明示されている。だが、このような宣言を改めてしなければならないという事実、また、この宣言が患者自身ではなくミシガン州の州法によって保証されなければならないという事実そのものが、列挙された患者の権利が現実のケアの各局面で容易に侵害される可能性を持っていることを間接的に示しているのである。

　米国ホスピスの実践において権威をめぐるこのような二重性がしばしば観察されることに対する端的な説明は、意志決定権の所在と、意志決定および決定された方針の実現に要する知識・技術の所在が異なるというものである。

　もし患者が住み慣れた自宅で最愛の家族に囲まれて「自然に」生を全うしようとするのであれば、専門家が独占的に所有している知識や技術を程度の差こそあれ活用せずにはいられない状況が生じる。

　キューブラー＝ロスが憧憬を込めて家族が差し出す1杯のワインを描いたのに対して、現代ホスピスを生んだサンダースが実際に患者に勧めたのはモルヒネを初めとする数種の薬物を混入したワイン、すなわちブロンプトン・カクテルであった。第4章で示した通り、過剰医療を批判しながら発達した緩和ケアの知識と技術は、従来の医療を単に省略・簡素化したものでは決してなく、別の価値を志向しながら優るとも劣らないほど高度な洗練を果たした独自の体系を築くに至っている。このような知識と技術の体系化が進むに連れて、ホスピスは、医療はもとより、法や経済といった普遍的なシステムの中で制度としての確固たる枠組を獲得することに成功した。この結果、とりわけ主治医制度を取る米国のヘルスケア・システムの中では、終末期に至った患者は、専門家同士のネットワークを通

じて、ほとんど自動的にホスピスケアへと巻き込まれていくのである。

　さらにもう1歩踏み込んで指摘しておきたいことは、患者は、終末期の時間の中で、どのような状況に自分自身を置きたいか、ということに関する具体的なイメージを最初から持ち合わせていないのが、むしろ普通だということである。現代社会のニーズのあり方を論じたマイケル・イグナティエフ（Michael Ignatieff）の言葉を借りれば、このような患者は「あるものを必要としていながら、それが何かを承知していない」ために、「必要なものを自覚的には欲していない」のである〔イグナティエフ 1999：18〕。終末期の文脈にホスピスが介入することによって、どのようなサービスが利用可能なものとなり、その結果どのような状況を作り出せるか、ということについて、あらかじめ情報を持っていない患者は、当然ながら、それを要求することを思いつくことができない。患者のニーズは、ある意味で、ホスピスの専門家との相互作用を通じて創られているのである。

　患者にとって望ましい状況を作り出すために必要な手段が専門家によって所有されているという事実は、2つの形で文脈の構築を方向づけていく。

　1つの形は、専門家の存在が媒介となり、特定の知識や技術に患者を結びつける、という明示的な関与である。その例としては、薬剤や自助具の提供、それらの使用方法に関する指導、自宅での生活を安全かつ容易にするための教育、住宅改修の提案、利用可能な社会資源の紹介などを挙げることができる。このような専門家の指示や提案を受け入れるかどうかに関する最終的な判断は、患者の手に委ねられている。しかしながら、このような専門家からの助言に対して反応することによって作られていく道筋が、患者の個人的な意向をそのまま具現したものであるとは認め難い。すでに指摘した通り、専門家が提案する知識や技術の中には、快適、安全、平穏といった専門家の立場から見て好ましい価値が予め埋め込まれている。患者は提案を容認する割合に応じて、これらの価値を文脈の中に引き込んでいくことになる。

　また、提示される知識や技術の中には、医療用麻薬に代表される、たと

えその存在を患者が知っていたとしても、専門家の協力がなければアクセスを許されないものも含まれている。このような提示を受け入れ、好ましいと評価した患者は、このような知識・技術の利用を続ける限り、専門家の権限に依存することになる。そして、ホスピスでケアを受けるために必要な余命の判断を行う権利を持っているのは、医師だけだということにも留意すべきである。この判断は、信条や経済的な理由によって患者を拒否することが法律によって禁じられているホスピスが、「ホスピスケアにふさわしくない患者」に対して、本人の意思とは無関係に退出を勧告するための、唯一のフォーマルな理由として機能している。

　さらに、「専門家による指示や提案を受け入れることでできた状況が自分にとって好ましいものであった」という経験が重なることで、患者が専門家に対して寄せる信頼は増幅する。この結果、専門家の意向が終末期の文脈を左右する可能性はさらに強化されるのである。

　手段を所有することによって専門家がケアの主導権を握るもう1つの形は、あえて語ろうとはしないことによって、選択肢の存在を患者の視界から隠しておくことである。

　例えば、「ホスピス給付の選択」の冒頭で患者が利用していないことを自己申告させられている化学療法や放射線療法は、インディペンデンス・ホスピスのスタッフからは提案されることがない選択肢である。現代ホスピス運動の初期には過剰医療の典型として忌避されていた化学療法や放射線療法が、がんの骨転移に由来する疼痛など、オピオイドに反応しにくい身体的苦悩を緩和するために有効的であるということは、調査の時点ですでに専門家の間では常識的な見解になっており、ホスピス・オブ・ワンダーでは実際に必要に応じてこのような処置を提供していた。

　この点に関してインディペンデンス・ホスピスの指導的な地位にある看護師に質問したところ、「私たちもできることなら提供したいけど、経済的な事情からできない」という回答を得た。化学療法と放射線療法を受けるためには1日当りそれぞれ100ドル単位、1000ドル単位の経費が必

要になるが、ホスピス給付が包括払いである以上、1日の補償額である約130ドルを越えた部分については、すべてホスピスからの持ち出しになる。2つのホスピスで利用の可否が異なるのは、大きなヘルスケア・ネットワークの一部として運営されているホスピス・オブ・ワンダーが系列の総合病院でこれらの処置を提供できるのに対して、独立したプログラムとして運営されているインディペンデンス・ホスピスは完全に外部の機関に委託せざるを得ないからである。

　同様の例として、オピオイドの使用に関しても、患者の立場から見えない動機づけによって、提案の時期が調整されている事実を挙げることができる。薬剤による持続的な疼痛コントロールは、通常は、「コンチン」(contin)と呼ばれる徐放錠によって開始される。徐放錠は、化学的に合成されたごく微細なスポンジ状の構造が体内でゆっくりと溶けることにより、それぞれの隙間に閉じ込められたオピオイドを徐々に放出する錠剤であり、ホスピスのスタッフは蜂の巣を比喩として好んで用いる。患者は1日に2回から4回この薬を飲むことによって、疼痛を予防することができる。問題は、「錠剤」(tablet)や「丸薬」(pill)ではなく、わざわざ「大型丸剤」(bolus)と呼ばれるほど、この薬が大きいことである。親指の爪の半分ほどもあるこの薬を嚥下するのは、終末期の患者にとって容易なことではない。

　身体的な衰弱が進み、徐放錠が飲めなくなった患者に対しては、フェンタニルというオピオイドの一種を主成分とする貼剤が用いられる。皮膚に貼りつけるだけで除痛効果があるこの薬は、効果の持続も最長72時間と桁違いに長い上、徐放錠に比べて副作用も軽微であることが多い。機能的には申し分のないフェンタニル貼剤が疼痛コントロールの開始と同時には開始されない直接の理由は、この薬の価格が高いため、徐放錠と同じだけの除痛効果を上げるためには、数倍から10数倍の費用を要するからに他ならない。だが、医療用麻薬の特性や薬価について知識を持っている患者はいない。患者は、フェンタニル貼剤が「最後の手段」として紹介される

264　第3部　実践の特性

まで、大きな錠剤を定時的に飲み続けなければならないのである。

本節では、終末期ケアが専門的な知識・技術の体系として成熟したことによって、患者にとって望ましい環境を判断する権利と、その実現に必要な道具を利用するための能力が、別々の主体によって所有されるという状況が生まれていることを示唆した。これまでの文化人類学の考察では強調されることがなかった、このような文脈を形作っていく力の分極化を、本章では、まなざしの分解、時間の分解に並ぶ、「権威の分解」として、今日の終末期ケアを特徴づける第3のキーワードとして措定する。

8-3　権威の分解
専門家間の分業と患者—家族間の力学

ここで論じようとする権威の分解は、患者と専門家の間だけで認められるわけではない。専門家同士、家族と患者の間でも主導権が分散している。これは、専門職の側はチームアプローチの導入によって、クライアントの側は家族の役割の肯定によって、さらに複数の行為主体へと分解されている、という今日の終末期ケアの現場に特有の事情に基づいている。

まず、専門家間での主導権の分散について検討しよう。前述の通り、米国ホスピスでは狭義の医療職である医師や看護師のほか、ソーシャルワーカー、介護助士、スピリチュアル・ケア・コーディネーター、ボランティア、遺族ケア・コーディネーターなどが協力し、「多職種チーム」を結成してケアを実践している[4]。これらの専門職は、それぞれに専門領域と応分の権限が割り振られている。そのため、専門家内部での意志決定にも複雑なプロセスが存在するし、専門家1人当たりに課せられる責任の量は相対的に縮小するのである。

次に、医師と看護師の分業がある。多職種チームの（形式的な）最高責

4　〈編者註〉本書第3章を参照。[H.W.]

任者は医師である。医師は、医療用麻薬の処方の管理やチームカンファレンスの顧問役を務めることを通じて、ケアの要所を監督する。しかし、実際に患者を訪問し、心身の状態をチェックし、現状と今後について説明するのは看護師である。標準医療指示による一定の権限委譲を受けている看護師は、必要に応じて自分の判断で医療的な処置や薬剤の発注をすることもできる。多職種チームの責任を取るのは医師であるが、実践的なリーダーシップを取るのは看護師なのである。その看護師もまた、例えばソーシャルワーカーの家族力学に関するアセスメントなど、他の専門職が提出する意見を常に尊重して多職種チームをまとめている。その意味で、多職種からなる専門家集団の中で、権威は分散するのである。

　さて、主導権の分散は専門家集団内部のみで起きる出来事ではない。患者―家族間でも主導権は分散している。患者と家族を１つのユニットと見なすことを基本的な指針の１つに掲げる今日の終末期ケアの現場では、死に行く人だけでなく、それを支える家族の意向にも相応の配慮が払われる。問題は、両者の希望がいつも必ず合致するとは限らないということである。米国ホスピスのある看護師は、死という厳しい現実に日々直面するのは大変ではないか、と私が質問すると、「死に行く患者をケアすることは自分には特別なストレスにはならない。患者と家族の意見が合わなくなった時が一番辛い」と答えた。衰弱が進み、歩き回ればほぼ間違いなく転倒することが分かっている患者が、それでも「庭を１人で歩いてみたい」と言ったとき、多くの家族はそれを止めようとしないではいられない。運んだ食事に全く手をつけないまま、何も食べたくない、と患者がトレイにスプーンを戻したとき、多くの家族はせめて１口だけでも、と食べさせようとしないではいられない。終末期の患者は家族に生活の一部を依存せずにはいられない。しかも、その依存度は不可逆的に増大する。建前上はどうであれ、患者と家族の意見が対立したとき、必ずしも患者が自分の主張を貫徹させることができるとは限らないのである。

　告知もこの点に関する重要な論点になる。日本のホスピスケアの現場で

は、苦しむ患者を見かねた家族の意向で入院したため、患者自身が病状や予後について十分に理解していないケースが少なからずあることが問題にされてきた。少なくとも医療者の立場からは告知率は限りなく100%に近いと言われている米国でも、同様の問題が全くないわけではないのである。私が参席した米国ホスピスのチームカンファレンスでは、「（患者は）自分の病気について知らないから、注意してほしい」、「『ホスピスから来ている』ということは言わないでほしい」と家族がスタッフに希望するケースが何度か報告された。当然ながら、このような状況では、患者が終末期ケアのイニシアティヴを取っていると考えることは難しい。患者と家族は、ホスピス運動の開始当初想定されていたような「ユニット」ではなく、様々な葛藤を生じうる社会的な空間であると言えよう。

　さらに、専門家が家族を配慮する理由としては、家族が患者に対してケアを提供する存在であること（家族のためのレスパイトケア[5]の提供などを合わせて考えれば）、患者の意見を代弁できる存在であること（判断能力の低下と並行して発言力が高まる）、遺族の満足度調査が、ビジネスとしてのホスピスの評価を左右すること、といった事情が挙げられる。こうしたことから、専門家が患者の意向だけを優先できず、患者と家族の双方の意向のバランスをとるようにふるまわざるをえないのである。

　このように、終末期ケアの現場における権威の分解は、専門職－クライアント間、専門職間、患者－家族間という様々な次元で指摘できる。実践の観察を通じて判明するのは、「その人らしく」という個人主義は、死に行く人が意思決定の中心となることと、死に行く人が望むであろうものや状況を周囲が推し量って提供することという、2つの解釈を可能にする両義的なイデオロギーだということである。今日の終末期の文脈は、死に行

---

[5]　〈編者註〉レスパイトケア（respite care）とは、介護家族に対する支援のことで、常時介護の状態から一時的に解放され、休息をとれるようにすることを目的とする。[H.W.]

く人の「意向」を中心に、多数の行為主体が相互に影響を及ぼしあいながら行動した結果として、逐次的に構築されていくものなのである。

8-4　権威の分解がもたらした死の文脈の新しい様相

　ホスピス運動やインフォームド・コンセント論議に代表される1960年代以降の反省期を経て、現代の終末期ケアを囲む専門家集団に定着したのは、患者の尊重という理念である。一般病院、ホスピスを問わず、現代社会における終末期には、患者と家族の行動上の制限がかなりの程度解除される。この非限定性を支えるのは、遠くない将来発生する患者の死亡に他ならない。すなわち、現代社会の終末期という文脈は、期間の限定を前提とした上で、ケアや面会などの相互作用を調整し、最終的には文脈自体を構成することに繋がる権限が、患者自身に対して与えられることを1つの大きな特徴とするのである。

　だが、権利を行使する際には、応分の責任がリスクとして発生する。ホスピスは患者の尊重を謳っている。しかし、このことはホスピスという場で生じる死亡を野放しのままにすることではない。多くのホスピスは、同時に、患者が「尊厳を持って」、「積極的に」死に向き合うことを支える、と、自らの役割を規定している。このことは、何らかの形で、望ましい死の様式が、専門家集団によって描かれていることを示すに他ならない。現代社会における死は、患者の意向と「患者を尊重する」専門家の提案が作る緊張関係の中で、より微妙な形で水路づけられて行く。実際のケアの局面においては、提案−意思決定−評価という一連のプロセスに多様なアクターが関与することに加えて1つのプロセスが次のプロセスへと切れ目なく継続していく。この結果、1つ1つの関与が、文脈の構築全体にどの程度の影響を及ぼしているかを判断することが極めて難しい状況が生じているのである。

　今日の終末期ケアの現場では、死を取りまく社会的な文脈の構築が、権

威を独占する単一の主体による誘導によってなされるのではなく、権威を分配しあう複数の主体の間でとりかわされる駆け引きによってしか成り立たなくなっている。

　この駆け引きの帰結は、ケースの特性、そこに至るまでの経緯、ある種の偶発性を含めて変化する。このため、文脈を常にコントロールすることは、権威を分配されたどの主体にとっても困難である。

　それにもかかわらず、システムとしてのホスピスが破綻しないのは、文脈の構築を左右する最終的な決定権が形式的には患者に与えられており、どのような状況が発生したとしても、そこに至った責任を彼／女の判断とみなせる条件が整っている限り、ホスピスの専門家の権威自体が傷つけられることはないからである。

　そしてまた、ホスピスが志向する価値との間に大きな摩擦を生じる現象が起きたとしても、一定の距離を置いて見守ることができれば、その脅威は患者の死によって消失する。この意味で、ホスピスという死を処理するシステムは、死という現象自体が有する特性によって支えられてもいるのである。本章が記述してきた死に行くことの主導権をめぐる駆け引きは、ホスピスが死を「利用」して自己を規定し、境界を確立してきたことを示している。「我われの社会」における「自分らしい死」を求めていく流れの帰結として、今日のホスピスというシステムは稼働しているのである。

補遺　1

終末期ケアの現場に紛れ込んだ異邦人として[1]

1 〈編者註〉本稿は、医療看護職の教育専門誌である『看護教育』(医学書院)へ投稿した中では最初期の論考で 2006 年 9 月号に掲載された(798-802 頁)。本稿 3 節で「射水市民病院の出来事」とあるのは、2000 年から 2005 年にかけて富山県射水市民病院において、同病院の入院患者 7 名の意識がなく回復の見込みがないとして、外科部長の判断で延命治療の措置であった人工呼吸器を取り外し、死亡させた事件を指す(参考:児玉聡、前田正一、赤林朗.「富山県射水市民病院事件について・日本の延命治療の中止のあり方に関する一提案」日本医事新報別冊第 4281 号、2006 年 5 月 13 日発行、http://cbel.jp/images/topics/topic200606.pdf)。

なお服部は本稿執筆翌年(2007 年 4 月号)から同誌の連載枠(「人が・生きる・現場」)の執筆者の 1 人として、日本全国 5 か所のホスピスを取材し、写真入り 3 ページで紹介する機会を得た(雑誌『看護教育』2007 年 4 月号、同 6 月号、9 月号、11 月号、2008 年 4 月号の計 5 回)。取材したのは、特定非営利活動法人きぼうのいえ(東京)、がん患者の自助グループ支え合う会 α(千葉)、在宅療養支援診療所めぐみ在宅クリニック(神奈川)、在宅緩和ケアセンター虹(宮城)、特定非営利活動法人ホームホスピス宮崎かあさんの家(宮崎)である。いずれの取材先も服部が、ぜひ紹介したいと切望した国内有数の団体であり、お話を伺ったのは、牧師、看護師、患者、医師と立場は違えど、いずれも市井で終末期ケアの実践に取り組む創設者の方々であった。

服部にとって『看護教育』に投稿を始めた時期(2006 年から 2007 年)とは、自らの所属先を東日本国際大学から静岡県立静岡がんセンター研究所に移した時期と重なっている。これは仕事の軸足を、現場の内側へさらに深く踏み込みたいと、文化人類学から、医療ソーシャルワークへと移したタイミングでもあった。服部は取材で訪れた何れのホスピスでも、人の終末期に真摯に向き合う先達たちに出迎えられたと感嘆と敬慕をにじませ、自分の筆力の及ぶ限りで最上の記事に仕上げたいと打ち込んでいた。その姿が連載にまつわる思い出として印象に残っている。[N.I.]

はじめに
米国の「在宅ホスピス」から

　終末期ケアに関心を持つ文化人類学者に過ぎない私が、いわば医療者や患者・家族の肩越しに現場を眺めるようにして語れることは、ごく限られている。小論では、私が 2000 年から断続的に 1 年余のフィールドワークを行ってきた米国ホスピスのケアの現場を紹介したい。異国の地で、ホスピスの現場という未知の世界に入った私は、二重の意味で異邦人であった。そこで見た栄養・水分補給の不在について素描することから話を始めよう。

　米国は現在世界でもっとも多くのホスピスを有する国である。全米ホスピス緩和ケア協会の集計によれば、同国には 2004 年の時点で 3650 のプログラムが存在し、年間延べ 106 万人の患者をケアしている[2]。これらのプログラムのほとんどは、看護師を中心とする多職種チームが患者の「家」を訪問してケアを行う「在宅ホスピス」である。括弧書きにしたのは、文字通りの患者宅に加え、老人ホームや病院の一室が、患者が自分の住処に選んだ家に準ずる場として、ホスピス・チームの訪問先になることがあるからである。

1　説得力と違和感

チューブがほとんどないベッドサイド

　看護師の訪問に同行するたびに感じたのは、患者が横たわる部屋のシンプルさである。多数の医療機器が整然と並ぶわが国の在宅ケアの現場では、時として病院を一室分だけ移築したような印象さえ覚えることがある。対照的に、米国ホスピスの患者のベッドサイドには、せいぜい小型の酸素発

---

[2]　http://www.nhpco.org/files/public/Facts_Figures_for2004data.pdf［〈編者註〉残念ながら、2018 年 5 月 17 日現在、リンク切れ。］

生装置くらいしか置かれていない。侵襲的な処置は、疼痛管理を目的としたオピオイドの持続皮下注用のポンプを例外として、極力控えられる。

　ホスピスの患者は、家族や隣人の介助を受けながら、自分の口で食事を続ける。そこにはキューブラー＝ロスが1960年代末に描いた「もし患者が、慣れ親しんだ最愛の家で最期を迎えられるならば、患者のための特別なことをあれこれ考える必要はない。家族は彼のことをよく知っているから、鎮静剤の代わりに好きなワインを一杯与えるだろう。自家製スープの香りが食欲をそそり、二匙、三匙は喉を通るかもしれない。このほうが点滴よりずっとうれしいのではないだろうか」〔キューブラー＝ロス1999：18-19〕という終末期ケアの理想像がたしかに重なって見える。

　だが、患者が自分の口で物を食べたり、水分を摂ったりすることができなくなったら、どうするのだろうか。米国ホスピスでは経管栄養はもとより、点滴すら原則として行わない。この方針はかなり徹底している。私の調査先の1つで過去の臨床記録を調べてもらったところ、人工的な栄養・水分補給を受けていたのは1000件に対して僅か1、2件という割合であり、それらは入所以前に始まっていた処置を中断できなかったケースに限られていた。

「人工的な栄養・水分補給はQOLを損なう」

　ホスピスのスタッフは一貫して「食べられなくなった時が、体が自然に死を迎えつつある時である。その過程を妨げることは患者自身のQOLを損なう」と主張する。終末期にある程度の脱水状態になることは自然であり、医学的にも理にかなっていると彼女らは言う。体の必然的な衰えに逆らって点滴をすると、処理能力を超えた水分が肺や気管に浸潤し、息苦しくなったり、頻繁に痰がからんだりする。患者にとって不快な浮腫や床ずれが生じ易くなり、往々にして痛みや消耗を伴う排泄の頻度も増す。そして、負担はほぼ確実に増すにもかかわらず、必ずしも寿命が伸びるとは限らないことを示す研究報告もある。

患者が摂る食事の量が減ってきた時、ホスピスのスタッフは「樹が枯れていく時に『大変だ！』って、水や肥料をどんどんあげたらどうなる？」という喩え話をする。「もう一度花を咲かせることになる？　いいえ。かえって根が傷んで、早く枯れてしまうかもしれない」。

　人工的な栄養・水分補給に対するホスピスのスタッフの説明には強い説得力がある。経験豊かな看護師から、医学論文の典拠をずらりと並べたパンフレットを渡されて説明を受け、最後に「食べさせようと思っているのは、本当に患者のため？　それともあなた自身のため？」と聞かれた時に、反論することは一般市民にとって至難であろう。しかし、戸惑う患者や家族は実際にいたし、私には乱暴に見える場面もあった。

　重いパーキンソン病を患う夫を車椅子でテーブルにつかせ、その隣に座った女性は、匙で運ぶ食事のほとんどを主人が口の端からこぼしてしまうようになった、と訴えた。ホスピスの男性看護師は、現状の見立てを一通り説明した後、「私たちは経管栄養のサービスを提供しません。完全に食べられなくなったら、ひと月だと見ています」と告げた。一拍の間があってから、女性の顔からすっと血の気が引き、彼女は両手で顔を覆った。しばらくして、赤い目を上げた女性は、スタッフに謝罪した。気にしないで、と看護師は言った。

2　選択と責任

家族が謝る理由

　私は違和感を覚えた。次の訪問先に向かう車中で説明を求めると、看護師は「残酷に聞こえたかもしれない。しかし、真実だ。結局は彼らが直面して、越えなければならないことだ」と応じた。たしかにそうなのかもしれない。患者と家族が自立した生活を送るためのエンパワメントに力点を置く米国ホスピスでは、近い将来起きることを予測して、隠すことなく伝える説明そのものが、ケアの中核を占める〔服部 2003〕。厳しさが、不可

避の状況そのものに宿る性質なのであれば、運命が実際に訪れる前にそれを知り、ある程度の時間をかけて身構えや心構えを備えておくことも、状況に速やかに順応するためには合理的なのだろう。

しかし、私には違和感が拭いきれなかった。看護師はあまりにも淡々と予測を伝えた。取り乱したことを謝ったのは、過酷な現実を突きつけられた女性の方であった。何故か。

この構図が生まれる背景には、ホスピスケアは利用者が主体的に選んで受けるサービスだという前提がある。ホスピスは米国では例外的な公的医療保障制度の1つであるメディケアの対象となっている。ただし受給を開始するためには、治療や延命を目的とする処置を希望しないことを示す書類に患者自身もしくはその代理人がサインする必要がある。利用者がもし人工的な栄養・水分補給という「延命処置」を求めるのであれば、その費用を全額自己負担するか、ホスピスを離れて別のサービスを「希望する」ことになる。

厳しい経済的制約の中で

1982年にホスピス給付が米国の公的医療保障制度の中に組み込まれた背景には、1978年から行われた全米ホスピス調査の中で、ホスピスが従来の病院医療よりも低コストで遜色のないケアを提供できることを実証したことがある。

米国ホスピスはこれによって念願の安定した財源を確保したのであるが、同時にごく限られた予算の中で競争力のあるケアを提供することを宿命づけられることになった。地域やケアがなされる形態にもよるが、2006年現在、ホスピスが患者1人を1日ケアをすることで得られる対価は130ドル程度である。この金額は包括払いであり、ホスピスは、スタッフに対する人件費から薬剤に至るまで、ケアに要するほぼすべての費用をそこから捻出しなければならない。

厳しい経済的な制約は、緩和的化学／放射線療法の利用制限やオピオイ

ドの使用の優先順位に至るまで、ホスピスの実践の範囲と内容を厳しく条件づけている。しかし、その事実が利用者から見えているかどうかは疑問である。

自由の代償

　米国は、自由な選択に高い価値が置かれた社会である。惣菜屋に行き、サンドイッチを作ってもらおうとすれば、パンの種類を指定し、ハム、チーズ、野菜の希望を伝え、かけるソースを選び、最後に店内で食べるか持って帰るかを伝えて、ようやく食事にありつける。逆に捉えれば、家庭や学校で訓練を受け、社会生活の隅々にまで浸透した「選ぶ」という実践を日々積み重ねることによって、人々はこの手続きに習熟しているのである。

　しかし、選択には常に何らかの危険性が伴う。米国では、行使した自由の代償として、その責任は選択者自身が負うのが当然と見なされている。問題は、その選択が命を直接左右し、サンドイッチのように失敗しながら自分好みのものを見つけていく試行錯誤が許されない状況にあっても、自己決定―自己責任の図式がそのまま流用される点にある。座っていればプロが適切に調えた「おまかせ」が運ばれてくるお寿司の国に生まれ育ったわれわれの目には、この状況は過酷なものとして映らざるを得ない。

　また、選択がどの程度の主体性や積極性を伴うかという点にも留意すべきである。スタッフから「我われが提供できるのはこれだけです」という説明を受ければ、ほとんどの患者・家族は、そういうものか、と納得せざるを得ない。通常のサービスに上乗せするようなケアの提供は、ホスピスの裁量に任せられるが、その財務状況はほぼ慢性的に逼迫している。「ホスピスの理念とは異なるケアを希望する」患者や家族に他のサービスを紹介するカードは、いつでもホスピス側の手元にある。その一方では、疼痛・症状管理の必要性や経済的な困窮から、ホスピスに身を委ねざるを得ない患者や家族がいる。

揺らぐことを許すこと

　本年5〜6月に読売新聞が全国の病床数100床以上の病院と特定機能病院の合計685施設（有効回答240施設）を対象に行ったアンケート調査[3]では、延命措置の中止や差し控えに関する各医療機関の見解の相違が文字通り浮き彫りになった。ガイドラインや法制化といった全国的なルールの必要性については、回答者の実に72％が必要だと答えている。しかし、作られるルールがケースへの対応を自動的に決めるような硬直的なものであれば、医療者が「そういう決まりです」という時の後ろめたさを軽減するだけの結果になるのではないだろうか。かといって、患者や家族に自分で自分を縛らせるようなルールを作れば、上述の米国の女性と同じ涙を我われの社会で目にする機会が増えることになるだろう。

　医療における自己決定の先進国として引き合いに出される米国ではあるが、選ぶことに関する一般市民の熟練や訴訟の問題を前提とする実践を、わが国の現状に接木することの意味については、慎重に議論すべきである。終末期の患者とその家族の気持ちは揺れ続ける。必要なことは、患者と家族の気持ちが揺らぐ余地と、医療者がその揺らぎに寄りそう余地を持った終末期ケアのあり方を、一般市民と医療者が対話を通じて探し、両者が苦悩をともに引き受けることができるような場を創り上げて行くことではないだろうか。

3　ホスピスからケアを学ぶ

　ここまで、射水市民病院の出来事と対比させるために、制度としての米国ホスピスの限界をことさら強調するようにして語ってきた。しかし、ケアの哲学としてホスピスを捉えるのであれば、そこには終末期医療をめぐって苦悩する医療者の道標となり得るたくさんのヒントがちりばめられ

---

[3]　読売新聞、2006年8月4日朝刊。

ていることに気づく。ここではそのうちの2点について短く述べてみたい。

緩和ケアの普及こそ優先すべき

1つは、終末期の苦痛への対処である。今回の呼吸器が外された7人の患者のうち、5人はがん末期の患者であったという。もし患者が激しい痛みに苛まれていたのであれば、見守る家族もまた、身を切るような痛みを感じていたに違いない。

だが、ここでまず確認しておきたいのは、現代ホスピス運動の創始者であるシシリー・ソンダースが、自らのケアの方針を、苦痛を取るために患者の命を断つ、という慈悲殺の主張に対比させ、それに取って替わるべき手段として提示しているという事実である〔Saunders 1959：960-961〕。

終末期医療の現場では、医師が患者本人や家族から「早く楽にしてほしい」と頼まれ、医師が同情に似た気持ちを覚えることもある。日本ホスピス緩和ケア協会会長の山崎章郎は、「それでも多くの医師はそれを乗り越え、患者の心身の痛みを和らげて命を見守る努力をする。苦しがっているから命を止めるというのは医療ではない」[4]と語る。ホスピスのスタッフは、死にたい、楽にしてあげたい、という患者や家族の言葉を聞いたとき、さらに一歩踏み込んでいく。彼らは切実な言葉の向こう側にあって、患者や家族にそれを発することを強いた苦悩を分かちあい、ともに向きあうためにすべきことを考え続けるのである。

だが、緩和ケアの知識や技術は、それを専門的に追求してきたホスピスの外部にはなかなか浸透していない。厚生労働省が2003年に実施した終末期医療に関する意識調査[5]によると、疼痛緩和の基礎である「WHO方式癌疼痛治療法」について「内容をよく知っている」、「内容をある程

---

4 毎日新聞、2006年3月26日朝刊。
5 http://www.mhlw.go.jp/shingi/2004/07/s0723-8d9.html ［〈編者註〉同様にリンク切れ。］

度知っている」と答えた看護職員／医師の割合は、緩和ケア病棟では87.9％／92.3％であったのに対し、それ以外の病院・診療所では実に17.2％／40.6％にとどまる。さらに驚くのは、1998年に実施された前回調査と比べて、看護師・医師ともに同治療法に対する理解度が若干ながら低下しているという残念な事実である。

　緩和ケアをめぐるこのような現状への反省がないまま、治療の中断によって患者を苦しみから救おうとする主張が制度化していくことについては、強い危機感を覚えずにいられない。

苦悩を分かちあうこと、それこそがケア
　ホスピスから得るべきもう1つの重要な学びとして指摘しておきたいのは、場を共有し、向きあおうとする態度そのものをケアと見なす視点である。
　ソンダースは次のように述べている。「時どき、全く何の役にも立っていないことがわかりながら、なおかつ患者のケアから抜け出すことができず、自分の無能力さをいやというほど感じる状態に耐えなければならないことがある。しかしそのようなケアをする者の途方にくれた状態こそ、患者と同じレベルに立って、患者と心をかよわせる機会であるともいえる」〔ソンダース1977：vii-viii〕。看護師が何もできないような状態にある患者は、恐らく看護師以上に世界に対する無力さを感じているだろう。この気づきには、専門職としてのアイデンティティが揺らぐ危機を、共感への扉を拓く契機へと変えていく可能性が秘められている。
　ミルトン・メイヤロフ〔2005：14〕は、ケアを「ひとつの過程であり、展開を内にはらみつつ人に関与するあり方」として措定している。この見地に立てば、たとえ言葉による意思表示がなくなったとしても、ケアを続けることはできる。患者を見つめること、体に触れること、あるいはベッドサイドにただ座ることだけでも、相手を感じ、場を作り、関係性を結んでいくことはできる。また、そのようなケアがあり得るのだということを、

関係性を見失ったように感じて戸惑う家族に伝えることも、もう1つの大切なケアになるはずである。

看護師の声を聞かせてほしい

　ここに挙げたような話は、異邦人の描く気楽な理想論かもしれない。現場の看護師の身であれば、緩和ケアを学ぶ研修のための休みを取れば、他のスタッフにしわ寄せが行くことが気になる。呼びかけても返事がなくなった患者の側にただ座っていれば、たちまち上司や同僚から注意されるだろう。人手が足りないことを多忙の理由の1つに数えることができるのであれば、経済的要請の暴力性に医療者も利用者も気づかぬうちに翻弄されているのは、日本の現場もまた同じである。

　射水市民病院では、前外科部長の指示をたまたま知った内科系看護師長が、院長にことの次第を報告して一連の出来事が明るみに出たという。報道の中ではしきりに医師の間の相互チェックの必要性ばかりが強調されるが、今回のケースは、看護師がチェック組織として機能することをまさに実証したのである。しかし同時に、一連の報道からは、他の看護師の姿がほとんど浮かび上がって来ない。患者と家族を見つめ続けていた現場の看護師たちは、何を感じ、どのように考えたのだろうか。ことの顛末に、どのように翻弄されているのだろうか。

　最も長い時間をかけて、最も親身になって患者や家族と接しているのは看護師であるし、そうあって欲しいと願っている。医療の現場に紛れ込み、そのかけがえのない活躍と舞台裏での奮闘ぶりの一端を目にする異邦人としては、今回の「事件」で沈黙を守り続ける看護師たちが感じたこと、それを自分とは無縁の世界の出来事として感じることができなかったあなたが看護師として思うことを、切実に知りたいと思う。その声で、窓を少しだけ開けてもらえれば、今は薄暗い舞台に、もっとたくさんの光や風が入るだろう。きっといつか誰かが涙を流したときに、それを「太陽のせい」にしないですむようになるだろう。

補遺 2

「従う」「求める」から「向き合う」関係へ

講座「患者の声を医療に生かす」がめざしたもの[1]

1 〈編者註〉本稿は、服部が大熊由紀子氏（国際医療福祉大学教授）、故開原成允氏（当時同大学大学院長）とともに編著者として携わった『患者の声を医療に生かす』（医学書院、2006年刊）から、本人執筆の論考（第3部第1章）を出版社の許諾を得て転載したものである。

同書の主な目的は、2005年4月から7月まで同大東京サテライトキャンパスで開催した書名と同じタイトルの連続公開講座の講義録の刊行であった。全13回から成るこの講座は、日本全国の患者団体から疾病の当事者を医療者に対する講師として招いたもので、11の医療介護のテーマに沿って、講師は患者体験に基づき、当事者として医療介護の課題を論じ、問うという内容であった。聴講者は医療者はじめ、ソーシャルワーカー、またそれら専門職を志す人材や、ジャーナリストなど、のべ100名あまりの参加を得た。

服部は、同講座の構想企画段階から事務方の主力として働き、助成金（財団法人ファイザーヘルスリサーチ振興財団平成16年度若手研究者育成事業）の申請、講座の企画とコーディネートに奔走した。連続講座の録音テープ（全26時間）の書き起こしには、人類学的手法の本領発揮と精確さに注力していた。書き起こした講義録をテーマに沿って再構成し、加筆修正したのが同書であり、編纂出版にあたっては医学書院の編集者白石正明氏のご鞭撻にも大きく援けられたと聞いている。

同書は3部から構成される。第1部で同連続講座の概要（「なぜ患者の声を聞くのか」）、第2部で11の医療介護のテーマに沿って行われた患者団体の講師陣31名の全講演を再構成した厚い記録（「多様な声、聴きなれない声、壁を崩す声」）、そして第3部は患者からの医療者へ向けた発信という行為の解説（本稿）、日本、および米国の患者団体とそれを取り巻く状況に関する論考と結びである。[N.I.]

ここまでのⅡ部では今日の患者会が展開する多様な活動が明らかにされた。

　下地となった連続講座のなかで各講師が割り振られたのは、わずか20分程度の時間である。紙幅の限りから、本書では実際の語りをさらに半分程度にまで濃縮せざるをえなかった。

　読者の皆様には、講師の言葉の奥に広がる深みを推しはかり、少しでも興味を引かれた場合にはぜひとも各講義の末尾に記した連絡先までアクセスしていただくようお願いしたい。

　ほんの一角しか現れていない患者会の活動が、なお圧倒的な量感をもって読み手に迫るのは、氷山そのものが途方もなく巨大だからである。患者会の活動は、日々のご近所づきあいから、国を動かす政策のレベルにまで至る、種々の規模と局面で展開されている。

　この講義の記録は、無数の学びの切り口に開かれている。

　しかしそれゆえにまた、大海に置き去りにされたような寄る辺なさを感じ、膨大な情報量に消化不良をきたす読者もいるかもしれない。

　本章ではこの海原に試みに漕ぎ出すための簡単な海図に代えて、今回の講座の解釈の1つを示してみたい。

1　患者会の多彩な機能とその相互作用

内部に蓄えられる「知恵」

　図1は講義の中で示された患者会の機能をまとめた概念図である。

　まず、何らかの問題意識やニーズを共通の関心として持つ人々が集うことで、患者会が誕生する。

　患者会の基本的な活動としてよく知られているのがピアサポートやピアカウンセリングである。今回の講座では、これらの活動が、面接や電話での相談、サロン活動、季節の行事、少人数セミナー、医療者を招いての講演会など、多彩な形式で実践されていることが明らかにされた。

このような反復的な出会いは、情報や人手といった、病いと共に生きるために必要な資源の互酬の場となるだけではない。大切なことは、その出会いが患者だけが持ちうる体験的知識を交換し、共有し、蓄積するための「社会的装置」としても機能しているということである。会員を対象とするアンケート調査を実施して、この機能を積極的に高めている患者会も散見された。
　このようにして集積された知識は、患者会の内部に「患者の知恵」として保たれ、価値観やロールモデルの基盤を提供する。講師の多くは、患者会活動を通じて新しい役割を見つけ、結果的には充実した人生を歩むことができたと語っている。その姿は、病気や障害の体験が人生をよりよく生きるための糧に昇華しうることを示す確かな証拠である。
　その言葉に耳を傾けるとき、「私たち」は患者を無条件に弱い者と見なす自分たちこそが、実は多くの学びの余地を負う者なのだと気づくことができる。

外部へ発せられる「声」

　しかし、本論では、今回の講座全体を通じてはっきりと確認できた、もう一つの事実により注目したい。それは、このような知識の蓄積が「患者の声」として患者会の外に向けても発信され、医療を静かに、あるいは激しく変えつつある、ということである。
　このような声はまず、患者にとっていちばん身近なパートナーである現場の医療者との調整・対話・協働として、実体化してきた。しかし実りはそれにとどまらない。詳細については講義録に譲るが、患者の声の影響は、政策・制度への関与と提言、市民社会の啓発、企業との連携、当事者としての医療現場への参入、医療者の教育への関与、診療ガイドライン作成への協力、臨床試験等の医学研究への協力など、さまざまな場所で具体的なかたちをとりつつある。
　このような活動への道が開かれた背景として、患者会自体の成熟を指摘

図1 「患者の声」が医療に生きるプロセス

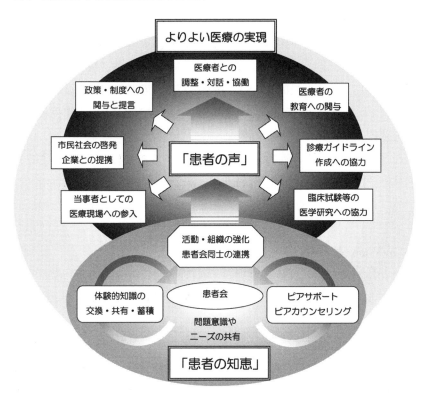

することができるだろう。つまり、患者会が、声を集めるポンプの役割だけでなく、そこに一定の客観性を付与するフィルターとしての機能も果たすようになったことで、医療者とのコミュニケーションの可能性がかつてなく高まったのである。

1人の患者の経験に根ざす言葉は、それが個人のこころのままに絞り出されたものであるがゆえに相手のこころを打つのであるが、ときに裏目に出て医療者の態度を硬化させてしまう。だからこそ今日の患者会は、アンケートに基づく統計的な数字を示し、冷静な言葉で実現可能な提案をおこなうのである。

患者会が届けた声の実りとしてあげた活動は、ごく広い意味での「よりよい医療」の実現へとつながっている。当然ながら、患者はこのような活動を通じて、自分たちの思いや願いを医療の現場に直接的に反映させることができる。しかし、それだけではない。医療者もまた、患者の真のニーズを把握し、医療を提供する際の効率を高め、患者との不要なコミュニケーションギャップを回避することを通じて、大きなメリットを得ることができるのである。

　付言すれば、対外活動を通じてネットワークを拡大し、実績を示すこと自体が、患者会の持つ発言力を強化し、その活躍の場をさらに広げる、というフィードバックを生み出していることも見逃すべきではないだろう。

「Win-Win」と「同床異夢」

　患者会を取りまく状況の変化と、それにともなって生じた新たな課題を象徴するキーワードとして、山崎氏の「Win-Win」と花井氏の「同床異夢」を取りあげたい。

　前者の「Win-Win」は未来への希望に満ちた予感を、後者「同床異夢」は過去への憧憬をはらんだ遺憾を、それぞれにイメージさせる。一見対立するこれら2つの言葉は、実は「複数の集団が、その内に秘めた思いを完全には重ねることがないままに、協力して何かを為す」という状況に対する2通りの評価として読むこともできる。

　患者会はいま、外の世界に向けて声を発し、扉を開こうとしている。それはつまり、ヘルスケアシステムを構成する多様な人や集団と接触し、必要に応じて手を結ぶ、ということである。そのとき必ず浮上するのは、「問題意識やニーズが完全には重なりきらない相手と、いかにして、どのような関係をつくっていくのか？」という問題である。

　ある患者会は、相手をビジネスのパートナーとして割り切り、目標の達成に向けて暫定的な共同戦線を張るだろう。このドライな戦略がいかに効率的であるかは、今日のアメリカにおける患者会の隆盛が如実に物語って

いる。「Win-Win」は、このような患者会に対する熱いエールである。

　しかし、別の患者会がこのような実利主義的な路線を選ばないとしても、それは不思議なことではない。患者会は、共通の願いを実現しようとする集団であると同時に、願いを共有できることに守るべき価値を見だす集団でもあるからである。このような患者会にとって、達成への反省として語られた「同床異夢」という言葉は、一種の自戒として響くのではないだろうか。

　きずなの核としての共通の思いを守りながら、いかにして医療を構成する他のアクターと手をとりあっていくべきか。わが国の患者会は、自立と実利をめぐるこの困難な課題を乗り越えるための挑戦を、いままさに始めようとしている。

2　患者の声の3相

　次に、医療者に向けて患者が発する「声」の性質について、もう少しくわしく検討してみたい。

　今回の講義録をとおして眺めてみると、そこには図2のような、趣を異にしながら重なりあう3つの相を認めることができる。

第一の声＝「従う声」

　第1の声＝「従う声」は、患者自身の思いをある程度抑えてでも、医療者の指示に極力従おうとする姿勢である。その背景には専門家としての医療者に対する敬意と信頼がある。しかし一方でこの声は、自分の体がいわば人質に取られた状態で医療現場に身を置く患者が、与えられた役割を演じることで自分自身を守るために用いる声なき声でもある。

　　《患者でいることは、お世話になることです。我慢や遠慮、どうしていいかわからないという惨めさの中で、医療者の顔色をうかがい

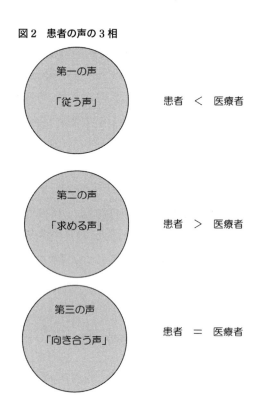

図2　患者の声の3相

ます》（土橋律子氏）

《むかしは、お医者『様』でした。おっしゃることを、こちらは「はい」と聞くだけで、ほんとに受け身の状態でしたね》（星川佳氏）

　「従う声」によって象徴される状況を脱したい、という思いは、しばしば患者会を生む原動力になってきた。このため、一定の成功を収めた患者会のリーダーが壇に立った今回の講義のなかで、「従う声」は基本的には過去のもの、克服されつつある状況として描かれることが多かった。
　しかし現実には、医療者のあいだにも、患者のあいだにも、このような態度をごく自然なものと見なす気風は残っている。

《相談を受けていて、あれっと思ったときには、「専門の先生の話を一度聞いてみたら？」って僕は必ず言うようにしています。そうすると相談した方は、「いやー、そんなことしたら、いまの先生に嫌われちゃうよ」っていう心配をされる》（奥田幸平氏）

第2の声＝「求める声」

　第2の声＝「求める声」は、「従う声」を発せざるを得ない状況を打開するために、「医療の主人公は患者である」という正論を医療者に対してまっすぐにぶつけようとするものである。耐え忍んできた非対称的な関係が厳しいものであったぶんだけ、その逆転を迫る患者の声にも力が込められる。

《私はここで敢えて言います、「もっと謙虚にやってくれ」と。専門職だということで、横柄な態度をとることがいっぱいある。あるときは必要なのでしょうけど、それではだめなときもあるんだ、と》（間下浩之氏）

《医療者側からすれば、昨今の医療事故報道は、病院だけを悪者にして騒ぎ立てているだけのように見えるかもしれません。でも、そうせざるをえなかった被害者の実情というものを、もっと知っていただきたいと思います》（豊田郁子氏）

　痛みにぎりぎりまで耐え抜いた患者が最後に搾り出した声が、どれほど胸を打つものであり、どれだけ劇的に医療を変えつつあるかについて、今回の講義では数多くの事例が示された。

「求める声」にこころを閉ざす専門職

　同時に明かされたのは、しかし、「求める声」だけでは問題のすべては

解決しなかった、という残念な事実である。

　医療の現場で患者が占める立場が客観的に見てまだまだ弱い、ということは、もちろん原因の1つに数えることができる。だが、もう1つの意外な要因として、「求める声」が、医療者にとってある意味では耳慣れたものであった、ということを考えることができるのではないだろうか。

　医療は患者のために為されるべきである、というテーゼに異議を唱える医療者は少ないだろう。ただ、専門家は、将来取り戻されるはずの笑顔を見越して、その瞬間に患者がもらす不満や苦悩を過小評価してしまいがちになる。音量の小さな「求める声」は、ともすれば「むずかしい患者さん」の出す日常的なノイズとして、医療現場で長らく放置されてきたのである。

　「問題の本質を一番よくわかっているのは自分たちだ」とする医療者の思い込みは、その解決に至る道のりで患者や家族が感じる痛みの切実さを見えにくくする。だからこそ、麻痺しかけたこころをもう一度震わせることができる、強さと鮮やかさを持った医療事故被害者の訴えのような声が貴重なものとなるのである。

　しかし問題は、「正論を真正面からぶつけられたとき、相手は言葉を失う」ということである。

　その沈黙が必ずしも共感的なものでないことは、勝訴の後に要望書を持参したにもかかわらず、「しつこい」と門前払いされてしまった勝村氏のエピソードが物語っている。先に引用した豊田氏の言葉にも、近年の「求める声」の高まりに、かえってこころを閉ざしてしまう医療者の存在が暗示されている。

　求められたのは、このような不毛な静けさではない。そして、「でも…」も「ただ…」も言えない関係の中で笑顔をつくり続けることの苦しさを痛感してきたのは、患者自身にほかならない。

3　第3の声の可能性

従うのでも、ぶつかるのでもない、「向き合う声」

　患者と医療者のどちらか一方の声が他方を圧倒し、「自分のほうが絶対に正しい」と主張し続けるのであれば、そこに対話は成り立たない。

　複数の講師が「患者様」という呼びかけに対する違和感を指摘している。そこで暗に批判されているのは、単に「さん」なのか「様」なのか、という字面の問題ではなく、対話のプロセスを経ないで一方的に物事を決めてきた医療者の姿勢なのである。

　だが、医療者の果たす役割の大切さやその職務の尊さを否定した講師は、1人もいない。

　私たちは、知らず知らずのうちに、患者と医療者があたかも常に利害関係を競合させる集団であるかのように思い込んでしまっているのではないだろうか。しかし今回の講座では、この思い込みを取り外し、患者と医療者が互いに声を通わせることが、患者にとっても医療者にとっても有益な結果をしばしばもたらす、ということが明瞭に示されたのである。

　患者が発する第3の声は、互いに満足できる答を得るための対話の実現を医療者に向けて呼びかける「向きあう声」である。

　《今日のテーマは「患者の声に関心を持ってください」です。「患者の声に従いましょう」ではないんです。患者の話には、医療者が受け持つ必要のない問題や、その場での感情的なリクエストもあります。[中略] ただ患者の声のなかに、実は医療者が楽になるヒントがいっぱいあるような気がします》（内田スミスあゆみ氏）

　《患者さんの喜ぶことっていうのが、お医者さんたちの不幸の上に成り立っているならおかしい》（山崎文昭氏）

従うわけでもなく、ぶつかるわけでもない「向きあう声」には、耳慣れない響きがある。その響きがもたらす小さな驚きは、患者と医療者を隔てる立場の壁をもう一度見直すきっかけをつくる。そこで両者は、越えることを許さないこの高い壁のそこかしこに、小さな穴が開いていることを見つけたのである。

患者と医療者は出会えるか
　ここで、患者と医療者ははじめて出会えるのかもしれない。その出会いは、人間として共有できる価値を探し、それぞれの責任の範囲で実現可能な選択肢を提案しあう関係性へと発展するかもしれない。
　一人の講師は、子どもを亡くした親がカルテを見せてほしい、と希望するのは、不信感や怒りからではない、それがいのちの記録だからだ、と語った。だからそんなに恐い顔をしないでください、と。
　壇上に立った医療事故被害者が聴講する医療者に大きな共感を呼び起こしたのは、その言葉が、耳目になじみすぎて意味が薄らいだ正論を、人間として共に認めなければならない価値としてもう一度輝かせたからである。
　読者の皆様には、講師の話にちりばめられた、このような「向きあう声」を、ぜひとも探してみてほしい。
　第3の声の高まりは、主観的な痛みの共有だけにとどまらず、ヘルスケアシステムにおける他者との対話の可能性を模索しつつある今日の患者会の新たな展開とも無関係ではないだろう。この声が予感させる患者と医療者の新しいパートナーシップが実現するとき、医療は再び大きな飛躍を迎えるはずである。

文献表

〈編者註〉原著者の研究業績を一覧できるよう、この「文献表」の最初に、公刊された研究業績を挙げ、参考として学会発表や調査活動などの全体を示した。そのため、本文中で言及されていない業績も含まれている。[H.W.]

【単著】

服部洋一

- 1999 「死と死亡の再考：終末期の人類学的研究に向けて」東京大学大学院総合文化研究科提出修士論文。
- 2003 『米国ホスピスのすべて』黒田輝政監修、ミネルヴァ書房。
- 2004 「ホスピスに見る死の分解：終末期ケアへの文化人類学からのアプローチ」『死生学研究』4：350-374。
- 2005a 「米国ホスピスケアの現場に見る患者と家族を対象とする実践的教育」『死の臨床』28(1)：38-40。
- 2005b 「死を看取る技術：ホスピスと終末期ケアの人類学」『現代人類学のプラクシス：科学技術時代をみる視座』山下晋司・福島真人編、pp. 145-157、有斐閣。
- 2006 「終末期ケアの現場に紛れ込んだ異邦人として」『看護教育』47（9）：798-802[1]。
- 2007 「大切なのは今、ここ：山谷・きぼうのいえ」『看護教育』48（4）：271-273。
- 2007b 「"がん"を仲間とともに生きる：支えあう会『α』」『看護教育』48（6）：461-463。

---

[1] 〈編者註〉本書に補遺1として収めた。[H.W.]

2007c 「"理解すること"よりも"理解者であること"を:めぐみ在宅クリニック」『看護教育』48(9):773-775。
2007d 「日々を支え、人生を看る:在宅緩和ケア支援センター"虹"」『看護教育』48(11):941-943。
2007e 「がん患者／サバイバーを対象とするエンパワメントプロジェクト」『癒しの環境』12(3):26-31。
2008 「笑顔の帰宅と在宅を支えるために:米国ホスピスからの学び」『医療の危機に抗して:新しい地域医療の戦略』和田忠志編、地域医療研究会監修、pp. 233-240、医歯薬出版。
2011 「人生や健康にかかわる意識の変化」『看護学テキスト NICE:成人看護概論社会に生き世代をつなぐ成人の健康を支える』林直子・鈴木久美・酒井郁子・梅田恵編、pp. 55-58、南江堂。

【共著】

服部洋一、マイク・D・フェターズ
　2003 「質的データの書き起こしにおける質の確保」『プライマリ・ケア』26(4):261-271。

大熊由紀子、開原成允、服部洋一編
　2006 『患者の声を医療に生かす』医学書院[2]。

松下年子、島田千穂、服部洋一、千種あや、開原成允
　2006 「当事者主体の講義が学習者に与える影響:患者代表者を講師に、医療者と学生を受講者とした試み」『病院管理』43(4):345-355。

松下利子、千種あや、島田千穂、服部洋一、開原成允
　2007 「日本の患者会／支援団体における今日的な活動とセルフヘルプ機能の動向」『病院管理』44(2):105-115。

松下年子、島田千穂、服部洋一、千種あや、開原成允
　2008a 「患者会メンバーによる連続講義を聴講した医療者または、それを目指す学生が受けたインパクト:半構造化グループインタビューによる分析」『埼玉医科大看護学科紀要』1(1):1-9。

石川睦弓、北村有子、服部洋一、山崎むつみ、堀内智子、山口建
　2008b 「患者・家族のためのがん情報収集法」『月刊治療』90:145-150。

「おかえりなさい」プロジェクト事務局
　2006 『あなたの家にかえろう』(財)在宅医療助成勇美記念財団(2005年度在

---

[2] 〈編者註〉服部執筆分を本書に補遺2として収めた。[H.W.]

宅医療助成)、pp.1-29。

【冊子翻訳】
2002 『旅立ち：死を看取る』バーバラ・カーンズ著、(財) 日本ホスピス・緩和ケア研究振興財団、全16頁。

【学会・研究会発表】
2002 「終末期ケアの人類学序論：米国ホスピスケアのフィールドワークから」、現代人類学研究会（第2回）。
2003 "The Disintegration of Death: An Anthropological Analysis of Hospice Care in Japan"（「死の分解：日本におけるホスピスケアの人類学的分析」）、American Anthropological Association（第102回）。
2004 「在宅での看取り：米国ホスピスケアの場合」、日本死の臨床研究会関東支部大会（第11回）。
2004 「米国ホスピスケアの現状」、福島労災病院緩和ケア研究会（第102回）。
2004 「米国ホスピスケアに学ぶ：日本のホスピスケアの将来像」、福島労災病院緩和ケア研究会（第103回）。
2004 「アメリカに見る自立支援のホスピスケア」、日本ホスピス・在宅ケア研究会（第12回）。
2004 「アメリカのホスピスの現状と課題」、いわきターミナルケア研究会（第48回）。
2004 「米国ホスピスケアの現状とそこからの学び」、静岡緩和ケア研究会（第7回）。
2004 「米国ホスピスケアの現場に見る患者と家族を対象とする実践的教育」、日本死の臨床研究会（第28回年次大会）。
2006 「市民と専門家の歩み寄りを目指して：いわき市内の遺族を対象とする聞き取り調査の中間報告を中心に」、いわきターミナルケア研究会（第55回）。
2007 「インターネットによる情報提供・情報発信ツール『Web版がんよろず相談Q&A』の試み（第1報）——日本語自由文あいまい語検索システムの開発」、石川睦弓・北村有子・山崎むつみ・服部洋一・安喰友美子・濱田則孝・山口建（共同発表）、医療情報学連合大会（第27回）。
2007 「インターネットによる情報提供・情報発信ツール『Web版がんよろず相談Q&A』の試み（第2報）——相談内容の分析」、北村有子・石川睦弓・山崎むつみ・服部洋一・安喰友美子・山岸みわ子・山口建（共同発表）、医療情報学連合大会（第27回）。

【調査活動】
2002-2003　米国ホスピスにおけるフィールドワーク（米国ミシガン州）
2002-2003　日本の福祉現場でのフィールドワーク（対象機関：大阪、日本ホスピス・ホームケア協会）
2003-2005　日本の緩和ケア病棟でのフィールドワーク（対象機関：東京、桜町病院聖ヨハネホスピス）
2005-2007　「看取りの文化人類学：一般の医療・介護現場と市民の実践に注目する終末期ケア

の民族誌」、平成 17 − 19 年度文部科学省科学研究費補助金・若手研究 (B)。
2005-2006　「在宅ホスピス・緩和ケアを活用するために必要な基礎的情報をまとめた冊子の作成」、桜井隆・服部洋一・蘆野吉和・岩本ゆり・田中生子・徳山磨貴・中山康子・吉田利康、（財）在宅医療助成勇美記念財団 2005 年度在宅医療助成。

【セミナー・講座の開催】

2005　講座「患者の声を医療に生かす」、財団法人ファイザーヘルスリサーチ振興財団平成 16 年度若手研究者育成国内共同研究。

2006　セミナー「第 2 回ホスピスケアのコ・メディカルスタッフ志望学生のためのセミナーキャンプ」、財団法人笹川医学医療研究財団平成 18 年度ホスピス緩和ケアスタッフの発掘・啓発研究助成。

2007　セミナー「第 3 回ホスピスケアのコ・メディカルスタッフ志望学生のためのセミナーキャンプ」、財団法人笹川医学医療研究財団平成 19 年度ホスピス緩和ケアスタッフの発掘・啓発研究助成。

【講演】

2008 年 5 月 31 日　「あなたがガンと言われたら」、日本呼吸器外科学会総会市民公開講座（第 25 回）他。

【参考文献】

Abel, Emily K.
　1986　"The Hospice Movement: Institutionalizing Innovation." *International Journal of Health Services* 16(1): 71-85.

Allan, Nigel
　1990　"Hospice to Hospital in the Near East: An Instance of Continuity and Change in late Antiquity." *Bulletin of the History of Medicine* 64: 446-462.

Ardery, Gail, et al.
　2003　"Assessing and Managing Acute Pain in Older Adults: A Research Base to Guide Practice." *Medsurg Nursing* 12(1): 7-18.

ベイトソン、グレゴリー［Bateson, Gregory］
　2002　『精神の生態学』佐藤良明訳、新思索社。

Becker, Ernest
　1974　*The Denial of Death*. Free Press.

Bloch, Maurice, & Jonathan Parry (eds.)
　1982　*Death and the Regeneration of Life*. Cambridge University Press.

Bradshaw, Ann
　1996　"The Spiritual Dimension of Hospice: The Secularization of an Ideal." *Social Science and Medicine* 43(3): 409-419.

Breindel, Charles L., & Roger M. Boyle
　1979　"Implementing a Multiphased Hospice Program." *Hospital Progress* 60(3): 42-45.

Buckingham, Robert W.
　1983　*The Complete Hospice Guide: A Guide to Understanding the Fundamentals of Hospice Care, the Special Needs of the Dying -Whether Elderly or Young- and How to Find and Implement the Hospice Concept*. Harper & Row Publishers.

Buckingham, Robert W., & Dale Lupu
　1982　"A Comparative Study of Hospice Services in the United States." *American Journal of Public Health* 72(5): 455-463.

Callon, Michel
　1986　"Some Elements of a Sociology of Translation: Domestication of the Scallops and the Fishermen of St Brieuc Bay." In *Power, Action and*

  Belief: A New Sociology of Knowledge. John Law (ed.), pp.196-233. Routledge & Kegan Paul.

Clark, David
 1998 "Originating a Movement: Cicely Saunders and the Development of St. Christopher's Hospice, 1957-1967." *Mortality* 3(1): 43-63.
 2001 "A Special Relationship: Cicely Saunders, the United States, and the Early Foundations of the Modern Hospice Movement." *Illness, Crisis and Loss* 9(1): 15-30.

Clark, Elizabeth J., & Austin H. Kutscher (eds.)
 1992 *The Thanatology Community and the Needs of the Movement.* The Haworth Press.

コーエン、ケネス［Cohen, Kenneth P.］
 1982 『ホスピス：終末期医療の思想と方法』斎藤武・柏木哲夫訳、医学書院。

Corr, Charles A., & Donna M. Corr
 1983 "Preface." In *Hospice Care: Principles and Practice.* Charles A. Corr & Donna M. Corr (eds.), pp. xi-iii, Springer Publishing Company.

Davenport-Hines, Richard
 2004 *The Pursuit of Oblivion: A Social History of Drugs.* Phoenix.

Doyle, Derek
 1992 "Have You Looked beyond the Physical and Psychosocial?" *Journal of Pain Symptom Manage* 7: 303.

Doyle, Derek, et al. (eds.)
 2004 *Oxford Textbook of Palliative Medicine (3rd edition).* Oxford University Press.

ドゥブレイ、シャーリー［Du Boulay, Shirley］
 1989 『シシリー・ソンダース：ホスピス運動の創始者』若林一美・若山隆良・棚瀬多喜雄・岡田要訳、日本看護協会出版会。

デュルケーム、エミール［Durkehim, Émile］
 1975a, b 『宗教生活の原初形態』古野清人訳、岩波書店。
 1985 『自殺論』宮島喬訳、中央公論社。

Falknor, H. Peggy, & Deborah Kugler
 1981 *JCAH Hospice Project, Interim Report: Phase I.* Joint Commision on Accrediation of Healthecare Organizations.

Faunce, William A., & Robert L. Fulton
  1958 "The Sociology of Death: A Neglected Area of Research." *Social Forces* 36(3): 205-209.
Feifel, Herman
  1963 "Death." In *Taboo Topics*. Norman Farberow (ed.), pp. 8-21, Atherton.
Feifel, Herman (ed.)
  1959 *The Meaning of Death*. McGraw-Hill.
Ferrell, Betty Rolling, & Nessa Coyle (eds.)
  2001 *Textbook of Palliative Nursing*. Oxford University Press.
フーコー、ミシェル［Foucault, Michel］
  1969 『臨床医学の誕生』神谷美恵子訳、みすず書房。
フレイザー、ジェームズ［Frazer, James. G.］
  1933, 1934, 1936 *The Fear of the Dead in Primitive Religion: Lectures Delivered on the William Wyse Foundation at Trinity College, Cambridge 1932-1933*, 3 vols. Macmillan.
  1951-2 『金枝篇（一）〜（五）』永橋卓介訳、岩波書店。
福島真人
  1993 「儀礼とその釈義：形式的行動の解釈と生成」『課題としての民族芸能研究』第一民族芸能学会編、pp. 99-154、ひつじ書房。
  1995a 「儀礼の意味というパラドックス」『言語』24(4)：56-63。
  1995b 「序文：身体を社会的に構築する」『身体の構築学』福島真人編、pp. 1-66、ひつじ書房。
  1997 「構築される身体」『講座文化人類学1：新たな人間の発見』船曳建夫編、pp. 117-40、岩波書店。
  2005 「制度を生きる／制度を観る：精神病院民族誌の世界」『現代人類学のプラクシス：科学技術時代をみる視座』山下晋司・福島真人編、pp. 119-130、有斐閣。
Gaetz, Donald J., & Hugh A. Westbrook
  1982 *A Backgrounding on Hospice Reimbursement*. National Hospice Education Project.
General Accounting Office（米国会計検査院）
  1979 *Hospice Care, a Growing Concept in the United States: Report to the Congress of the United States*. United States General Accounting Office.

グレイザー、バーニー、アンセルム・ストラウス［Glaser, Barney G., & Anselm L. Strauss］
 1988 『死のアウェアネス理論と看護：死の認識と終末期ケア』木下康仁訳、医学書院。

Gomart, Emilie
 2004 "Surprised by Methadone: In Praise of Drug Substitution Treatment in a French Clinic." *Body & Society* 10(2-3): 85–110.

Goody, Jack
 1962 *Death, Property and the Ancestors: A Story of the Mortuary Customs of the LoDagaa of West Africa.* Stanford University Press.

Greer, David S., et al.
 1986 "An Alternative in Terminal Care: Results of the National Hospice Study." *Journal of Chronic Disease* 39(1): 9-26.

早坂裕子
 1995 『ホスピスの真実を問う：イギリスからのリポート』、文眞堂。

Hertz, Robert
 1960 *Death and the Right Hand*, translated by Rodney & Claudia Needham, The Free Press.
 1980 「死の宗教社会学：死の集合表象研究への寄与」『右手の優越：宗教的両極性の研究』内藤莞爾訳、pp. 31-128、垣内出版株式会社。

Hillier, Richard
 1983 "Terminal Care in the United Kingdom." In *Hospice Care: Principles and Practice.* Charles A. Corr & Donna M. Corr (eds.), pp. 319-334, Springer.

Holden, Constance
 1976 "Hospices: For the Dying, Relief from Pain and Fear." *Science* 193(4251): 389-391.

Hollander, Neil, & David Ehrenfried
 1979 "Reimbursing Hospice Care: A Blue Cross and Blue Shield Perspective." *Hospital Progress* 60(3): 54-56.

イグナティエフ、マイケル［Ignatieff, Michael］
 1999 『ニーズ・オブ・ストレンジャーズ』添谷育志・金田耕一訳、風行社。

James, Nicky, & David Field
 1992 "The Routinization of Hospice: Charisma and Bureaucratization." *Social*

Science and Medicine 34(12): 1363-75.

Kalish, Richard
 1989 "Death Education." In *Encyclopedia of Death*. Robert Kastenbaum & Beatrice Kastenbaum (eds.), pp. 74-79, Oryx Press.

Karnes, Barbara
 1986 *Gone from My Sight: The Dying Experience*.［服部〔2002〕を参照］

Kastenbaum, Robert J.
 1991 *Death, Society and Human Experience (4th edition)*. Merrill-Macmillan.

Kastenbaum, Robert J., & Paul T. Costa
 1977 "Psychological Perspectives on Death." *Annual Review of Psychology* 28: 225-249.

川喜田愛郎
 1977 『近代医学の史的基盤（上・下）』、岩波書店。

Kohut, Jeraldine, & Sylvester Kohut
 1984 *Hospice: Caring for the Terminally Ill*. Charles C. Thomas Publisher.

キューブラー＝ロス、エリザベス［Kübler-Ross, Elizabeth］
 1998 『死ぬ瞬間：死とその過程について』鈴木晶訳、読売新聞社。
 1999 『続・死ぬ瞬間：死、それは成長の最終段階』鈴木晶訳、読売新聞社。

ラトゥール、ブルーノ［Latour, Bruno］
 1999 『科学が作られているとき：人類学的考察』川﨑勝・髙田紀代彦訳、産業図書株式会社。

Liegner, Leonard M.
 1975 "St Christopher's Hospice, 1974: Care of the Dying Patient." *The Journal of the American Medical Association* 234(10): 1047-1048.

Lifton, Robert J.
 1975 *Home from the War: Vietnam Veterans — Neither Victims nor Executioners*. Simon & Schuster.

Lock, Margaret［ロック、マーガレット］
 1996 "Death in Technological Time: Locating the End of Meaningful Life." *Medical Anthropology Quarterly* 10(4):575–600.
 2004 『脳死と臓器移植の医療人類学』坂川雅子訳、みすず書房。

Lofland, Lyn H.
 1978 *The Craft of Dying: The Modern Face of Death*. Sage.

Long, Susan O., & Satoshi Chihara
    2000 "Difficult Choices: Policy and Meaning in Japanese Hospice Practice." In *Caring for the Elderly in Japan and the US: Practices and Policies*. Susan O. Long (ed.), pp. 146–171, Routledge.
マリノフスキー、ブロニスラフ［Malinowski, Bronislaw］
    1997 『呪術・科学・宗教・神話』宮武公夫・高橋巌根訳、人文書院。
Mandelbaum, David G.
    1959 "Social Uses of Funeral Rites." In *The Meaning of Death*. Herman Feifel (ed.), pp. 189-217, McGraw-Hill.
メイヤロフ、ミルトン［Mayeroff, Milton］
    1987 『ケアの本質：生きることの意味』田村真・向野宣之訳、ゆみる出版。
McNulty, Elizabeth G., & Robert A. Holderby
    1983 *Hospice: A Caring Challenge*. Charles C. Thomas Publisher.
メトカーフ、ピーター、リチャード・ハンティントン［Metcalf, Peter, & Richard Huntington］
    1996 『死の儀礼：葬送習俗の人類学的研究（第二版）』池上良正・池上冨美子訳、未來社。
Mitford, Jessica
    1998 *The American Way of Death Revisited*. Alfred A. Knopf.
モハーチ、ゲルゲイ
    2008 「差異を身につける：糖尿病薬の使用にみる人間と科学技術の相関性」『文化人類学』73(1): 70–92。
Mudd, Peter
    1982 "High Ideals and Hard Cases: The Evolution of a Hospice." *Hastings Center Report* 12 (2): 11-14.
Munley, Anne
    1983 *The Hospice Alternative: A New Context for Death and Dying*. Basic Books.
波平恵美子
    1990 『病むことの文化』、海鳴社。
National Hospice and Palliative Care Organization (NHPCO)
    2008 *NHPCO Facts and Figures on Hospice Care*. NHPCO.
National Hospice Organization
    1982 *Standards of a Hospice Program of Care*. National Hospice Organiza-

tion.
  1996 *The Basics of Hospice*. National Hospice Organization.

西井涼子
  2001 『死をめぐる実践宗教：南タイのムスリム・仏教徒関係へのパースペクティヴ』、世界思想社。

Osterweis, Marian, & Daphne S. Champagne
  1979 "The U.S. Hospice Movement: Issues in Development." *American Journal of Public Health* 69(5): 492-496.

Palgi, Phyllis, & Henry Abramovitch
  1984 "Death: A Cross-Cultural Perspective." *Annual Review of Anthropology* 13: 385-417.

パーソンズ、タルコット［Parsons, Talcott］
  1974 『社会体系論』佐藤勉訳、青木書店。

Radcliffe-Brown, Alfred R.
  1964 *The Andaman Islanders*. The Free Press.

Riley, John W.
  1983 "Dying and the Meaning of Death." *Annual Review of Sociology* 9: 191-221.

Rivers, William H. R.
  1926 *Psychology and Ethnology*. Kegan Paul.

Rosen, George
  1963 "The Hospital: Historical Sociology of a Community Institution." In *The Hospital in Modern Society*. Eliot Freidson (ed.), pp. 1-36, Free Press.

Saunders, Cicely［ソンダース、シシリー］
  1959 "The Problem of Euthanasia." *Nursing Times* (9 October): 960-961.
  1960 "Drug Treatment in the Terminal Stages of Cancer." *Current Medicine and Drugs* 1(1): 16-28.
  1964 "Care of Patients Suffering from Terminal Illness at St Joseph's Hospice, Hackney, London." *Nursing Mirror* (14 February): vii-x.
  1977 「序文」リチャード・ラマートン、『死の看護』、季羽倭文子訳、メヂカルフレンド社。
  1996 "Into the Valley of the Shadow of Death: A Personal Therapeutic Journey." *British Medical Journal* 313: 1599-1601.

1998 "Foreword." In *Oxford Textbook of Palliative Medicine (2nd edition).* Dreck Doyle, Geoffrey W. C. Hanks & Neil MacDonald (eds.), pp. v-ix, Oxford University Press.

ソンダース、シシリー、メアリ・ベインズ［Saunders, Cicely, & Mary Baines］
1990 『死に向かって生きる：末期患者のケア・プログラム』武田文和訳、医学書院。

世界保健機関［World Health Organization］
1993 『がんの痛みからの解放とパリアティブ・ケア：がん患者の生命へのよき支援のために』武田文和訳、金原出版株式会社。
1996 『がんの痛みからの解放：WHO方式がん疼痛治療法（第2版）』武田文和訳、金原出版株式会社。

Siebold, Cathy
1992 *The Hospice Movement.* Twayne Publishers.

Smith, David H., & Judith A. Granbois
1982 "The American Way of Hospice." *Hastings Center Report* 12(2): 8-10.

Speck, Peter
1998 "Spiritual Issues in Palliative Care." In *Oxford Textbook of Palliative Medicine (2nd edition).* Derek Doyle, Geoffrey W. C. Hanks & Neil MacDonald (eds.), pp. 805-814, Oxford University Press.

ストッダード、サンドル［Stoddard, Sandol］
1994 『ホスピス病棟から』高見安規子訳、時事通信社。

サドナウ、デヴィッド［Sudnow, David］
1992 『病院でつくられる死：「死」と「死につつあること」の社会学』岩田啓靖・志村哲郎・山田富秋訳、せりか書房。

Suzuki, Hikaru
2000 *The Price of Death: The Funeral Industry in Contemporary Japan.* Stanford University Press.

恒藤暁
1999 『最新緩和医療学』、最新医学社。

Turner, Ralph H.
1981 "Collective Behavior and Resource Mobilization as Approaches to Social Movements: Issues and Continuities." *Research in Social Movements, Conflict and Change* 4: 1-24.

Twycross, Robert G., & Sylvia A. Lack
　1991　*Oral Morphine: Information for Patients, Families and Friends (2nd edition)*. Beaconsfield Publishers.
タイラー、エドワード［Tylor, Edward B.］
　1920a,b　*Primitive Culture, Vol.1-2 (6th edition)*. John Murray.
　1962　『原始文化：神話・哲学・宗教・言語・芸能・風習に関する研究』比屋根安定訳、誠信書房。
内堀基光・山下晋司
　1986　『死の人類学』、弘文堂。
ファン・ヘネップ、アルノルト［Van Gennep, Arnold］
　1995　『通過儀礼』綾部恒雄・綾部裕子訳、弘文堂。
Vovelle, Michel
　1980　"Rediscovery of Death since 1960." *Annals of the American Academy of Political and Social Science* 447: 89-99.
ヴィゴツキー、レフ［Vygotsky, Lev S.］
　1979　『思考と言語』柴田義松訳、明治図書出版。
Walter, Tony
　1994　*The Revival of Death*. Routledge.
Weschules, Douglas J., et al.
　2006　"Toward Evidence-Based Prescribing at End of Life: A Comparative Analysis of Sustained-Release Morphine, Oxycodone, and Transdermal Fentanyl, with Pain, Constipation, and Caregiver Interaction Outcomes in Hospice Patients." *Pain Medicine* 7(4): 320–329.
ウィトゲンシュタイン、ルートヴィヒ［Wittgenstein, Ludwig］
　1975　「フレーザー『金枝篇』について」『ウィトゲンシュタイン全集６：青色本・茶色本他』大森荘蔵・杖下隆英訳、pp. 391-423、大修館書店。
Woodburn, James
　1982　"Social Dimensions of Death in Four African Hunting and Gathering Societies." In *Death and the Regeneration of Life*. Maurice Bloch & Jonathan Parry (eds.), pp. 187-210, Cambridge University Press.
World Health Organizaition
　1986　*Canser Pain Relief*. World Health Organization.
　1990　*Cancer Pain Relief and Palliative Care*. World Health Organization.

山崎章郎
  1996 『病院で死ぬということ』、文藝春秋。

ホスピス、その可能性と危うさ
解説にかえて

松岡　秀明

　服部洋一さんと初めて会ったのは、2003年11月にシカゴで開かれたアメリカ人類学会の年次総会だった。学会が終わる頃、何人かの日本人の人類学者と学会会場のホテルのカフェでコーヒーを飲んだ時に、快活な青年と出会った。それが服部さんで、日本のホスピスについて発表をしたと語った。当時私はホスピスについては門外漢だったものの、彼の研究にはたいへん興味を持ち強く印象に残った。後日、服部さんから彼の著書『米国ホスピスのすべて——訪問ケアの新しいアプローチ』が送られてきた。

　2007年4月、服部さんは長泉町にある静岡がんセンターに職を得た。当時私はそこからほど近い三島市の精神病院で医師として定期的にアルバイトをしており、三島で会おうということになった。彼は相変わらず快活ではあったが、私の目には新しい環境で期待と不安が入り交じっているように映った。その後、私は日本のホスピスでフィールドワークを行なうようになり、彼の著書や論文から多くを学んだ。

　服部さんとはメールでやり取りをしていたが、久々に会いたいと思って2009年3月25日にその旨メールしたところ、4月に会いましょうというメールをその日のうちに受け取った。翌々日の27日、彼がその朝急逝したことを知らせるメールが届いたのだった。月並みな表現だが青天の霹靂で、しばらくは彼の死を現実の出来事として受け入れることができなかった。

　服部さんは博士論文を書き進めていたが、突然の死によって完成を見な

かった。しかし、有志の人類学者の方々が協力し合って編集し出版される見込みだと聞き、出来上がる日を心待ちにしていた。日本の人類学者による日本で最初のまとまったホスピス研究であり、さまざまなテーマを論じている本書が、多くの方々のご尽力によって刊行されるに至ったことはたいへん喜ばしい。

　服部さんは、死に対する文化人類学の新しいアプローチの可能性を示そうとした。文化人類学が習慣的実践や民族的語りを媒介として死を扱ってきたため、個人にとって一度しか起こらない死それ自体は捨象してきた。彼はそのことを、「死を遠景から論じる」と呼ぶ。しかし、可能な限り個人の死に接近することを目的とするホスピスにおける実践を媒介とすることによって、文化人類学は死を近景として論じることが可能となる、と彼は主張するのである。そして、服部さんはアメリカのホスピスを対象とした。

＊　　　＊　　　＊

　服部さんが書き進めていた博士論文にもとづく本書は、オーソドックスな構成をとっている。「『我われの死』の文化人類学を求めて」と題された第1部で先行研究を総括したうえで自らの問題関心と方法を示し、イギリスとアメリカにおけるホスピスの展開を追う。そして、アメリカでのフィールドワークにもとづいた第2部で、重要なテーマが検討される。すなわち、第1部を序論、第2および第3部を本論と捉えることができる。

　第1章「本書の前提と問題意識」は、タイラーから現代にいたるまでの死を対象とした文化人類学の研究を概観し、それが一貫して葬儀の文化人類学だったことを指摘している。人が死にゆく過程を対象とする医療は1960年代のイギリスで誕生し、ターミナルケアとしてバイオメディシンのなかで確立されていったのだが、それが実践される場としてのホスピスをフィールドとして検討するという原著者の意図が明らかにされる。

続く第2章「米国におけるホスピス運動——フィールドワークの前提」は、イギリスおよびアメリカにおけるホスピスの歴史的展開を概観することで、第1章とフィールドワークにもとづく第3章から第8章までを架橋している。ホスピスの主流はアメリカでは訪問型だが日本では入居型であり、この点においてホスピスは両国で異なった展開をしている。この背景には保険制度などのいくつかの要因があるが、本章は終末期医療の日米の比較をする際に有益な情報を与えてくれる。
　第2部「米国ホスピスにおけるフィールドワーク」は、ミシガン州のある都市での14か月にわたるフィールドワークから得られた豊かなデータを礎とした論考である。バイオメディシンの現場でフィールドワークを行なうことは容易ではない。まず、施設側の倫理委員会といった機関の審査がある。それを通過して調査の許可が下りても、現場の医療従事者そして患者の協力が得られるかどうかはフィールドワークを開始してからでないと分からないのである。服部さんが包括的なフィールドワークを行なうことができたことは、彼自身が記しているように「僥倖」であると言ってよい。
　ここで、ひとつ留意しておかなければならないことがある。先述のように、アメリカのホスピスの主流は、死が迫っている者が入居することができる施設を持たずスタッフが彼らの家を訪れる訪問型ホスピスである。服部さんがフィールドワークを行なったのは、そこに死が迫っている者がいる空間ではない。そうではなく、彼らを訪問する医療従事者が所属する施設としてのホスピスであるという点である。第3章に書かれているように、服部さんは30床の入居施設を持つ第3のホスピスでのフィールドワークを計画していたが、調査許可がおりなかった。したがって、入居施設があるイギリスのホスピスでのフィールドワークにもとづくロートンのエスノグラフィー〔Lawton 2000〕やアメリカの病院で人がどのように死んでいくかについてのカウフマン〔Kaufman 2006 [2005]〕の著作にしばしば登場する死が迫っている人々は、本書にはほとんど姿を見せない。入居施設を

持つホスピスでのフィールドワークが実現されていたら、本書はだいぶ様相がことなったものとなっていただろう。しかし、本書はホスピスにかかわる医療従事者の間で死がどのように捉えられているかという視点からのホスピス研究なのであり、死が迫った者の不在は本書の価値を損なってはいない。

　さて、第3章「米国ホスピスの素顔」は、第2部の実質的なイントロダクションである。まず、ホスピスにかかわるさまざまな職種の医療従事者たちとその業務の内容が紹介されている。このホスピスにおける分業は、最終章の第8章で「権威の分解」として主題として扱われることになる。次に、死が間近に迫っている者のホスピスへの受け入れから亡くなるまでのプロセスが示される。これも、ホスピスにおける時間を論じる第7章とかかわってくる。

　第4章の「医療用麻薬の活用——薬に埋め込まれた死生観」では、ホスピスで用いられる薬剤のなかで最も重要な医療用麻薬に焦点を合わせることによって、2つの重要な問題が浮き彫りされる。まず、痛みという主観的な知覚を医療従事者は医療用麻薬の使用量によってしか測り得ないという事実、そして麻薬というスティグマを与えられた薬物を用いることが許されている医療従事者の権威の生成。これらのことから、理念上はホスピスの中心に位置する患者とその家族が、現実には周辺に存在せざるを得ないのである。フリードソンが指摘して以来〔Friedson 1970〕、医療における専門家支配が論じられてきたが、従来のバイオメディシンに対する反省から誕生したホスピスにおいても新たな専門家支配が生じているのだ。

　「教育という解決——ホスピスケアにおける教えと学び」と題された第5章では、ホスピスの2つの方向性が「向上モデル」と「教育モデル」とに分けられる。向上モデルの目的は、より高度で、確実なケアの提供であり、入居型ホスピスが適している。一方、終末期医療の専門家がその知識を一般の人々に伝えることによって、患者とその家族の自立を目指す教育モデルは、在宅ホスピスに適している。服部さんは、在宅ホスピスに、バ

イオメディシンにおける医療従事者による専門家支配から一般の人々が脱却できる可能性を見ている。

第6章「ホスピスが看るものと見ないもの」で注目すべきは、ホスピスにおける最も重要な概念の1つである全人的苦痛（total pain　服部さんは全人的苦悩としているが、慣例に従ってここではpainを「苦痛」とする）の2つの側面、すなわちバイオメディシンに与する可能性とそれとは反対の可能性が的確に指摘されている点である。

ソンダースと彼女の後継者ベインズが原案を示した死が間近に迫っている人間がかかえる全人的苦痛とは、身体的苦痛（physical pain）、病気が原因の不安、孤独感、抑うつ状態等々の精神的苦痛（mental pain）、経済的な不安や家族に対する心配などの社会的苦痛（social pain）、そしてスピリチュアルな苦痛（spiritual pain）の4つの苦痛が相互に関連しつつ形成されている。

服部さんが重視するのは4つの苦痛の相互の関連であり、そこに注目することによって死が迫っている者の苦痛を巨視的に把握することが可能だと指摘する。同時に、このモデルは彼らが体験するさまざまな苦痛を4つのカテゴリーに固定化することで、次のような事態を引き起こしていると論じる。

> 医学モデルを批判する形で誕生し、関与の対象を拡張しながら発達を続けてきた今日の終末期ケアのまなざしは、生物医学的な正常／逸脱の二分法自体は批判を向けた母体から受け継ぎ、むしろ領域を拡大しながら再生産しているとさえ言えるのである。（本書207頁）

ホスピスがバイオメディシンに取り込まれるという指摘は、本書のここかしこにさまざまな形で行なわれている重要な論点である。

ホスピスの時間論である第7章「終末期ケアが構築する時間」で、服部さんは、ホスピスにおける死が、安らぎ、平穏、尊厳といった言葉につ

ながる「自然な死」とされる死は、疼痛の管理等々の現代の医療技術によって裏打ちされた死、すなわち「飼い慣らされた死」であり、それは痛みやさまざまな問題が野放しにされた「野生の死」と対極にあると主張する。そして、ホスピスにおいて患者が経験する時間とは、死というゴールへ向かうものだとされる。重要なのは、本章の終わりに現われる、終末期における時間の流れはアノミーに陥ることがないように統御されているという的確な指摘である。

最終章である第8章「終末期の文脈を形作る力」は、編者註によればメモ書きに留まっている部分が多く、服部さんの論文「死の分解」と修士論文から引用しつつ構成したものであるという。服部さんの意図を十全に伝えようとする、編者のなみなみならぬご苦労に感謝したい。

この章では、死にゆく者に対して行なわれる手続きを決定する主体とは何かが問題とされる。「その人らしい死」あるいは「自分らしい死」とは、ホスピスにおいて理想とされる死だが、そのプロセスには、死にゆく人自身、家族、そしてさまざまな職種の医療従事者の意思が錯綜する。この事態を、服部さんは「権威の分解」と呼ぶのである。最終的な決定権は形式的には死にゆくものに与えられている(傍点 松岡)、という章末での主張は重要である。なぜなら、それは医療従事者という専門家によって方向づけられた「飼い慣らされた死」へ向かう流れの範囲内で、死にゆくものが自らの「その人らしい死」を達成していると考えることもできるからである。

* * *

1967年、バイオメディシンを批判するかたちでソンダースがホスピスを開いて以来、ホスピスは「人の命をよりよく終わらせる」ことを目的として発展してきた。社会学者のアーニーと精神科医のバーゲンは、1980年に刊行された『医学の原理と実践 第20版』(*The Principles and Practice of Medicine*)において、生は、最早死という荒れ野（wildness）から救われるべきものではなくて、死という荒れ野が生のなかで飼い馴らされるべきものだとする原理が示されていると指摘している〔Arney and Bergen 1984: 162〕。さらに彼らは、「人の命をよりよく終わらせる」という方向性は、すでに1950年代に医学のなかに準備されていたとする。

> 現代医療は、1950年頃から、人間の生の構造はあらゆる生態学的システムの一般的な秩序と同一視するようになった。生と死は同じ空間を占めるようになり、その同一の空間のなかで、死という荒れ野は生の頂点（the climax of life）となったのである。〔ibid.〕

　この主張が正しいとすれば、人間が特別視されなくなるとともに、死という生物としての必然に対する意味も変化していったのである。その結果として「命を延ばす、救う」という方向性を持つバイオメディシンは、新たに「命を終わらせる」、そして「死を飼い馴らす」という方向性も持つことになったと考えることができる。だとすれば、ホスピスがバイオメディシンに取り込まれることはある種の必然なのかもしれない。そして、その背景として、一般の人々がそれを要請している可能性を検討する必要はあるだろう。
　本書には服部さんの、ホスピスはバイオメディシンに取り込まれているのではないかという懸念と、ホスピスがバイオメディシンを批判しつつ、その知識や技術を一般の人々と共有するという可能性への期待を見て取ることができる。冒頭に記したように服部さんは2007年4月から静岡がんセンターで働きはじめた。そしてその年7月には、「最近はどちらかと言えば、がん患者や家族のことに関心が移っている」と私にメールに書いてきた。バイオメディシンのなかで働く当事者として、そして人類学者として、複眼的な視点からの新たな研究を期待されていた矢先に彼は亡くなったのである。

本書が、文化人類学や死生学の徒だけでなく、ホスピスの医療従事者たちにも読まれること、そしてさらなる良い読者にめぐり会うことを期して筆を擱く。

引用文献

Arney, William Ray & Bernard J. Bergen
　1984　*Medicine and the Management of Living: Taming the last Great Beast.* Chicago: University of Chicago Press.

Freidson, Eliot
　1970　*Profession of Medicine: A Study of the Sociology of Applied Knowledge.* New York: Dodd, Mead.

Kaufman, Sharon R.
　2006 [2005]　*And a Time to Die.* Chicago: University of Chicago Press.

Lawton, Julia
　2000　*The Dying Process.* London: Routledge.

喪の作業
本書の成立について

渡邊　日日

I

　服部（と、いつも当人のことを呼んでいたのでこの言い方をここでも用いる。他の人も同様）は合唱団に属していたことがあり、音楽を深く愛していた。だから音楽に絡む話から、好みのジャンルがいささか違うところもあるのだが、書き始めよう。

　多くの楽曲がこの世に存在する。絶筆のため未完で残されたものもあるが、中には後生の者が補筆し、〈完成〉に至らせた曲がある。未完成といってもその程度は様々で、バルトークのピアノ協奏曲第 3 番のようにほとんど完成に近い形で遺されたものもあれば、ブルックナーの交響曲第 9 番やマーラーの第 10 番のように相当に他人の手が入り、〈完成〉版の評価が様々というのもある（この二曲において補筆のされ方は同レベルではないが）。また、個々の曲自体は完成されたが、プロジェクトは未完のままに終わったといった場合もある（ショスタコーヴィチは 24 の全部の調で弦楽四重奏曲を作曲しようとしたが、第 15 番が最後となった）。草稿を目の前にし、それに書き込んだり、考えたり、コンピューターで再び打ち出したりという作業の最中、〈補筆者〉は紙面の向こうの〈原著者〉をどう意識してきたのだろうか、と、このような作曲家の事例を思い出しながら、時にはまさにその曲を聴きながら、私は作業していた。

　〈原著者〉は紙の〈向こう〉にいるのだろうか、あるいは、文字そのも

のが、安っぽいプリンターから吐き出される再生紙上のかすかなインクのでごぼこした質感を通して〈原著者〉を演じているのだろうか。あるいは、文字の連なりが体現している論理の運動自体に〈原著者〉は宿っているのだろうか。私自身としては、最後の考えを最も前面に出したいところではある。この意味で、論理の運動が、持続的に残される形で、人が望めばいつでもアクセスできる形で残される限り、服部の、少なくとも一部は間違いなく生き続けるのであって、そのためにこそ本書は是非とも完成されなければならなかった。

II

　服部に関する一番古い記憶は、指導教員の船曳建夫先生から、今度、こういう学生が来るから（服部が修士課程に進んだから、という文脈でのこと）良かったら面倒みてくれないか、と言われたことである。とても頭が切れる学生で、翻訳の問題に理論的な関心を寄せていて、君と話が合う後輩なのでは、とも。とはいえ、このあとすぐに服部と会った記憶はない。たぶん自分のことで忙しく、自分のことしか考えておらず、余裕がなかったのだろう。記憶の中でとりわけ印象深くある出来事は、石丸との結婚のお祝いを、文化人類学コースのゼミ室で行い、最後まで居残って彼の弾くギターで何かしら歌った時のことである。

　大学で呑んでそれでも語り足りない、呑み足りないということで、南荻窪の自宅に引き連れてはよく呑み続けたものである。二日酔いの頭を抱えながら遅く起き出すと、服部はいつもきちんとたたんだ寝具だけを残して姿を消していた。朝ご飯などの手間をかけたくないという彼らしい配慮である。彼が福島に赴任したあと、また、その後東海地方に移った後も、こういう酒席の機会はなくなり、「今度ゆっくり一献を」というような文句を互いに書き綴った年賀状だけが残った。

III

　訃報はあまりに突然で、誰もが予期しない（結局はよく分からない）原因によるものであり、互いにやや遠く離れていたことも少し手伝って、彼の死は現実のこととは思えなかった。服部は本書第7章で、近代社会における死の不可視性とでも言うべき現象について触れ、個人とその周囲にとって立ち現れる危機としての死を乗り越えるために、「生の延長に向けて進むことから、不可避のものとして死を認識し、それに向かって進んでいく、というように、諸行為を意味づける枠組が根本的に再編されねばならない」、と論じている（244頁）。なんという皮肉か。服部の突然の死は、こうした諸行為の意味づけの再編作業を、自分にも周囲の我々にも実行する余地を瞬時たりとも与えるものではなかった。

　私が服部の死を認識し始めたのは、おそらく、他の知人と一緒に三島に出かけて蔵書整理に取りかかった時である。何度か、東京大学文化人類学コースに所縁ある〈みんな〉と共に三島に通うなか、主を突如失った本や資料に勝手に触れることの理不尽さや居たたまれなさのなか、自然に、博士論文をいつか出版できたら、となり、その〈みんな〉は遺稿刊行委員会メンバーとなった。具体的には、服部のパートナーの石丸奈加子、大川謙作、木村周平、髙橋絵里香、田中大介、モハーチ・ゲルゲイ、私である。

　全体的流れ・把握を石丸［N.I.］が、第1章（結果的に第1章となったところ、と表現するのが正確なのだろう。以下同様）を渡邊［H.W.］が、第2、3章を大川［K.O.］が、第4、5章をモハーチ［G.M.］が、第6、7章を木村［S.K.］が、8章を髙橋［E.T.］が、引用文献の箇所を田中が担当した。そうして出来上がった「完成に近い原稿」を、渡邊が全体を通して編集し、次にそれを第1校として石丸・木村・渡邊がコアメンバーとしてゲラに朱を入れて、索引のための項目を選定し、あとの校正などは石丸と渡邊で行った、というのが本書の成立過程である。

IV

　石丸と話したとき、確かに私は「喪の作業」という言葉を使った（石丸の「はじめに」を参照）。メルロ＝ポンティの何かの文章で読みとった言葉使いと記憶するが、もともとはフロイトが1917年の論文「悲哀とメランコリー」の中でTrauerarbeitと言ったことである。

> 愛する人を失った者は、現実を吟味することで、愛する人がもはや存在しないことを確認する。……（略）……正常な状態とは、現実を尊重する態度を維持することである。しかし喪の作業についている人には、この課題をすぐに実現できるわけではない。長い時間をかけて、備給エネルギーを大量に消費しながら、一歩ずつ実現していくのであり、そのあいだは失われた対象が心のうちに存在しつづける。〔フロイト2008：103, 104〕
> （なお引用した翻訳では「喪の仕事」となっているが、ここでは改めている。また、「備給」とあるところから想像つくように、この2か所の引用のあとリビドーの解放をめぐる記述がそれぞれ続き、フロイトに忠実な読解のためにはまさにその記述についても考える必要があるのだろうが、ここでは意図的に略す）

　本書の編集という喪の作業において、「我われ」（本書での服部の言い回し）が「愛する人がもはや存在しない」と否が応でも気付かされたのは、草稿の不明な箇所に当たったときその真意を当人に確かめることが不可能だと再認識した時だ。さらに、草稿を読んでいて、「いや、そこはこうとも考えられるんじゃないか」と服部に意見をさらに展開してもらいたいと思った時だ。しばしば耳にする「読書とは対話である」という言い回しは、おそらく、全面的に正しいものではない。今回編集に携わった者が等しく感じ、寂しさを覚えたのは、読解、読み込みという営みとは徹底して一方向

的な介入であり、ほとんど暴力的な所作であらざるをえない、と認識した時であった。

V

　本書の成立で編者として服部の意図を汲み取れていないのではと思っている一番の不安は、断片的草稿で欠けているところを前著などから補ったところが少なくなく（さらに言えば、断片度は各章においてかなりのばらつきがあり、文体や語句の揺れに本書全体からすると気づいてしまう）、それゆえ、本書の性質を構想とはやや異なったものにしてしまってはいないか、というものである。『米国ホスピスのすべて』はその性質上、アメリカのホスピスの現状を一般読者を相手に伝えるという特徴が強い。本書は、博士論文で、第1章で述べられているように、従来の「死の人類学」のパラダイムを超克することを目的とした学術書として構想されている。前者を後者にいわば〈接ぎ木〉しすぎた結果、アメリカの現状を伝えるものという性質を構想以上に持ってしまったのではないか。これはもちろん、本書が未完成であり、服部自身が、研究者としての好奇心の喜びを感じつつ、四苦八苦しながら理論的射程を練り上げていく過程が断ち切られてしまったことによるのであるが。

　できるだけ全体を統一したが、判断がつきかねる場合は草稿のままとした。先行研究の批判的検討が第1章以外でも類似した形でなされている点について、もう少し整理ができた可能性はない訳でもないが、各章の編者註で説明されている通り、現在の稿に落ち着いた。転載にあたって書き方を変更したところもある。『米国ホスピスのすべて』では「ロキサノル」となっているのをを本書では「ロクサノール」に、などである。編者側で情報を更新した場合、それが短い加筆修正の場合は特にそのことを明記していない。

　草稿は2009年3月の段階で断ち切られている。従って、その後の状況

については読者の方で、生きている者たちによってアップデートされる必要がある。例えばアメリカにおけるホスピスをめぐる環境は、オバマケア導入後、変化したであろう。特にホスピス経営をめぐる経済的・経営的情勢については多くの加筆が要請される。

　また、研究状況に関しても、ここでは少しだけ触れる程度しかできないが、多くの重要な著作が出ている。恐らく服部自身もこれから追加しようとしていたと思われるが、ドイツのホスピスでのフィールドワークに基いたニコラス・エッシェンブルッフの民族誌〔Eschenbruch 2007〕は無視できないだろう。日本でも、特に重要な成果として社会学者の田代志門による著作が出た〔田代 2016〕。田代の主なデータが在宅緩和ケア・サービスを利用している患者へのインタビューであるのと比べると、服部の本書は、ホスピスという制度が固有に持つ論理を通して死にアプローチする、という特徴が際立ってくる。さらに、医療当事者が終末期医療の問題を問いかける良書が立て続けに日本語訳され（ボラージオ〔2015〕、ガワンデ〔2016〕など）、「死を迎える」ことを総合的に考える環境はここ数年急速に整ってきた。この意味で本書は読まれるだけでなく、いま現在の時点において〈再〉読もされるべきものである。それも、文化人類学者や医療当事者の方々だけではなく、日本語を解する全ての人々によって（というのも誰しも死すべき存在だからだが）、である。

VI

　私の歩みの遅さが（入院・手術という個人的事情もあったとはいえ）出版の遅れを招いてしまった。舵取りのまずさゆえ、断片的な草稿をまとまった文章に編集するだけでも大変だった遺稿刊行委員会メンバーには、余分な手間をかけてしまったことをお詫びしつつ、その忍耐力や力添えに深く感謝する。とくに木村には、良きペースメーカーになってもらい、大いに助かった。文章をお寄せくださった船曳先生、松岡秀明先生にはこの場でも

お礼を述べたい。

　本書のような〈物〉が出版社にとってどう映るのか私にはよく分からない。事情を説明し、三元社の石田俊二社長には出版を引き受けていただいた。他の例と異なり、出版社としても作業がいろいろと断片化を余儀なくされ、ご迷惑をかけたのではないかと思う。またミネルヴァ書房と医学書院には転載を快諾していただいた。深く感謝する次第である。

　最後に、最大限のお礼を、寄付してくださった全ての方に申し述べたい（服部と縁のあった人々に、出版のための寄付を厚かましくもお願いしたのだった）。寄付していただいた方々の一部のお名前を掲載させていただくと、次の様になる（あいうえお順、敬称略）。

碇陽子、池田朋洋、市野澤潤平、井家晴子、岩本通弥、ドナルド・ウッド、及川京子、大森有子、小野真由美、北村敦、北村智沙子、工藤正子、久保裕子、藏本龍介、古賀まみ奈、坂元明子、施堯、芝田幸一郎、島田周平、島田尚、島田度、砂川秀樹、高野さやか、田中孝枝、田村和彦、津田浩司、津村文彦、鶴見英成、德江佐和子、中上淳貴、名和克郎、西本陽一、フェルトカンプ・エルメル、松前もゆる、宮内由美子、森幸督、森田敦郎、箭内匡、山内由理子、吉直佳奈子

VII

　フロイトは、「自我は喪の作業を完了すれば、ふたたび自由に」なる、と論じている〔フロイト 2008：104〕。リビドーの解放を併せて論ずるフロイトとはここでお別れだ。私自身は、喪の作業に終わりはなくそれゆえ「自由」になることはない、と考える（別に言えば、そんな意味で「自由」になりたいとはこれっぽっちも考えていない）。生きている者が書き残されたことばを著者から受けとり、それに積極的に拘束されることを読書という。この意味で服部の死は、彼のことばが続く限り、同じようにことばを残し

て亡くなった全ての人々と同様、決して完了することはないだろうし、完了してはならないだろう（本書のテーマからすればいやまして）。本書は、そうした死の未完了、生の不自由の物質的証明である。

      2018 年 8 月、服部洋一 遺稿刊行委員会を代表して

ボラージオ、ジャン・ドメーニコ〔2015〕『死ぬとはどのようなことか：終末期の命と看取りのために』佐藤正樹訳、みすず書房．
Eschenbruch, Nicholas〔2007〕*Nursing Stories: Life and Death in a German Hospice*, New York: Berghahn Books.
フロイト、ジグムント〔2008〕『人はなぜ戦争をするのか』中山元訳、光文社．
ガワンデ、アトゥール〔2016〕『死すべき定め：死にゆく人に何ができるか』原井宏明訳、みすず書房．
田代志門〔2016〕『死にゆく過程を生きる：終末期がん患者の経験の社会学』世界思想社．

索　引

【あ行】

アイデンティティ　151, 195, 202, 211, 240, 280
アニミズム　5
アブラモヴィッチ、ヘンリー　193
アメリカ高齢者法　66-67
アラン、ナイジェル　34
イェール・スタディ・グループ　51
閾値　140, 201, 204, 240
イグナティエフ、マイケル　262
意思決定　215, 256, 260, 267-268
遺族ケア　62, 67, 72, 76, 81, 83, 93, 113, 118, 120-126, 133
　――コーディネーター　82, 113, 120, 122-123, 132, 205, 257, 265
依存　13, 15, 20, 44, 152-153, 157, 205, 254, 263, 266
遺体　11-12, 18, 136, 250
痛み止め　102, 154
イデオロギー　16-17, 22-23, 65, 195, 201, 227, 248, 250, 268
医療専門職　205
インフォームド・コンセント　268
ヴィゴツキー、レフ・S　173-174
ウィトゲンシュタイン、ルートヴィヒ　9
ウィリング、ポール　64
ウェストブルック、ヒュー・A　75
ウォルター、トニー　23, 251-254
ウォルド、フローレンス　50-51

内堀基光　18, 20, 193-194
ウッドバーン、ジェームズ　16
栄養士　82, 98, 124, 205, 208
エヴァンズ＝プリチャード、エドワード・E　8
MS コンチン　143
エルツ、ロベール　3, 11-12, 14, 226, 249
嚥下　98, 100, 102-103, 199, 264
オキシコドン　161, 199, 242
オピオイド　106-107, 134, 142, 161, 180, 199, 204-205, 219, 241-242, 263-264, 274

【か行】

カーンズ、バーバラ　212, 232, 237
会計検査院　54-55, 59, 66, 68, 72
介護助士　82, 116-118, 128, 205, 217, 265
カウンセリング　38, 57, 73, 102, 109, 112, 122, 178, 203, 286-287
化学療法　129, 137, 263
学習　171, 173-174
カソリック　36, 94-95, 115, 133, 196, 211
カルヴァリ病院　53
看護師　30, 32-33, 38, 41, 58-60, 70, 73, 76, 82-86, 92-95, 99, 101-102, 105-109, 111, 117-118, 120, 123-125, 127-128, 131-132, 134, 136-137, 142, 155, 164-166, 176, 186, 196, 202, 204-205, 208-209, 213-215, 217-219, 221, 228, 234-235, 238, 240, 256, 260, 263, 265-266, 272-273, 275-276, 280-281
　　訪問──　39, 58, 93, 98, 101-102, 140, 153, 159-161, 164-166, 169, 236, 257
緩和ケア　xv, 28-31, 62, 76, 106, 124-125, 136, 139, 152, 171, 173, 186, 198-199, 254, 261, 272-273, 279-281, 322
機能主義　9, 12, 23
キューブラー＝ロス、エリザベス　49, 254-255, 261, 274
教育　ix, xiii, xv, 30, 48, 55, 57, 62, 66-67, 72-73, 83, 106, 121-122, 124, 142, 144, 146, 170-177, 179-186, 222, 257, 259, 261-262, 272, 287, 312
恐怖　7-9, 12, 147, 192-193, 200
キリスト教　34-35, 38, 44, 196, 203
儀礼　vii, viii, 5-7, 10-11, 14-16, 20, 97, 194, 226-227, 245, 248-249
ギレン、フランシス　10

近代　36, 205, 243-244, 252-254, 319

クーゲラー、デボラ　54

グディ、ジャック・R　14-15, 18-19

苦悩　viii, 10, 112, 179, 195-197, 200-207, 211, 235, 258, 263, 278-280, 291, 313

クラーク、デイヴィッド　50

グラッソ、エラ・T　52

グレイザー、バーニー・G　21

老人ホーム　72, 125, 202, 273

ケアプラン　125, 128, 133, 208, 215-217, 260

傾聴　112, 201-202

ゲイツ、ドナルド・J　75

権威　6, 8, 12, 15-16, 23, 36, 164, 173, 192, 206-207, 226-227, 248-254, 261, 265-269, 312, 314

高度看護ケア　68

高度看護施設　56-57, 60-67, 69, 73

抗不安薬　201

コーエン、ケネス・P　54

コール、チャールズ・A　63

コール、ドナ・M　63

国立がん研究所　51-52, 70-72

コネチカット・ホスピス社　46

ゴマール、エミリー　168

【さ行】

在宅ケア　61-62, 67-69, 71, 73, 75-76, 81-83, 92, 101, 109, 131, 164, 175, 177, 181, 184-185, 187, 248, 259, 273

　　──団体　56-58

シーボルド、キャシー　47, 52

時間　6, 21-22, 167, 226-229, 232-233, 240, 243-245, 248, 250, 262, 265, 276, 312-314

死期　39, 202, 232, 234

資源　4, 15, 53, 65, 70, 183, 185, 202, 217, 234, 251, 262, 286

死生学　47-48, 50, 316

死生学財団　48

死生観　vii, 13, 23-24, 173, 195, 235, 312
死前喘鳴　199, 239
社会福祉法　66
シュヴァイツァー、アルベルト　191-192
宗教　vii, viii, 5, 7-9, 11, 36-37, 39, 45, 47, 60, 94-95, 111, 114-116, 122, 133, 192, 202-204, 207, 211, 248-249, 252, 260
呪術　8-9
主導権　107, 151, 167, 226, 248, 254, 258, 263, 265-266, 269
症状マネジメント（symptom management）　200
除痛　43, 140, 160, 198-199, 242, 264
進化主義　5, 8, 17
心性派　9-10, 12-13, 18, 192, 249
神話　9, 38, 219
睡眠　5, 158, 200, 232
鈴木光　19, 194
ストッダード、サンドル　35
ストラウス、アンセルム・L　21
スピリチュアリティ　113-115, 120, 173, 202-203, 207, 219
スピリチュアル・ケア　101-102, 106, 114-115, 120-121, 203-204, 211
スピリチュアル・ケア・コーディネーター　82-83, 96, 98, 113, 115-116, 120, 133, 205, 265
スペンサー、ボールドウィン　10
全人ケア　195-197, 205
セント・クリストファー・ホスピス　29, 34, 39, 42, 44-46, 50-53, 141
セント・ジョセフ病院　37, 41-42
セント・トーマス病院　38, 42
セント・メアリー病院付属医学校　41
セント・ルカ病院　37, 39-42
セント・ルカ療養所　37, 39, 198
セント・ローズ・ホスピス　52
全米ホスピス緩和ケア協会（旧：全米ホスピス協会）　28, 31, 54-55, 61, 64, 75, 80, 124, 152, 222, 273
専門家　17, 33, 46, 48, 53, 55, 61, 80, 103-104, 116, 124, 152, 157, 167, 172-173, 175-176, 180-187, 195, 199, 204-205, 221, 226-228, 231, 235, 237, 240, 248,

252-258, 261-263, 265-269, 289, 291, 312-314
葬儀　vii-viii, 5, 7, 9-10, 14-23, 47-48, 110-111, 116, 136, 192-194, 202, 226-227, 248-251, 310
ソーシャルワーカー　38, 45, 60, 76, 82-83, 100, 108-110, 112-113, 115. 120, 122-123, 133, 178-179, 196, 205, 217, 265-266, 284
ソーシャルワーク　68, 108-109, 111, 121, 272
蘇生不要の依頼書　128, 130, 177
「その人らしさ」　182, 201, 219, 226, 228, 245
尊厳　39, 66, 150, 182, 214, 235, 251, 259, 261, 268, 314
ソンダース、シシリー・M・S　37-45, 50-54, 145-146, 152-153, 170, 196, 198, 206, 242, 250, 279-280, 313-314

【た行】

ターナー、ラルフ・H　65
タイラー、エドワード・B　5-9, 310
多職種チーム会議　83, 85, 89, 95-99, 104-105, 107, 115-117, 119, 123-126, 131-132, 134-135, 205-206, 208-210, 212-213, 215, 218-220, 257
タスマ、デイヴィッド　38-39, 44
タブー　48, 161
チリーズ、ロートン　73
鎮痛剤　40, 42-43, 242
デュルケーム、エミール　7, 9-13
ドイル、デレク　203
疼痛　38, 40, 68, 73, 140, 142, 144-145, 161, 169-170, 177, 186, 197-199, 201, 204-205, 219, 242, 263-264, 274, 277, 279, 314
ドゥブレイ、シャーリー　37-40, 44
ドール、ロバート　73
ドミニク修道女会　53
トワイクロス、ロバート・G　153, 156, 163

【な行】

波平恵美子　18
ニーズ　28, 38, 51, 60, 62, 65, 68, 75, 80, 83, 85-86, 106, 117-120, 125-128, 131, 178, 196, 215, 217, 222, 248, 255, 259, 262, 286, 288

西井涼子　18
日常生活動作　124, 202

【は行】
バーク、ローレンス　71
パーソンズ、タルコット　205
ハインツ、ジョン　73
パックウッド、ロバート　73
発達の最近接領域　173-175
ハドロック、ダニエル　64
パリー、ジョナサン　15-16, 194, 226, 249, 250, 252
パルジ、フィリス　193
ハンティントン、リチャード　179, 19
標準医療指示　33, 128, 131, 240-241, 243, 266
ファイフェル、ハーマン　47
不安　xvi, 44, 109, 112, 140, 153, 161, 163-164, 183, 198, 200-202, 204, 219, 244, 256, 309, 313, 321
フーコー、ミシェル　22
フォークナー、H・ペギー　54
ブラインデール、チャールズ・L　54
フランス社会学派　9, 12-13
ブルークロス・ブルーシールド医療保険組合　64-65
フレイザー、ジェームズ・G　7-9, 15, 226, 249
ブロック、モーリス　15-16, 194, 226, 249-250, 252
ブロンプトン・カクテル　40-41, 44, 170, 198, 261
米国疾病予防管理センター　29
ベイトソン、グレゴリー　18
ヘネップ、アルノルト・ファン　14
偏見　150, 167
ボイル、ロジャー・M　54
放射線療法　57, 68, 129, 142, 263, 276
訪問看護組合　57
訪問看護師協会　60
ホーソーン・ドミニコ修道女会　52

ホーソーン、ナサニエル　52
ホーソーン、ローズ　52
保険　55, 64-65, 68-69, 76-77, 81-82, 92-93, 127, 201, 205, 214, 256-258, 311
ポストモダン　253-254
ボランティア・コーディネーター　31-32, 81-83, 118-121, 135, 208, 217

【ま行】

マザー・テレサ　94
マッド、ピーター　76
麻薬　22-23, 40-43, 45, 106, 140-141, 145-153, 156, 158-158, 161-171, 199-200, 263-264, 266, 312
マリノフスキ、ブロニスワフ・K　9, 13
マンレー、アン　65-66
ミットフォード、ジェシカ　17
看取り　120-121, 136, 177, 183, 200
民族誌　vii, xii, xiv, 13, 20, 140, 194, 227, 252, 322
メイヤロフ、ミルトン　280
メソジスト病院　75
メディケア　66-69, 72, 75-77, 85, 90, 96, 105, 111, 116, 118, 122-124, 129, 133, 201, 209, 259, 276
　　――（による、の）ホスピス給付　72-73, 76-77, 81, 98, 129
メディケイド　66-69, 72, 77, 259
メトカーフ、ピーター　17, 19
モハーチ、ゲルゲイ　141, 319
モルヒネ　xiv, 40-41, 43, 106, 141, 143-145, 149-150, 152-164, 166, 198-199, 204, 213, 218-219, 242, 261

【や行】

薬剤師　82, 124, 205, 208, 217
薬物療法　68, 201
山崎章郎　254-255, 279, 288, 292
山下晋司　254-255, 279, 288, 292
予測可能性　244

【ら行】

ラック、シルビア・A　51, 153, 156, 163
ラトゥール、ブルーノ　149
ラドクリフ＝ブラウン、アルフレッド・R　12-13, 15, 249
リーチ、エドマンド・R　245
リヴァース、ウィリアム・H・R　13
リフトン、ロバート・J　47
リリー、ジョン・W　47
ルーティン　88-89, 140, 146-147, 150, 164, 211, 227, 237, 239-240, 243-244
ルター派　94
レジェンデス、デニス　64
ロクサノール　134, 143-144, 218, 321
ロック、マーガレット　170

【わ行】

わが国　18-19, 32, 101, 105, 107-109, 113, 116, 118, 131, 135, 141, 173, 182, 185, 187, 202, 239, 254, 273, 278, 289

著者

服部洋一（はっとり よういち）
1974年広島生まれ。東京大学大学院総合文化研究科（超域文化科学専攻文化人類学コース）博士課程単位修得満期退学。社会福祉士、文化人類学者。米国および日本における終末期医療やホスピスプログラムのフィールドワークを通じた医療福祉領域を専門に研究とその実践に携わった。日本学術振興会特別研究員（PD）、東京大学21世紀COE特任研究員、東日本国際大学福祉環境学部講師を経て、2008年より静岡県がんセンター研究員兼ソーシャルワーカーとしてがん患者やその家族の支援に従事。2009年4月より地方公務員（静岡県地方公務員医療社会福祉職）への採用が内定したが、3月27日に心不全（致死性不整脈）により急逝した。享年36。

寄稿者

船曳 建夫（ふなびき たけお）
1948 年生まれ　東京大学名誉教授
文化人類学。『知の技法』（東京大学出版会、1994）、*Living Field*（The University Museum, The University of Tokyo, 2012）など。

松岡 秀明（まつおか ひであき）
1956 年生まれ　前大阪大学招聘教授
文化人類学。*Japanese Prayer Below the Equator: How Brazilians Believe in the Church of World Messianity*（Lexington, 2007）など。

編者

石丸 奈加子（いしまる なかこ）
1974 年生まれ　平和学研究／政府開発援助コンサルタント
文化人類学・開発経済学・平和と紛争学。「開発 NGO のゆくえ：インドネシアにおける技術協力プロジェクトの試み」（『東アジアからの人類学：国家・開発・市民』風響社、2006）など。

大川 謙作（おおかわ けんさく）
1975 年生まれ　日本大学文理学部教員
社会人類学・チベット近世社会史・チベット現代文学。共著に *Social Regulation: Case Studies from Tibetan History*（Brill, 2016）。訳書にペマ・ツェテン『ティメー・クンデンを探して』（勉誠出版、2013）など。

木村 周平（きむら しゅうへい）
1978 年生まれ　筑波大学人文社会系教員
文化人類学。『震災の公共人類学：揺れとともに生きるトルコの人びと』（世界思想社、2013）など。

髙橋 絵里香（たかはし えりか）
1976 年生まれ　千葉大学大学院教員

文化人類学・社会福祉と老年の人類学的研究・フィンランド地域研究。『老いを歩む人びと：高齢者の日常からみた福祉国家フィンランドの民族誌』（勁草書房、2013）など。

田中　大介（たなか　だいすけ）
1972 年生まれ　東京大学大学院学術研究員

社会人類学・死生学。『葬儀業のエスノグラフィ』（東京大学出版会、2017）など。

モハーチ ゲルゲイ
1974 生まれ　大阪大学大学院教員

文化人類学・医療人類学・科学技術社会論・東アジア比較民族誌。「薬物効果のループ：西ハンガリーにおける臨床試験の現場から」（『文化人類学』2017）、「代謝の視点から：共に食べることをめぐる六つの覚書」（『思想』2017）など。

渡邊　日日（わたなべ　ひび）
1970 年生まれ　東京大学大学院教員

文化人類学・シベリア民族学・ロシア思想史。『社会の探究としての民族誌：ポスト・ソヴィエト社会主義期南シベリア、セレンガ・ブリヤート人に於ける集団範疇と民族的知識の記述と解析、準拠概念に向けての試論』（三元社、2010）など。

生きられる死

米国ホスピスの実践とそこに埋め込まれた死生観の民族誌

発行日	初版第1刷 2018年9月25日
著 者	服部洋一　2018©Hattori Yoichi
編 者	服部洋一 遺稿刊行委員会
発行所	株式会社 三元社
	〒107-0052　東京都文京区本郷1-28-36　鳳明ビル1階
	電話／03-5803-4155　FAX／03-5803-4156
印刷＋製本	モリモト印刷 株式会社

Printed in Japan
ISBN978-4-88303-467-3
http://www.sangensha.co.jp